Jetzt lerne ich

HTML

Harald Taglinger

Jetzt lerne ich

HTML

Der einfache Einstieg in die eigene Web-Site: Planung, Projektsteuerung, Programmierung

MARKT&TECHNIK VERLAG

Die Deutsche Bibliothek – CIP-Einheitsaufnahme

Ein Titeldatensatz für diese Publikation ist bei
der Deutschen Bibliothek erhältlich.

10 9 8 7 6 5 4 3 2 1

03 02 01 00

ISBN 3-8272-5717-4

ein Imprint der Pearson Education Deutschland GmbH,
Martin-Kollar-Straße 10–12, D-81829 München/Germany

Lektorat: Jürgen Bergmoser, jbergmoser@pearson.de
Herstellung: Claudia Bäurle, cbaeurle@pearson.de
Satz: reemers publishing services gmbh, Krefeld
Einbandgestaltung: NOWAK werbeagentur & medien, Pfaffenhofen
Druck und Verarbeitung: Kösel, Kempten
Printed in Germany

Inhaltsverzeichnis

Kapitel 1

Vom Kalten Krieg zur Homepage – Das Web heute

Am Anfang etwas Geschichte, warum nicht?

Man muss es nicht unbedingt wissen, um HTML zu programmieren, aber es erklärt schon eine ganze Menge – das Internet ist zwar keine Erfindung der Militärs, aber es wurde von Ihnen zuerst angewendet. Die Zeiten haben sich geändert: Heute nutzen Millionen von Menschen überall auf der Welt dieses Medium, um miteinander Spaß zu haben und online über ihren eigenen Tellerrand hinauszuschauen. Eine zuvor nie dagewesene Entwicklung! Vor allem die militärischen Forderungen nach einer Unzerstörbarkeit des Netzes und nach plattformübergreifenden Standards machen das Internet zu dem, was es heute ist:

Ein anarchistisches Gebilde ohne Zentralgewalt, deshalb auch ohne Zensur und ohne nennenswerte Beschränkungen in seiner Ausdehnung.

Niklas Negroponte, Leiter des Media Lab im MIT, sah 1995 um die Jahrtausendwende mehr als eine Milliarde Menschen online. Das mag sicher ein wenig marktschreierisch sein, schließlich existieren bis heute nicht wesentlich mehr als 800 Millionen Telefonanschlüsse auf unserem Globus, aber es wird hier schon deutlich, ass große Erwartungen in dieses Medium gesteckt werden. Und anscheinend beginnt die große Online-Ära erst.

Vor 30 Jahren fing alles an. 1968 hatte J.C.R. Licklider in seinem Aufsatz »Science and Technology« die Grundidee eines weltweiten plattformunabhängigen Computernetzes, das wie das amerikanische Telefonnetz funktionieren sollte. Das heißt vor allem, dass bei Störungen eines Computers nicht das Gesamtnetz herunterfährt. Fällt also in einem solchen Netz ein Computer aus, bleibt das Restnetz bestehen und kann weiter untereinander kommunizieren. Man kennt das aus seinem Telefonalltag. Ein falsch aufgelegter

Hörer führt nicht gleich zum Zusammenbruch der weltweiten Kommunikation. Ein interessanter Gedanke auch für die damaligen Militärs. 1969 entsteht so mit dem »Darpanet« ein militärisches Computernetzwerk der USA, das Artur D. Little zuerst als Verbindung von vier (!) Rechenzentren aufbaut, die ständig ihre Daten spiegeln und so das Risiko einer Enthauptung der Computersysteme durch den Atomerstschlag verhindern sollen. Dieses Militärnetz differenziert sich immer weiter aus und spaltet sich 1983 in das Milnet ab. Wie unzerstörbar das Internet inzwischen ist, hat die amerikanische Armee übrigens am eigenen Leib erfahren müssen. Es gelang ihnen während des Golfkriegs nicht, das Netz der Iraker zu zerstören ...

Mit der ebenfalls 1983 erfolgten Gründung der U.S. National Science Foundation wird das bisher militärische Internet den Universitäten zugeführt, die durch die Hilfe der amerikanischen Kommunikationsgesellschaft MCI die Leitungskapazität erweitern und so einen internationalen Anschluß für andere Universitäten außerhalb der USA ermöglichen. Spätestens durch die intensive Nutzung dieses universitären Netzes für E-Mails, Online-Foren und auch wissenschaftliche Arbeiten beginnt der Siegeszug des Internets – in weniger als 20 Jahren.

Aber bis zum Anfang dieses Jahrzehnts ist von HTML so gut wie nichts im Internet zu finden. Ältere Dienste wie Gopher oder die Newsgroups existieren auch heute noch, aber sie werden erst ab 1991 vom World Wide Web mit seiner Hypertext Markup Language (HTML) abgelöst. Angefangen hat alles mit den Forschern des CERN in der Nähe von Genf. Diese Wissenschaftler beschäftigen sich mit der Erforschung von subatomaren Partikeln, aber sie haben, eher unfreiwillig, eine neue extrem vernetzte Medienwelt geschaffen.

1989 stellt sich ein Mitarbeiter des CERN, Tim Berners-Lee, die Frage, ob es nicht bessere Möglichkeiten geben könnte, über eine einfache, plattformübergreifende Sprache das weltweit verstreut liegende Wissen über Kernphysik via Internet zu bündeln. Mit der alten Datenbank-Formatierungssprache HTML, die IBM schon Mitte der sechziger Jahre erfunden hat, und der Idee, Mausklick-gesteuerte Dokumente zu schaffen, die miteinander vernetzt werden können, beginnt die Karriere des World Wide Web (WWW). Schon ein Jahr danach sind die Standards soweit ausgearbeitet, dass ein erster textorientierter Browser ein Dokument aus den übertragenen Daten darstellen kann. 1991 werden die Standards CERN-intern definiert. Und mit diesem CERN-Standard kann heute noch jeder User sich im World Wide Web eine Homepage bauen, die von allen Browserprogrammen auf allen gängigen Computerplattformen verstanden und umgesetzt werden kann. (Wir werden später sehen, dass das nicht der Weisheit letzter Schluss ist, seit es Firmen wie Netscape gibt, die eigene Standards schaffen.) Das Prinzip ist so verblüffend einfach und deshalb so mächtig, dass der Erfolg des Webs explosionsartig in Gang kommen konnte.

1991 konnte man mit einem solchen Browserprogramm weltweit auf 50 Sites physikalische Inhalte finden. Nach einem kleinen Werbefeldzug unter Kollegen außerhalb des CERN im Jahr 1992 und der Veröffentlichung des Quellcodes für WWW-Server und Browser im Jahr 1993 stieg die Zahl der Web-Pages so sprunghaft an, dass zur Jahrtausendwende mehr als100 Millionen Web-Dokumente im Internet zu finden sind. Und das Web verdoppelt sich immer noch etwa alle 180 Tage in seinem Inhalt. Nicht zuletzt deshalb, weil jeder Browser auch den Source-Code einer Webpage anzeigen kann und so dem Interessierten vorführt, wie ein bestimmter Trick im Layout oder in der Benutzerführung zustande kommt.

1993 kann als Wendejahr im World Wide Web gelten. Die NSCA entwickelt den Browser »Mosaic«, der bereits Bilder darstellen kann. Der damalige Chefprogrammierer dieses Projekts heißt Marc Andreessen. Und wer diesen Namen schon einmal gehört hat, der liegt nicht falsch. Andreessen war einer der Köpfe der Firma Net-scape, die spätestens seit 1995 mit der Version 1.2 und 2.0 des Navigators die Webstandards extrem ausgedehnt hat und damit einen ungeheuren Markterfolg vorweisen kann.

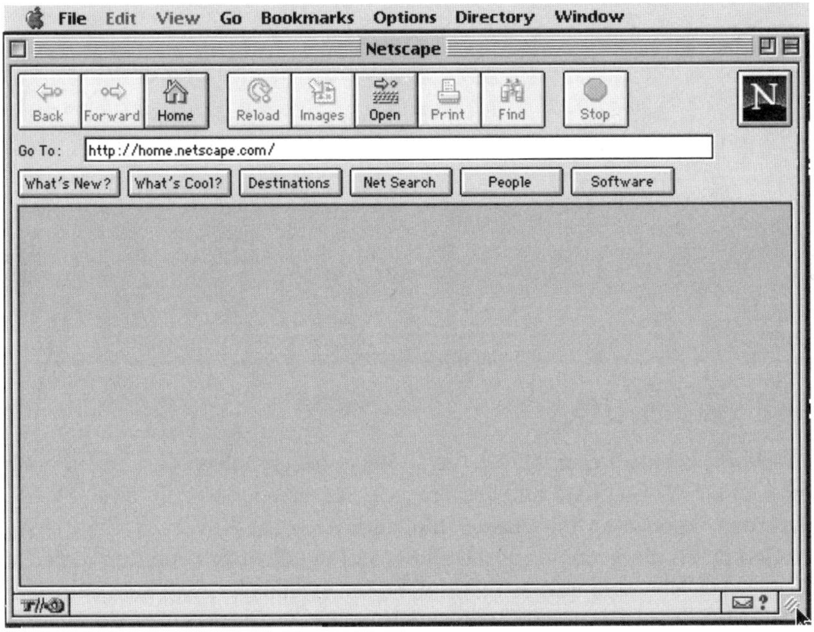

Bild 1.1: Die Oberfläche des »Navigator 3.0« von Netscape.

Über die Köpfe des WWW-Gremiums hinweg, das alle neuen Web-Befehle, die sogenannten »Tags«, standardisiert, hat Netscape die »Frames« und eine Reihe von weiteren Tags etabliert. Durch diese neuen Möglichkeiten ist das Netz bunt geworden, aber die alte Sicherheit, dass eine Seite auf allen Browsern und allen Plattformen etwa gleich aussieht, ist dahin, und das spätestens, seit der zweite große Player in das Rennen um den mächtigsten Browser eingestiegen ist: Microsoft. Das Programm »Microsoft Internet Explorer« hat ebenfalls neue Tags im WWW, allerdings mit dem W3C zusammen, entabliert. (Das W3C, dem Tim Bernsers-Lee immer noch angehört, kümmert sich um allgemeine Richtlinien innerhalb der Programmiersprachen für das Web.) Deshalb kann es jetzt passieren, dass immer mehr Seiten nur durch ein bestimmtes Browserprogramm ein optimales Ergebnis auf dem Schirm erzeugen.

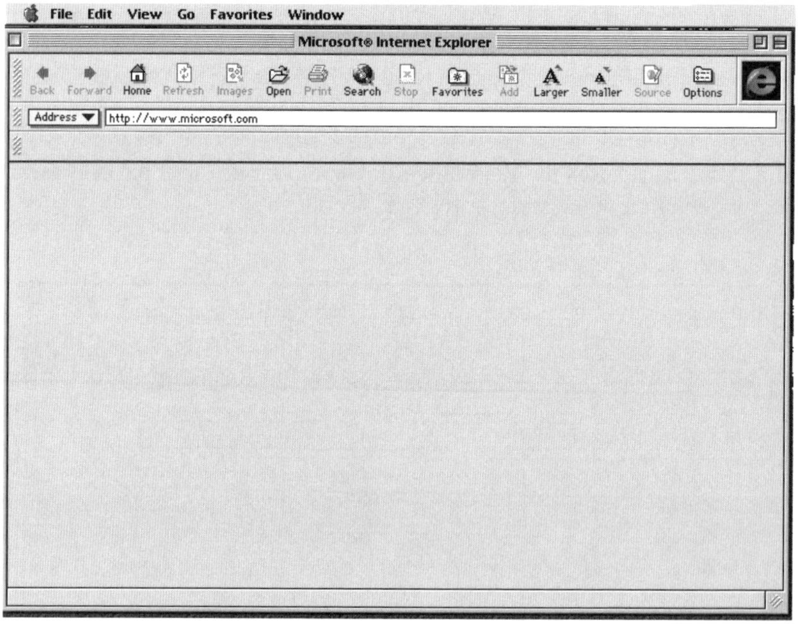

Bild 1.2: Die Oberfläche des »Explorer 3.0« von Microsoft.

Jetzt lerne ich HTML!

Die Basis bleibt trotzdem HTML. Auch heute bauen alle großen Seiten noch auf dem CERN-Standard auf. Die Frage, ob es sich denn noch lohnt, HTML zu lernen, kann man mit einem eindeutigen »Ja« beantworten. Zum einen werden durch die neuen Tags die alten nicht ungültig; deshalb sind einfache Seiten vielleicht irgendwann nicht mehr so spektakulär, wie sie es vor ein paar Monaten noch auf dem Web waren, aber sie erfüllen auch dann immer noch ihren Sinn und sind deshalb auf keinen Fall peinlich, wenn es sich dabei um gut durchdachte und gestaltete Inhalte handelt.

Zum anderen leisten auch heute mausgesteuerte WYSIWYG-Editoren nicht immer das, was sie versprechen. Kein Web-Profi arbeitet bisher als Basis mit diesen Tools, da sie immer noch keine wirklich verlässliche Programmierung der Pages erlauben. Die bisher einzige Möglichkeit, eine Page sauber von Grund auf so zu gestalten, dass sie auch das tut, was der Gestalter will, ist der Rückgriff auf geschriebenen HTML-Code.

HTML ist eine faire Sache: Auch die großen Sites kochen im Bereich von HTML nur mit Wasser. Wenn die eigene Hompepage nicht mit angehängten Datenbanken oder speziellen Multimedia-Features glänzen soll, dann greifen alle in den gleichen »Tag-Topf« und nutzen die gleichen Möglichkeiten, die eine Website mit dem aktuellen Standard bietet. Und sollte man sich bei der eigenen Seite nicht so sicher sein, kann man ja mal bei den Großen schauen, wie die das programmiert haben. Einfach zum Beispiel im Microsoft Internet Explorer das »Ansicht«-Menü anwählen, schon erscheint nach Auswahl des Untereintrags »Quelltext« der Source-Code auf dem Bildschirm.

Das Equipment

Die Erfinder des Webs im CERN haben großen Wert auf die einfache Erstellung und Handhabung von HTML gelegt. Und das hilft auch heute noch bei der Programmierung der Seiten. Zudem macht sich – dem Himmel sei es gedankt – immer noch ein Faktor sehr bemerkbar, der dem Geldsäckel guttut. Die offene Struktur des Webs bietet kaum eine Ansatzfläche für teure Tools, die wie im 3D-Rendering-Bereich für einen Anfänger einfach zu teuer sind. Die verrückten Marktgesetze des Webs haben auch dazu geführt, dass die Browser-Software sowohl bei Netscape (http://home.netscape.com), bei Microsoft (http://www.microsoft.com/germany) kostenlos heruntergeladen werden kann. (Die Telefonkosten sind dabei immer noch ein Kostenfaktor. Es schwirren auch eine Menge an Zeitschriften-CDs herum, auf denen diese Browser in den neuesten Versionen gefunden werden können. Ein Update lohnt sich immer!)

Für das Erstellen einer Homepage ohne Grafiken genügt ein ASCII-Editor. (Unter Windows finden Sie im Zubehör das »Wordpad«, unter Mac den MacOS »Simple Text«.) Das reicht, wenn Sie den SourceCode immer unter Nur-Text abspeichern zum Schreiben des HTML-Codes und einer der moderneren Web-Browser, um sich die geschriebene Datei anzusehen. Programmpakete wie »Frontpage« für Windows oder »Dreamweaver« für Apple-/Windows-Computer sind eine schöne Sache, kosten aber Geld und können als WYSIWYG-Editoren im Übrigen aus den oben genannten Gründen dann weggelassen werden, wenn man weiß, was man in HTML programmiert.

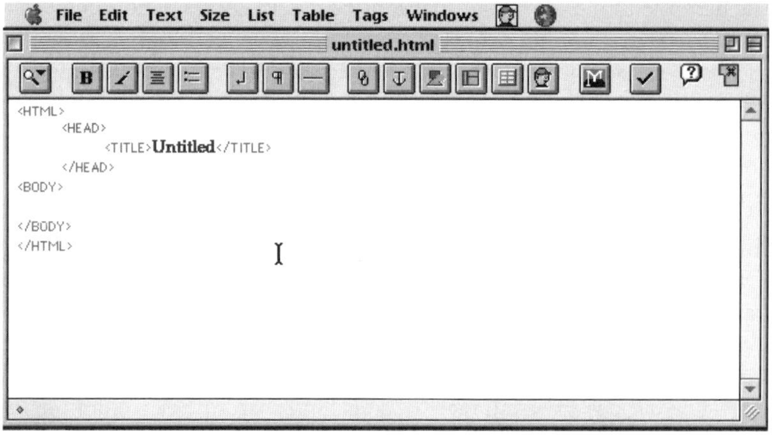

Bild 1.3: So sieht ein Editor für HTML zum Beispiel aus.

Soll es noch ein wenig Grafik sein, dann reichen oft bereits einfache Shareware-Grafikprogramme aus. Große Profipakete wie »Photoshop« helfen immens weiter, sind aber auch nicht gerade billig. Da ist es vielleicht besser, einen Scanner oder eine Digitalkamera für das gleiche Geld zu kaufen und die mitgelieferten Bearbeitungsprogramme zu nutzen. Ansonsten ist es ein Ammenmärchen, dass das Internet nur mit einem G4/5/6-Super-Duper-Pentium-Computer plus T1-ISDN-Weltraumkarte sinnvoll zu nutzen ist. Die notwendige Geschwindigkeit für einen ASCII-Editor und einen Browser kriegen auch kleinere Computer mit ausreichend Arbeitsspeicher noch hin, und die programmierten Pages lassen sich auch ohne Online-Anschluss in einem offline installierten Browserprogramm anschauen und verbessern, bis sie aufs Netz gestellt werden sollen. Dann muss ein Netzkontakt mit dem nächsten Internet-Server hergestellt werden, um die Daten hochzuladen.

Zum Schluss ein kleiner Leitfaden für den Anfang

Dieses Buch hat ein eigenes Kapitel, um sich mit der Konzeption einer Website zu beschäftigen, aber hier schon einmal ein kleiner Leitfaden, damit Sie nie ins Blaue hinein einen der folgenden Befehle lernen. Eine Website zu planen, daran beißen sich auch Profis immer wieder die Zähne aus. Am besten ist es, sich auf einem Blatt Papier zuerst einmal die elementaren Fragen zu beantworten:

- ✘ **Wem will ich**
- ✘ **Was**
- ✘ **Wann**
- ✘ **Wie**
- ✘ **Warum sagen?**

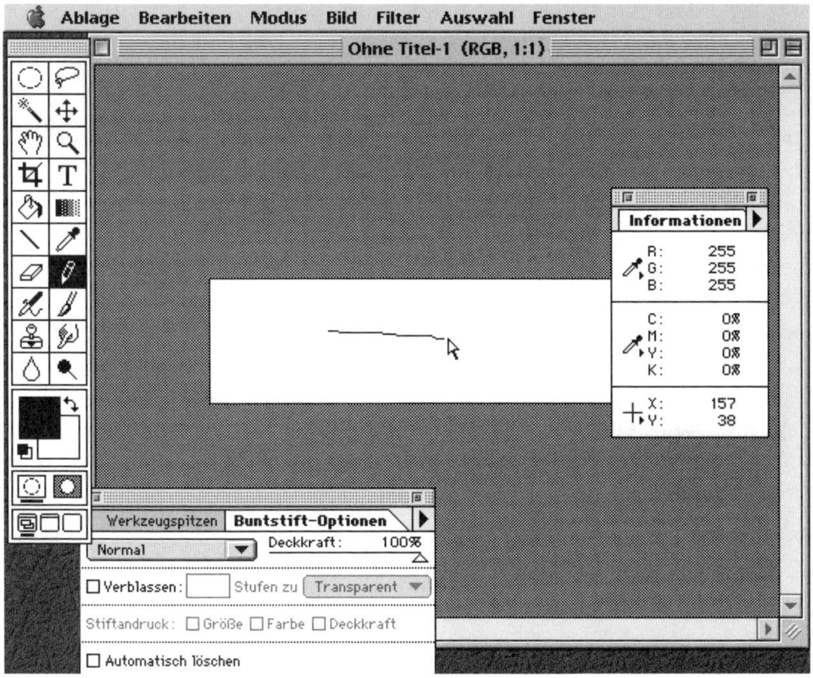

Bild 1.4: Die Oberfläche von Adobe »Photoshop« 3.0.

Wenn diese Fragen geklärt sind, ist es am besten, eine Struktur der gesamten Site mit einem simplen Stift und einem Stück Papier aufzuzeichnen. Seien Sie hier sehr roh und unverkrampft. Toben Sie sich ruhig aus. Ideal sind dazu immer noch Strukturbäume, die zeigen sollen, von welcher Page der User auf welche Page kommt und was auf diesen Pages zu finden sein soll.

Ist das geklärt, empfiehlt es sich, Musterseiten mit Blindtext und Spielbildern in HTML herzustellen, damit man sich ein Bild davon machen kann, wie die verschiedenen Seiten wohl aussehen werden. Schnell bilden sich dann bestimmte Seitentypen heraus (eine Hauptpage pro Thema, eine Textpage etc.), die so immer wieder auf der ganzen Site benutzt werden können.

Erst wenn solche Seitentypen vorhanden sind, sollte man daran gehen, die ganzen Pages nach den Vorgaben zu programmieren und die Ergebnisse immer wieder an den fünf Fragen und dem Struktur-Dummy zu messen.

Im Übrigen gilt: Eine Website ist nie fertig. Sie wächst mit den Anforderungen und Kenntnissen der Macher. Und das Schöne an HTML und auch diesem Buch ist: Wem die komplexen Seitenaufbauten zu schwierig sind, der legt seine Site technisch einfacher an und kann damit immer noch blendend aussehende Ergebnisse erzielen. Die Kapitel dieses Buches sind deshalb so angelegt, dass die ersten Sites schon nach dem ersten Kapitel entstehen können und dann von Seite zu Seite besser und effizienter daherkommen.

Anmerkungen seit der 1. Auflage

Diese Zeilen entstanden nach der 5. Auflage eines Buches, das inzwischen ein Interesse innerhalb der Online-Szene ausgelöst hat, von dem ich nicht zu träumen gewagt habe. Damit entsteht gleichzeitig ein Problem: Von Auflage zu Auflage vergeht die Zeit, und in einem schnelllebigen Medium wie dem Internet tut sich technisch und programmiertechnisch jeden Monat etwas Neues. Da kann man als Designer kaum schritthalten, und die Einarbeitung der letzten, kleinen, quergedachten Tricks würde das Buch bald über vierstellige Seitenzahlen verfügen lassen. Aber seien Sie beruhigt: Das brauchen Sie eigentlich alles gar nicht. Gerade nach etwa fünf Auflagen dieses Buches (und zirka fünf Berufsjahren als Webdesigner) traue ich mir zu, folgende Thesen aufzustellen, die Ihnen vielleicht ein wenig die Angst nehmen können, zu wenig zu wissen:

- Es gibt immer einen Befehl, den man nicht kennt
  Wenn Sie glauben, dass ich alle HTML-Befehle immer auswendig kann und auch alle Möglichkeiten schon einmal durchgespielt habe, dann irren Sie sich. Es ist keine Schande, etwas nicht zu wissen. Man muss nur wissen, wo man sein Wissen nachholen kann.
- Es gibt immer zehn Befehle, die man nicht braucht
  Sie werden merken, dass Sie immer mehr einen spezifischen Web-Programmierstil entwickeln. Das ist sehr gut so. Und innerhalb dieses Stils gibt es Befehle, die sie wahrscheinlich nicht benötigen. Die können Sie ablegen und bei Bedarf wieder einmal kurz durchlernen. Seien Sie effizient in Ihrem Wissen !
- Auch Webprogrammierungen unterliegen Moden. SourceCode ist Geschmackssache
  Es gibt immer einen bestimmten Gag, den plötzlich alle haben müssen. Brauchen Sie wirklich jeden Monat das Neueste und die angesagtesten Tricks? Wenn ja, dann spielen Sie diese Spiele mit.
- Etwa alle 12 Monate werden angeblich neue Web-Epochen eingeläutet.
  Das gehört zum Entwicklungsspiel des Webs dazu. Das sind Marktimpulse. Da die meisten Leser dieses Buches aber private Homepages bauen und nicht im kommerziellen Umfeld agieren, können sich diese Experten auf jeden Fall zurücklehnen. Für die anderen gilt: Die Ersten in einer Revolution werden immer von deren Kindern gefressen. Warten Sie lieber eine Weile ab, wenn etwas angeblich ganz Tolles um die Ecke

biegt, und suchen Sie, wenn Sie schon darin einsteigen wollen, eine sehr individuelle und persönlich abgestimmte Note. Kopieren Sie um Himmels Willen nicht.

- Im Internet existieren alle Formen nebeneinander, sie lösen sich nicht ab Wenn Sie sich nicht vom Fortgang der Technik blenden lassen und sehr genau Ihre Form für Ihren Inhalt wählen, sind Sie eher ein Klassiker unter den Webpages. Es liegt an Ihnen, vor der Zeit oder über der Zeit stehen zu wollen.

Aus diesen Gründen habe ich mich entschlossen, die Klassiker zu vermitteln, auf die Sie sich immer verlassen können. SourceCode-Tricks erspare ich mir, weil viele davon nur für einen Browser, ein Betriebssystem oder eine Browserversion funktionieren. Je einfacher ein Problem gelöst werden kann, desto besser und stabiler ist die Website; deshalb erlaube ich mir, nur im täglichen Einsatz sinnvolle Java-Scripts zu zeigen, mit denen Sie allerdings felsenfest rechnen können.

Ich habe in den letzten Jahren gesehen, wie angeblich keine Seite mehr ohne Frames auskommen konnte, und dann verschwanden diese Frames immer mehr. Dann galt eine Website ohne DHTML nichts. Inzwischen ist eine Tendenz erkennbar, herkömmliche Seiten nur dann extrem technisch aufzubohren, wenn das wirklich nicht zu umgehen ist. Neue Techniken, die mit der Konvergenz von Internet und Telekommunikation entstehen, werden sicher HTML und das Verständnis von HTML erweitern, aber auch hier können Sie sicher immer die gleiche Wellenbewegung sehen. Am Anfang einer solchen Technikeuphorie kann es nicht kompliziert genug sein, um auch alle Ecken und Enden der Möglichkeiten auszuloten, dann entstehen immer mehr Vereinfachungen und Standards. Das ist auch gut so.

Haben Sie Mut zu einfachen Programmierungen. Webseiten, die nur mit kompliziertem Schnickschnack protzen, erinnern – meistens unfreiwillig komisch – an zu viele Goldkettchen über der stolz geschwellten Angeberbrust. Seien Sie cool. Dann sind Sie der wirkliche Meister Ihres Fachs.

Einen besonderen Service möchte ich Ihnen hier noch anbieten, bevor Sie einsteigen in die eigentlichen Lerneinheiten. Ich stehe Ihnen natürlich für Fragen, die über dieses Buch hinausgehen, jederzeit zur Verfügung.

Unter *http://taglinger.de* finden Sie meine Website, unter *harald@taglinger.de* erreichen Sie mich per E-Mail. Bitte schreiben Sie mir, wenn Sie eine Frage haben, die über dieses Buch hinausgeht. Ich versuche, innerhalb von 48 Stunden zu antworten. Bitte haben Sie Verständnis, dass auch ich mal passen muss und Ihnen keine Privatlehrstunden mit diesem Buch verpassen kann. Sehen Sie das mehr als ein Gespräch unter Experten ... und als solchen schätze ich Sie ein, wenn Sie einen Großteil Ihrer Freizeit oder gar Ihrer Arbeitszeit mit diesem Medium und dessen Programmierung verbringen. Seien Sie willkommen.

Warum Apple und das MAC/OS ?

Eine Anmerkung noch zu den Screenshots im Buch. Es gibt einen einfachen Grund, warum ich MAC-Screenshots gewählt habe, um Ihnen das Ergebnis des HTML-Codes zu zeigen. Sie werden vor allem WINDOWS-Systeme nutzen, deshalb ist es sicher spannend für Sie zu sehen, wie sich der Code auf einem anderen Betriebssystem macht. Gehen Sie aber prinzipiell davon aus, dass alle Browser in der Windows-Version mehr können, weil sie dafür optimiert sind.

Kapitel 2

Grundaufbau – die erste eigene Textseite im World Wide Web

Nach diesem historischen Rückblick und ersten praktischen Tips zur Erstellung einer eigenen Homepage geht es jetzt aber gleich mit der eigentlichen Programmierung einer Webpage los. HTML ist keine Programmiersprache. Zwar sind Verschachtelungen der Befehle immer möglich, aber Schleifen oder gar objektorientierte Module wie in C++ und anderen Hochsprachen hat HTML kaum, streng genommen gar nicht, zu bieten. Das engt die Möglichkeiten, die jeder Webdesigner zur Verfügung hat, ein wenig ein. Aber gerade der Einstieg in HTML wird dadurch sehr erleichtert. Es dauert ab jetzt ein Dutzend Seiten, und Sie können schon im World Wide Web publizieren. Die weiteren Kapitel des Buches werden wir dazu brauchen, diese erste Rohform besser zu layouten, sinnvoll aufzuteilen und zu verknüpfen.

Im Wesentlichen basiert die Idee der HTML-Sprache darauf, die Befehle und den sichtbaren Lesetext in eine Datei zusammenzufügen. Andere Texte, alle Bilder, Töne oder Filme werden dann über sogenannte »Links« integriert, sind also nur mit ihrem Pfadnamen in der Datei verzeichnet. Das erinnert ein wenig an ein Telefonbuch, und dieser Vergleich ist nicht so falsch. Diese zusätzlichen Komponenten können auf dem gleichen Server, im gleichen Verzeichnis, aber auch auf einem beliebigen Server überall auf der Welt stehen, solange die Dateien über das Internet Kontakt aufnehmen können. So ist also ein HTML-Dokument denkbar, das von Servern aller Kontinente ein Bild gleichzeitig auf den Bildschirm zaubert.

Zuerst schauen wir uns den generellen Aufbau einer HTML-Datei an. Dann wollen wir ein wenig Text in diese Datei einfügen, der später auch so im World Wide Web sichtbar werden kann. Am Schluss des Kapitels befassen wir uns stärker mit der Funktion und den Möglichkeiten von Links. Puristen hören mit diesem Wissen oft schon auf und publizieren auf der Basis dieser wenigen Befehle bereits im World Wide Web. Aber ehrlich gesagt: Schade, denn hier beginnt der Spaß doch erst ...

Sie üben in diesem Kapitel:

- ✗ Den Grundaufbau eines HTML-File
- ✗ Das Einbinden von Text in eine Webpage
- ✗ Das Formatieren von Text auf einer Webpage
- ✗ Das Linken auf andere Webpages

2.1 HEAD-Tag und TITLE

Für dieses Kapitel sollte das Handwerkszeug auf dem Computer schon gut in Schuss sein. Wir brauchen einen ASCII-Editor (theoretisch reicht dazu das Word Pad von Windows oder »Simple Text« von MAC/OS) und einen beliebigen Browser, z.B. den Netscape »Navigator« oder den Microsoft »Explorer«.

Leider existieren für HTML-Code bisher keine guten Debugger. Deshalb können schon kleinste Tipfehler dazu führen, dass ganze Dateien plötzlich nicht mehr auf dem Bildschirm auftauchen und der Programmierer den Code dann Zeile für Zeile durchsuchen muss. Damit Ihnen so etwas nicht passiert, kann man Ihnen nur zwei Dinge empfehlen:

- ✗ Tippen Sie die folgenden Code-Beispiele zeichengenau ab.
- ✗ Speichern Sie nach getätigten Korrekturen immer sofort ab, um keine der Änderungen zu verlieren. Am sinnvollsten ist eigentlich je eine Version pro Datei und pro Arbeitsschritt.

Wir schreiben mit wenigen Befehlen eine erste Webpage, wie sie so wohl selten vorkommen wird. Aber für unsere Zwecke tut sie genau das Richtige. Hier kommt der Codetext (die Großbuchstaben A, B, C dienen hier nur zur besseren Übersicht, bitte nicht mittippen):

```
A      <HTML>
B         <TITLE>
C         Das ist schon eine Webpage!
```

```
B         </TITLE>
A       </HTML>
```

Tippen Sie diesen Code in ihren ASCII-Editor ein *(Bitte lassen Sie allerdings dazu die Randbuchstaben A, B, C weg!)*. Speichern Sie diesen Code dann unter »versuch.htm« in einem beliebigen Verzeichnis Ihres Computers ab, und rufen Sie jetzt Ihren Browser auf. Öffnen Sie die eben abgespeicherte Datei über das Menü DATEI-ÖFFNEN, und schauen Sie sich an, was wir mit Hilfe der ersten einfachen HTML-Befehle ausgelöst haben. Theoretisch könnten Sie diese Datei auch schon über das Internet abrufen. Aber wir werden im zweiten Kapitel noch einen Befehl kennenlernen, der die Datei besser anwendbar macht. Also Geduld. Wenn Sie mehrere Browserprogramme zur Verfügung haben, dann rufen Sie die Datei möglichst auch mit allen Versionen einmal auf. Profi-Webdesigner verbringen bis zu einem Drittel ihrer Arbeitszeit damit, die geschriebenen Dateien auf möglichst vielen Browsern in möglichst vielen Betriebssystemen aufzurufen und sie dann dementsprechend anzugleichen. Nur so entsteht eine große Ähnlichkeit zwischen den Versionen. Warum das so ist, sehen wir auch später.

Noch einmal: *Bitte geben Sie die Großbuchstaben am linken Rand nicht mit ein.* Wir kennzeichnen damit nur die neuen Befehle, die pro Kapitel als Lernstoff dazukommen.

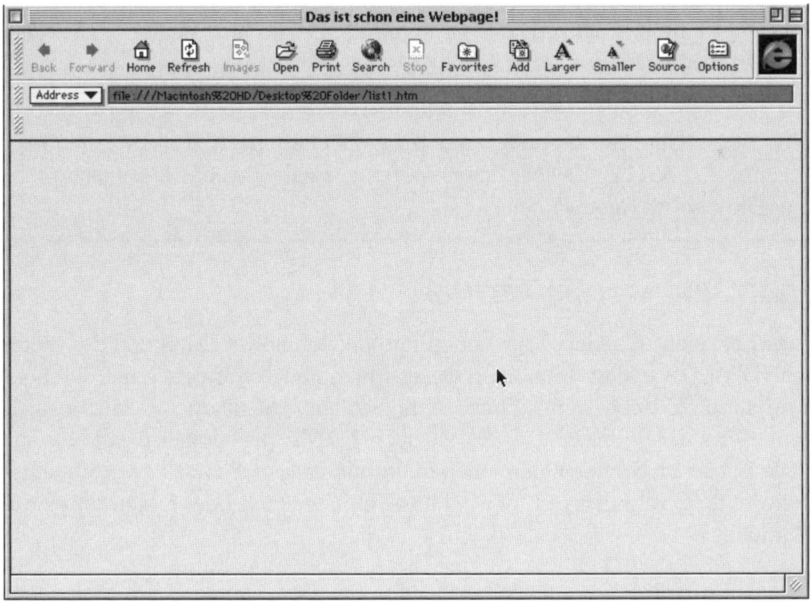

Bild 2.1: So sieht unsere erste Web-Page im »Explorer« aus.

Schauen wir uns in Ruhe unsere ersten Codezeilen an.

```
A    <HTML> </HTML>
```

Jede HTML-Datei, die im World Wide Web zu sehen sein soll, beginnt mit dem Befehl *<HTML>*. Damit der Browser erkennt, dass es sich hier um eine HTML-Datei handelt und er beginnen muss, die restlichen ASCII-Zeichen in eine sichtbare WWW-Oberfläche umzusetzen, gibt es diesen Befehl. Befehle werden auch »Tags« genannt und haben ein eindeutiges Erkennungszeichen: die spitze Klammer <, die ein Tag eröffnet. Und mit der spitzen Klammer > schließt der Tag wieder. Es ist dabei für die richtige Übersetzung in den Browsern nicht wichtig, ob der Text des Tags in durchgehend großen oder kleinen Buchstaben geschrieben ist, aber der Übersichtlichkeit halber kann man nur immer wieder empfehlen, alle Tags in Versalien zu schreiben. Wie gesagt: Der Browser unterscheidet hier selbst nicht zwischen Klein- und Großschreibung.

Die Besonderheit an HTML (Hypertext Markup Language) ist seine symmetrisch aufgebaute Struktur. Im Regelfall existiert jeder Tag zweimal. Einmal, um den Tag und damit die Reaktion des Browsers darauf zu eröffnen, einmal, um den Tag wieder zu schließen und damit die Reaktion des Browsers darauf wieder zu beenden. Hier signalisiert der Tag *<HTML>*, dass eine Datei folgen wird, die der Browser innerhalb der Standards des World Wide Web darstellen soll. Der Tag *</HTML>* mit dem Schrägstrich als Schlußzeichen sagt ihm, dass diese Datei bis zu diesem Befehl reicht und kein einziges Zeichen weiter.

ACHTUNG

Bitte vermeiden Sie deshalb auch jedes Zeichen nach diesem Schlußtag. Auch ein bloßes Leerzeichen kann später zu Fehlern in der Darstellung führen. Die eiserne Regel lautet:

Keine Zeichen mehr nach *</HTML>*.

Zwischen diesen beiden Tags finden nun der Inhalt der Datei und die weiteren HTML-Tags statt. Man kann dieses Prinzip auch mit dem einer durchgeschnittenen Zwiebel vergleichen. Jede Schicht zum Kern hin taucht nach dem Kern noch einmal auf. So ist auch HTML grundsätzlich strukturiert. Viele Fehler im Source-Code tauchen deshalb auf, weil zwar der Eröffnungs-Tag richtig geschrieben ist, der Schluss-Tag aber fehlt oder fehlerhaft eingefügt ist.

```
B <TITLE> </TITLE>
```

Jede HTML-Datei, die im Web über einen Browser aufgerufen wird, entsteht in einem Bildschirmfenster oder überschreibt eine alte Datei, die bereits ein Bildschirmfenster erzeugt hat. Nach den Betriebssystemkonventionen von Windows, MAC/OS etc. erhalten diese Fenster eine Betitelung. Ist diese nicht vorhanden, so wird automatisch der Dateiname in die Titelbalken übernommen. HTML sieht allerdings auch eine andere, viel elegantere Möglichkeit vor. Zwischen den beiden *<TITLE>*-Tags wird festgelegt, welchen Titel das Bildschirmfenster erhält. Der kann theoretisch beliebig lange Buchstabenkombinationen enthalten, allerdings gibt es hier drei Begrenzungen zu beachten:

- ✗ Es wird immer nur ein Tastaturleerzeichen gleichzeitig dargestellt.
- ✗ Am rechten Rand des Bildschirmfensters wird der Titeltext nicht umbrochen. Die Darstellung bricht hier einfach ab.
- ✗ Es sind nur ASCII-Zeichen und deren Sonderzeichen zugelassen.
- ✗ Bilder, Töne oder Filme können hier nicht abgelegt werden.
- ✗ Hyper-Links sind an dieser Stelle nicht integrierbar.

Auch hier reagiert der Browser zum Teil sehr empfindlich, wenn der Schlußtag nicht sauber angegeben wurde.

```
C  Das ist schon eine Webpage!
```

Mit der Eingabe dieses Satzes haben Sie in diesem HTML-Code Ihren ersten Satz formuliert, den auch ein Surfer im Süden von Neuseeland mit seinem Modem empfangen kann. Er erscheint im Titelbalken des Bildschirmfensters in der Textfarbe, die jeder User solchen Betitelungen in seinem Computersystem zugewiesen hat. Da der Browser – was wir ja auch genau so wollen – keine spitzen Klammern an diesem Satz entdecken konnte, stellt er diesen und jeden ähnlichen Satz an dieser Stelle als reine Buchstabenfolge im Titelbalken dar.

Ein Browser kann Tags also nur dann als solche erkennen, wenn er spitze Klammern findet und der Inhalt zwischen diesen Klammern einen HTML-Befehl darstellt, den der Browser auch kennt.

Es empfiehlt sich, bei der Eingabe des Codes auch die Tags so zu layouten, wie sie hier im Buch gesetzt sind. Tabulatoren im Editor oder Zeilenumbrüche haben im Code sehr selten Auswirkungen. Dafür gibt es in HTML eigene Befehle, die eingegeben werden müssen, damit der Browser auch wirklich mit einem festen Umbruch oder einer Einrückung reagiert. Die Tabulatoren und Umbrüche im Editor dienen also vor allem der Übersichtlichkeit des Codes, den man theoretisch auch unbegrenzt lange in eine Zeile schreiben könnte. Warum das nicht ratsam ist, ergibt sich schon aus der Tatsache, dass HTML-Files wegen großer Textmengen theoretisch unbegrenzt lang sein können und deshalb die Übersicht über Tags und normalen Text sehr wichtig ist. Empfehlenswert sind ähnliche Verfahren wie bei der Programmierung von Sprachen wie C++ u.ä., in denen Hierarchien mit Einrükkungen im Code dargestellt werden. In späteren Kapiteln dieses Buches zeigt sich dieses Verfahren noch deutlicher als bequem für den Programmierer. Gerade wenn fremde Designs überarbeitet werden müssen, ist so eine Sorgfalt pures Geld wert, weil sie viel Zeit sparen kann; denn oft beginnt die Arbeit an fremdem HTML-Code damit, Ordnung zu schaffen. Und das kann man Programmierern ersparen.

2.2 BODY-Tag – Hier steht der Text

Beginnen wir jetzt mit dem Tag, der die Dinge im Regelfall auf den Bilschirm bringt. Unser Ziel für dieses Kapitel ist es, ein wenig Text auf eine Webpage zu bringen, ohne dass wir dazu schon Farben, Bilder oder Multimedia-Elemente brauchen. Es stehen uns eine Menge Formatierungsmöglichkeiten zur Verfügung, die wir alle einmal durchspielen werden.

Erinnern wir uns an die Struktur, die wir im letzten Kapitel gelernt haben:

```
<HTML>
   <TITLE>
      Das ist schon eine Webpage!
   </TITLE>
</HTML>
```

Wir haben gesehen, dass durch diese wenigen Zeilen bereits eine Webpage entstanden ist. Allerdings hatte die einen entscheidenden Schönheitsfehler: Wir konnten nur in den Fensterbereich Text einfügen. Das wäre ja wirklich etwas wenig. HTML hat deshalb noch einen weiteren Bereich vorgesehen, der auch den Fensterinhalt eröffnet.

Der Tag lautet:

```
<BODY></BODY>
```

Alles, was zwischen diese beiden Bereiche eingefügt wird, wird später im Fensterinhalt wiedergegeben. Und damit der *<TITLE>*-Tag nicht ebenfalls dort hineingezogen wird, besitzt er einen eigenen Tag:

```
<HEAD></HEAD>
```

Versuchen Sie doch einmal herauszufinden, wie dieser Tag in das obere Beispiel eingefügt sein müsste, um auch wirklich zu funktionieren, und schreiben Sie dann zwischen die *<BODY>*-Tags einen Satz wie: »Das wird jetzt im Fenster erscheinen.«.

Richtig. Der *<BODY>*-Tag muss unter dem *<HEAD>*-Tag und über dem abschließenden *</HTML>*-Tag stehen, denn ein »Kopf« (HEAD) braucht ja einen »Körper« (BODY). Ausgeschrieben sieht unser Beispiel also folgendermaßen aus:

```
<HTML>
   <HEAD>
      <TITLE>
      Das ist schon eine Webpage!
      </TITLE>
   </HEAD>

   <BODY>
   Das wird jetzt im Fenster erscheinen.
   </BODY>
</HTML>
```

Bitte ac hten Sie schon jetzt immer darauf, den Code sauber formatiert hinzuschreiben. Das geht Ihnen so in Fleisch und Blut über, dass Sie es bei späteren Programmierungen ganz automatisch tun werden.

Wenn Sie diesen Code nun abspeichern und in einem Browser Ihrer Wahl aufrufen, dann werden Sie sehen, dass ein Fenster mit grauem Hintergrund entsteht, in dessen linker oberer Ecke der von Ihnen eingetippte Satz zu finden ist. Und noch etwas werden Sie entdecken, das nicht so selbstverständlich ist, wie Sie vielleicht auf den ersten Blick meinen könnten. Die Schriftart und die Schriftgröße dürften mit Times 12 Punkt definiert sein, wenn Sie den Browser frisch installiert haben. Gehen Sie z.B. in ihrem Netscape-Browser in das Menü »Options« und dort in das Untermenü »General Preferences«. Im Eintrag »Fonts« werden Sie sehen, dass genau diese Schriftart und -größe eingestellt ist. Das bedeutet, dass Webpages im Regelfall durch die Einstellungen der Browserschriften stark verändert werden können. Mit dem Einsatz von Cascading Style Sheets ändert sich das (dazu mehr in Kapitel 8 dieses Buches), aber eine klassische WWW-Seite hat mit experimentierfreudigen Usern zu kämpfen, die schon einmal exotische Schriften und gemeine Schriftgrößen dazu einstellen. Das soll uns vorerst nicht weiter stören. Wir haben uns vorgenommen, einen kleinen Text auf diese Weise zu publizieren. Ich schlage folgende Zeilen vor:

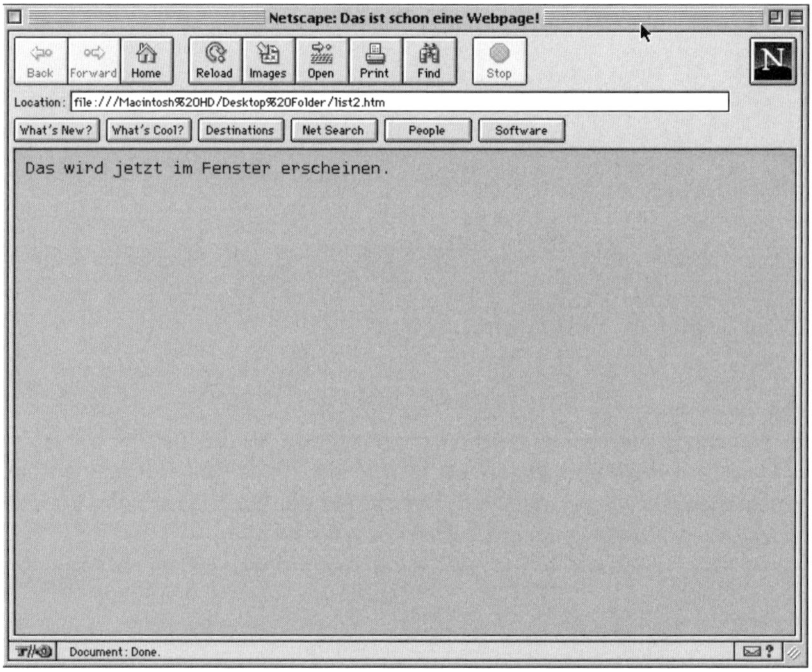

Bild 2.2: Und so sieht dieses File im »Navigator« aus.

```
A   Hallo, mein Name ist Jürgen Groß.
B   Meine Hobbies sind <HTML>, Überfahrten nach
    England und Änderungen im Source-Code.
C   Ich sage immer:"Warum rufen Sie nicht einfach mal bei mir
    an?"
D   Meine Nummer steht im Telefonbuch.      © JG
```

Zugegebenermaßen kein epochaler Text, aber er beinhaltet ein paar Probleme, die man als HTML-Programmierer leider nur zu gut kennt. Wenn Sie diesen Text so Buchstabe für Buchstabe in Ihren HTML-Code eingeben und auch die Leerzeichen mit berücksichtigen, dann werden Sie lustige Effekte erzeugen, sobald Sie diesen Text wieder in einem Browser betrachten.

- ✘ Plötzlich gehen Ihnen die Umlaute verloren.
- ✘ Der Text bricht ab, wenn Ihr Editor nicht zufällig das < und das > mit dem Abspeichern zu einem seltsamen Code verändert hat.
- ✘ Die Anführungszeichen erscheinen vor allem dann nicht, wenn Sie Ihren Code in einem Schreibprogramm wie WORD eingeben.
- ✘ Das Sonderzeichen © liegt nicht auf der Tastatur.
- ✘ Mehrere Leerzeichen vor dem Sonderzeichen werden im Browser zu einem Leerzeichen, egal, wie viele Sie auch vorher tippen.

Also muss es offenbar Einschränkungen geben, die beim Eintippen von Fließtext in einen Source-Code zu beachten sind. Schauen wir uns den Text noch einmal Satz für Satz an.

```
A    Hallo, mein Name ist Jürgen Groß.
```

In der Darstellung durch einen Webbrowser fehlen die Buchstaben »ü« und »ß«, denn das Programm versteht diese ASCII-Zeichen nicht und lässt sie einfach beiseite. Dazu muss man sich noch einmal vor Augen führen, dass das Internet zu Beginn eine rein amerikanische Angelegenheit war und die offizielle Sprache unter den Physikern des CERN ebenfalls Englisch ist. Im Englischen kommen diese Umlaute nicht vor, deshalb wurde bei der Konzeption des WWW auf die Einbindung des erweiterten ASCII-Formats über die Tastatur vordergründig verzichtet.

Aber es gibt eine Möglichkeit, diese Zeichen trotzdem zu verwenden. Jedes der einsetzbaren ASCII-Zeichen hat einen eigenen Buchstabencode, der auch hier eingesetzt werden kann. Allerdings muss dem Browser vorher über ein Sonderzeichen deutlich gemacht werden, dass er jetzt einen dieser Zahlencodes umsetzen muss. HTML löst dieses Problem hier mit zwei Anfangs- und einem Endzeichen. Die ASCII-Nummern stehen zwischen »&#« und »;« und werden so als die gewünschten Zeichen auf dem Browserbildschirm sichtbar. Soll also der Name »Jürgen Groß« auch in dieser Schreibweise im WWW erscheinen, dann muss im Source-Code die Zeichenfolge »Jürgen Groß« stehen.

Sie werden zu Recht sagen, dass sich diese Nummern niemand merken kann, deshalb sieht hier HTML humanerweise noch eine andere Möglichkeit vor, die zudem auch noch ein Sonderzeichen vorab erspart. Da manche der Sonderzeichen schon zu Zeiten des Bleidrucks einen eigenen Namen bekommen haben, konnten diese Namen leicht übernommen werden (das ist aber leider nicht bei allen Sonderzeichen der Fall ...). So lautet die Codierung für den Umlaut von »u« deshalb »ü«. Da wir jetzt auf die Eingabe von Zahlen verzichtet haben, kommen wir mit dem Sonderzeichen »&« vor der Codierung aus. Die dürfen wir allerdings nie weglassen, da der Browser sonst das erweiterte ASCII-Zeichen nicht erkennt. Beim »ß« haben wir eine ähnliche Abkürzung zu erwarten. Und richtig: Die Codierung lautet »ß«, weil das Kürzel für »SZ-Ligatur« steht. So nennen die Setzer dieses Sonderzeichen.

AUFGABE

Machen wir doch ein kleines Ratespiel. Wie lautet dann Ihrer Meinung nach die korrekte Codierung des Umlauts von »a«?

LÖSUNG

Richtig. Die Zeichenfolge ist »ä«, und logischerweise wäre die Zeichenfolge für den Umlaut von »o« jetzt »ö«.

Dieses Buch hat alle machbaren Sonderzeichen in einer eigenen Anhang-Liste aufgeführt, damit hier nicht jedes Zeichen einzeln vorgestellt werden muss. Es ist vollkommen Ihre eigene Entscheidung, ob Sie bei der Eingabe des Textes lieber die ASCII-Nummer oder die ASCII-Abkürzung benutzen. Nur werden Sie um eine dieser beiden Formen nicht herumkommen. Manche Editoren wie »Hotdog Pro« (für Windows-Rechner) und »Pagespinner« (für Apple-Computer) oder Programme wie »Frontpage« und »Pagemill« haben allerdings eine Speicherautomatik, die den Text automatisch von seinen Umlauten in die Codierung überträgt. Das erleichtert vor allem die Konvertierung von bereits gerschriebenem Text sehr stark. Allerdings bleiben dann immer noch einzelne Fälle übrig, in denen die Sonderzeichen über diese Codierung eingegeben werden könnten. Einer davon taucht schon im nächsten Fall auf:

```
B   Meine Hobbies sind <HTML>, Überfahrten nach
    England und Änderungen im Source-Code.
```

Hier haben wir zwei – eigentlich drei – tückische Fälle der Konvertierung vor uns, die aus der Vermischung von Code und Fließtext in HTML herrühren. Wenn wir den Text so buchstabengenau eingeben, können wir das zwar problemlos über die Tastatur tun, aber wir werden beim Aufruf des Browsers schnell merken, dass etwas nicht stimmen kann. Manche Browser zeigen »HTML« in diesem Satz nicht mehr an, manche (da kommt es immer auf den jeweiligen Computer an) stürzen sogar ab, denn der Browser erwartet ja nach jeder geöffneten spitzen Klammer einen Tag, der ihm eine neue Formatierung des Page-Inhalts angibt. In diesem Fall erhält er sogar einen korrekten Befehl, nämlich *<HTML>,* und müßte nun eigentlich ein neues HTML-File eröffnen, eine unlogische Befehlsfolge, die Sie mit diesem Text ja auch gar nicht auslösen wollten. Eine Möglichkeit wäre hier, spitze Klammern im Text zu meiden wie der Teufel das Weihwasser. Aber es gibt, wie in Beispiel A schon gezeigt, eine elegantere Möglichkeit. Die Codierung für spitze Klammern lautet »<« oder »<« für das Sonderzeichen »<« und »>« oder »>« für das Sonderzeichen »>«. Auch hier haben wir die Auswahl zwischen der Codierung per Nummerierung oder per Abkürzung. Der häufigste Anwendungsfall für diese Umsetzung ist die Wiedergabe von Programmiercode auf einer Webpage, ohne dass der Leser gleich den Source-Code aufrufen muss – sozusagend ein Demo ihres Source-Codes. In unserem Fall wollen wir uns ja nur vorstellen, aber trotzdem haben wir schon gesehen, wie sich mit Sonderzeichen auch knifflige Inhalte darstellen lassen.

Und noch eine Besonderheit hat diese Zeile aufzuweisen. Mit dem »Ü« ist es jetzt auch notwendig, große Umlaute darzustellen. Es steht mit der Zahlencodierung »Ü« wieder eine ASCII-Nummer zur Verfügung, aber die Umsetzung in einer abgekürzten Form kann diesmal nicht »ü« lauten, da wir bereits für ein kleines »ü« diese Kombination verbraucht haben. Vor ein paar Seiten haben wir gelernt, dass Befehle in HTML unabhängig davon funktionieren, ob wir sie in kleinen oder großen Buchstaben schreiben. Im Bereich der Sonderzeichen, die streng genommen auch keine Befehle darstellen, gilt diese Regel nicht. Hier muss peinlich genau auf die Groß- und Kleinschreibung geachtet werden.

Deshalb lautet die Abkürzung für ein großes »Ü« auch »Ü«. Das »Ä« wird mit »Ä« und das »Ö« mit »Ö« umgewandelt.

```
C  Ich sage immer:"Warum rufen Sie nicht einfach mal bei mir
   an?"
```

Oft sind diese Sonderzeichen auch in ganz harmlosen Sätzen nicht zu umgehen, zum Beispiel die Anführungszeichen. Wenn Sie einen Text aus Programmen wie WORD herauskopieren, um ihn in einem HTML-Code zu plazieren, dann steht Ihnen manchmal die Automatik für Anführungszeichen im Weg, die aus einem simplen Anführungszeichen die korrekten Duden-Anführungszeichen generiert. Auch hier muss deshalb ab und zu mit einer Codierung gearbeitet werden, wenn Sie auf die Errungenschaften der deutschen Rechtschreibung nicht ausnahmslos verzichten wollen. Allerdings macht hier HTML dem strengen Schlußredakteur in Ihnen einen Strich durch die Rechnung. Es werden nur »Gänsefüßchen oben« unterstützt, die sich klar an der englischen Rechtschreibung orientieren. Die Codierung dafür lautet »"« für »Quotation« (also »Zitat«) oder in Zahlen »"«.

```
D   Meine Nummer steht im Telefonbuch.      © JG
```

Soweit lässt sich mit ein paar geringfügigen Ausnahmen jeder Text in eine entsprechende HTML-Form umsetzen. Sogar das nicht über die Tastatur verfügbare »©«-Zeichen (für »Copyright«) besitzt mit »&#169« oder »©« eine Umsetzung. Allerdings gibt es hier einen Wermutstropfen, der nur mit einer – bedenklichen – Krücke umgangen werden kann.

Wenn Sie diese letzte Textzeile zusammen mit der Umsetzung des Sonderzeichens in Ihren Editor eingeben und nach dem Abspeichern innerhalb des Source-Codes im Browser aufrufen, dann werden Sie enttäuscht feststellen, dass Ihre schönen Leerzeichen bis auf ein einziges verschwunden sind. Auch die doppelte Anzahl an Leerzeichen wird Ihnen hier nicht weiterhelfen. HTML gibt in diesem Textmodus stur nur ein Leerzeichen am Stück wieder. Das hat durchaus seinen Sinn, denn so soll verhindert werden, dass mit Hilfe von Leerzeichen Scheinformatierungen eingefüllt werden. Da HTML-Text frei je nach Größe des Fonts und der möglichen Ausdehnung des Textes am ersten Leerzeichen umbricht, könnten so unschöne »Schusterknaben« entstehen. Das heißt: So wären einzelne, freistehende Wörter denkbar, die in einem Text ja vermieden werden sollen. Für ganz spezielle Fälle, in denen auch der Umbruch bis zum nächsten freien Leerzeichen aufgehoben wird, gibt es das feste Leerzeichen »&bnsp;«, das vom Browser pro Nennung auch wirklich einmal angezeigt wird.

ACHTUNG

Allerdings soll deutlich von diesem Sonderzeichen abgeraten werden. Sie werden später elegantere Möglichkeiten kennen lernen, dieses Zeichen-Dilemma zu lösen.

MERKSATZ

Jetzt haben wir den Text soweit mit seinen Sonderzeichen bearbeitet, dass wir ihn auch in der gewünschten Zeichenzahl im Browser sehen können. Und noch etwas haben wir erreicht: Wir könnten so unser File als erste eigene Homepage ins WWW stellen. So einfach kann Webpublishing sein – allerdings auch so langweilig. Es gibt aber wirklich Situationen, in denen es sinnvoll ist, solche unformatierten Texte ins Web einzuspeisen. Für unsere erste eigene Homepage haben wir uns aber noch ein paar Formatierungen aufgehoben.

So wie wir gelernt haben, den Text im Browserfenster sichtbar zu machen, so können wir aber auch unsichtbaren Text einfügen, der zwar im Source-Code vorhanden und damit nicht ganz unsichtbar ist, der aber auf dem Browserfenster nicht erscheint. So wäre es zum Beispiel denkbar, dass wir den Copyright-Vermerk am Ende unseres Textes unsichtbar als Kommentar einfügen. Der TAG dafür lautet:

```
<!----Hier kommt der Text rein---->
```

Die spitze Klammer mit dem Ausrufungszeichen sagt dem Browser, dass es sich hier um Kommentartext handelt, der auf dem Bildschirm nicht dargestellt werden soll. Viele Webdesigner bauen so die Entstehungsdaten der Files, ihren eigenen Namen oder auch eine E-Mail-Adresse ein, die nur für den sichtbar werden, der sich für den genauen Code interessiert. Denkbar sind auch Kommentare wie

```
<!----Die Page wurde am 10.10.1995 programmiert---->
```

So können bei längeren HTML-Files die einzelnen Textabschnitte markiert werden. Oft sieht man diese Kommentare auch in der Form von

```
<!-----------Ab hier startet der 2. Textabschnitt-------->
```

oder

```
<!Ab hier startet der 2. Textabschnitt>
```

Das hat nur einen optischen Unterschied und Zweck: die Auffälligkeit der Zeile steigern. Die Zahl der Bindestriche ist nicht vorgeschrieben. Verfahren Sie hier wieder ganz nach Geschmack. Und: Wie leicht zu sehen ist, gibt es hier keinen Abschluss-Tag, denn der Text befindet sich ja innerhalb des HTML-Befehls für Kommentare und muss deshalb nicht abgeschlossen werden. Es gibt noch eine andere Art des Kommentars, die sich nicht durchgesetzt hat und deshalb von modernen Browsern vielleicht auch nicht mehr als solche erkannt werden wird. Wer es aber trotzdem lieber in der Form der bereits gewohnten Syntax halten will, dem stellt HTML die Befehlsfolge

```
<COMMENT>
</COMMENT>
```

zur Verfügung. Der gleiche Kommentarsatz würde so also lauten:

```
<COMMENT>Ab hier startet der 2. Textabschnitt</COMMENT>
```

Noch eine Anmerkung, um auch ganz sicherzugehen. Die Kommentare werden innerhalb des Codes genauso wiedergegeben, wie sie eingetippt wurden. Nur durch eine Darstellung im Browserfenster würden die Regeln zur Darstellung von Sonderzeichen hier wieder greifen, aber das ist nicht nötig, da diese Kommentare eben nicht im Browserfenster dargestellt werden sollen. Also entfallen innerhalb dieser Kommentare alle – doch recht unleserlichen – Codierungen für Sonderzeichen. Auch mehrere Leerzeichen sind denkbar. Der HTML-Code kann sie ja beim Speichern nicht wie von selbst weglöschen. Immer gemerkt:

Das gilt nur für Kommentarzeilen, die nicht auf dem Bildschirm, sondern nur im Source-Code zu finden sind.

Schreiben Sie jetzt noch einmal den kompletten Text von vorhin innerhalb des HTML-Source-Codes so hin, dass er auch später in einem Browser in der gewünschten Form lesbar wird. Verstecken Sie aber diesmal den Hinweis auf das Copyright in einer Kommentarzeile. Ach ja: Und benennen Sie die Titelzeile in »Jürgen Groß« um.

```
<HTML>
   <HEAD>
      <TITLE>
      J&uuml;rgen Gro&szlig;
      </TITLE>
   </HEAD>

   <BODY>
   Hallo, mein Name ist J&uuml;rgen Gro&szlig;. Meine
   Hobbies sind &lt;HTML&gt;, &Uuml;berfahrten
   nach England und &Auml;nderungen im Source-Code. Ich
   sage immer:&quot;Warum rufen Sie nicht einfach mal bei
   mir an?&quot;
   Meine Nummer steht im Telefonbuch.
   </BODY>
<!----------      © JG-------------->
</HTML>
```

Wir haben den Namen »Jürgen Groß« zwischen die *<TITLE>*-Tags geschrieben, der Text befindet sich ordnungsgemäß zwischen den *<BODY>*-Tags. Da wir den Copyright-Vermerk in eine Kommentarzeile geschrieben haben, wird kein Browser der Welt sie später darstellen.

So ist das Textlayout noch sehr unbefriedigend. Ohne Zeilenumbruch und Abstufungen kommt Ihr Text etwas unstrukturiert daher. Aber in den folgenden Kapiteln werden wir uns vor allem um diese Features kümmern.

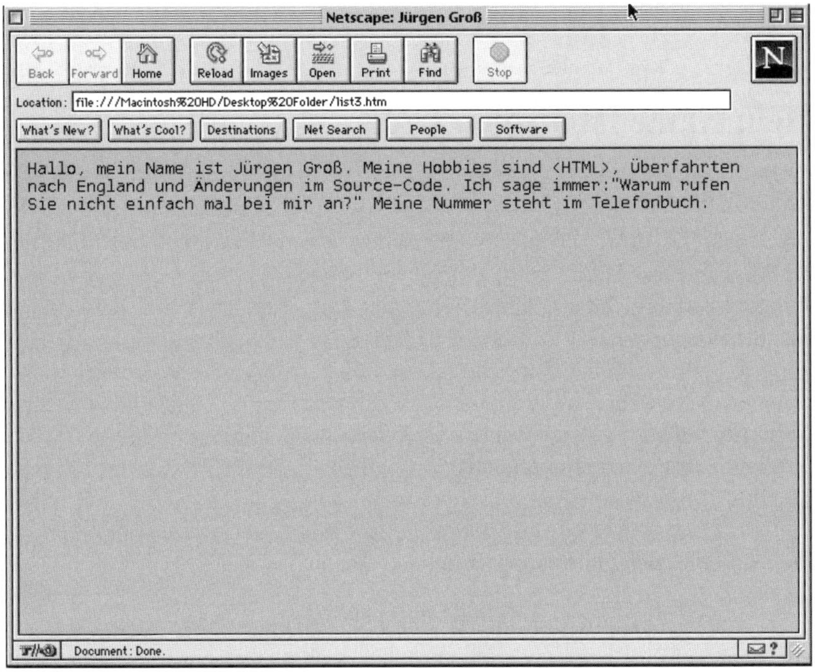

Bild 2.3: Geschafft. Nicht schön, aber unser erster längerer Text ist offline schon in einem Browser darzustellen.

2.3 Textgröße

Nachdem wir jetzt die richtigen Zeichen auf dem Bildschirm stehen haben, soll in diesem Kapitel die Abstufung der Fontgrößen gezeigt werden. Dabei muss man aber wissen, dass es im klassischen HTML eigentlich keine Möglichkeit gibt, die Textgrößen punktgenau einzustellen. Wir erinnern uns, dass im Konzept der Physiker des CERN größtmögliche und beste Verarbeitung der Texte das Ziel war. Deshalb wurde auf die exakte Formatierung nicht allzu großen Wert gelegt. Kein Wunder. Jedem Nutzer sollte auf seinem Gerät eine möglichst leichte Formatierung für seine Bedürfnisse ermöglicht werden.

Wenn wir uns noch einmal unseren Beispieltext hernehmen, dann eignet sich der erste Satz eigentlich auch sehr gut dazu, eine Überschrift mit einer Unterzeile daraus zu machen. Also soll folgende Formatierung erreicht werden:

Hallo

Mein Name ist Jürgen Groß

Meine Hobbies sind...

Das englische Wort »Headline« gibt schon einen Hinweis darauf, wie der HTML-Tag dazu lauten mag. Auch hier handelt es sich wieder um einen Anfangs-Tag und einen Schluss-Tag, der den Text zwischen den beiden Befehlen nach Wunsch formatiert. Er lautet:

```
<H1></H1>
```

Alles, was zwischen diesen beiden Tags steht, wird zu einer Headline. HTML erzeugt diese Formatierung durch

- Fettung
- je einen Zeilenumbruch vor und nach diesen Tags
- größere Punktzahl im Vergleich zum Fließtext

Mit *<H1></H1>* haben wir die größtmögliche Überschrift gewählt. Wir haben insgesamt die Auswahl unter sechs Größen. Logischerweise lautet der Tag für die kleinste Überschriftengröße:

```
<H6></H6>
```

Die Zahlen zwischen 1 und 6 stufen die Größen nach unten ab.

Versuchen Sie jetzt, unseren Text in der oben gezeigten Art und Weise zu formatieren.

```
<HTML>
   <HEAD>
      <TITLE>
      J&uuml;rgen Gro&szlig;
      </TITLE>
   </HEAD>
```

```
      <BODY>

A            <H1>Hallo</H1>

B            <H2>Mein Name ist J&uuml;rgen Gro&szlig;</H2>

C            Meine Hobbies sind...

      </BODY>
    </HTML>
```

```
A            <H1>Hallo</H1>
```

Hier beginnt der Textbereich auch wieder unter dem *<BODY>*-Tag. Wir haben schon gelernt, dass der Headline-Tag einen automatischen Textumbruch erzeugt. Deshalb beginnt, wie hier im Source-Code, der nächste Satz ebenfalls in der nächsten Zeile.

```
B       <H2>Mein Name ist J&uuml;rgen Gro&szlig;</H2>
```

Durch die Verwendung von *<H2></H2>* ist die folgende Überschrift mit einer deutlich kleineren Punktzahl dargestellt. Für manche Geschmäcker reicht diese Abstufung noch nicht aus. Verwenden Sie doch spaßeshalber hier einfach einmal *<H3></H3>* oder *<H4></H4>* etc., dann können Sie diese beiden Zeilen schon ein wenig variierter gestalten. Auch mit diesem Tag erzeugen wir einen Zeilenumbruch, der genau hinter dem Schlußtag einsetzt.

```
C            Meine Hobbies sind...
```

Hier haben wir keinen Headline-Tag verwendet, deshalb läuft der Fließtext ganz normal in der im Browser eingestellten Fließtextgröße weiter.

Die automatische Fettung ist nicht jedermanns Geschmack, aber wie bei jedem Automatismus muss man auch hier in den sauren Apfel beißen. Hier lassen sich keine weiteren Einstellungen vornehmen. Da HTML eine alte Datenbanksprache ist, die vor allem bestimmte Teile eines Datensatzes kennzeichnen sollte, wurde in der klassischen Variante auch nicht an solche Layout-Erfordernisse gedacht.

Wir haben durch diese Headline-Tags, die übrigens auch buchstabenweise eingesetzt werden können, schon eine große Variationsbandbreite in unserer Textdarstellung erreicht. Spielen Sie doch einfach einmal damit herum. Vom einzelnen großen Zeichen bis zur Bildschirmdarstellung für Sehschwache ist hier jede Form denkbar. Allerdings werden Sie schnell sehen, dass Sie der automatische Zeilenumbruch stark in Ihren Möglichkeiten einschränkt. Oft ist es wichtig, innerhalb einer Zeile die Buchstabengröße zu variieren.

Genau an diesem Punkt setzt ein anderer HTML-Tag an, den Marc Andreessen mit der Firma Netscape eingeführt hat. Er erleichtert, wie so manche Neuentwicklung seines Teams und die Neuentwicklungen von Microsoft für deren Browser Explorer, eine ganze Menge innerhalb des HTML-Layouts. Da diese Tags aber nicht mehr der klassischen HTML-Konvention entsprechen und auch nur zögerlich durch das WWW-Konsortium der NSCA freigegeben werden, muss ab dieser Stelle des Buches, wie auch auf vielen Webseiten, immer wieder der Hinweis stehen, für welche Browser dieser Tag funktioniert und bei welchen Browsern er gar nichts oder Datenschrott bewirkt. Der traurige Effekt der besseren Befehle ist, dass die volle Kompatibilität der Sprache auch in Zukunft immer mehr eingeschränkt wird. Auch wenn heute schon fast alle User mit den modernen Browsern »Navigator« und zunehmend mit dem Microsoft »Internet Explorer« arbeiten, sorgt immer noch der unterschiedliche Befehlssatz dieser beiden Softwareprodukte für Verwirrung im HTML-Vokabularium. Wir werden also nicht umhin kommen, im weiteren Verlauf des Buches immer zweigleisiger auf die Tags dieser beiden »Web-Standards« einzugehen. Das soll allerdings keine Wertung sein. Es ist einfach so.

Der differenziertere Tag zur Variierung der Buchstabengröße lautet (hier die kleinstmögliche Größe):

```
<FONT SIZE=1></FONT>
```

Vielleicht ist es enttäuschend, aber wir können auch hier die Größe nur relativ zur im Browser eingestellten Schrift verändern. Und hier liegt bereits eine Fehlerquelle, die ein bisschen Umdenken erfordert. Wir haben mit diesem Tag nicht etwa die größte, sondern die kleinstmögliche Buchstabengröße eingestellt. Das System läuft hier also genau entgegengesetzt zu den bereits bekannten Headline-Tags. Und: Es sind auch nicht sechs, sondern sieben Stufen.

Versuchen Sie jetzt, den Text von vorhin genau in der gleichen Art darzustellen. Verwenden Sie jetzt dazu aber die gerade vorgestellten Tags.

```
<HTML>
   <HEAD>
      <TITLE>
      J&uuml;rgen Gro&szlig;
```

```
      </TITLE>
    </HEAD>

    <BODY>

A          <FONT SIZE=7>Hallo</FONT>

B          <FONT SIZE=6>Mein Name ist J&uuml;rgen
           Gro&szlig;</FONT>

C          Meine Hobbies sind...

    </BODY>
  </HTML>
```

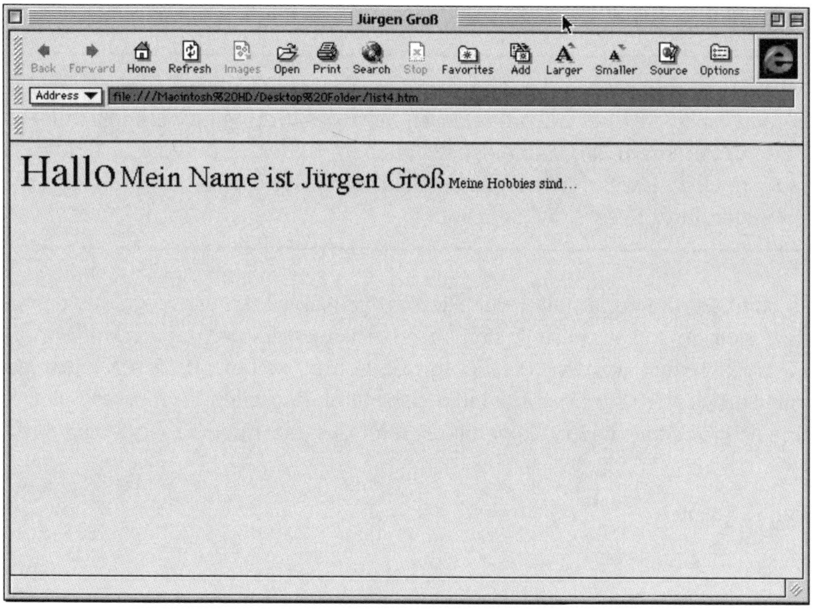

Bild 2.4: Die große Enttäuschung: Die Zeilenumbrüche sind verchwunden.

```
A          <FONT SIZE=7>Hallo</FONT>
```

Wenn Sie diesen Code zum ersten Mal in Ihrem Browser aufrufen, wird die Enttäuschung groß sein. Die Zeilenumbrüche sind verschwunden. Der Tag *<FONT SIZE=7></FONT>* hat die Buchstabengröße deutlich anwachsen lassen, allerdings ist auch die Fettung verschwunden. Auch wenn es jetzt nicht so klingt: Wie wir noch sehen werden, hat das deutliche Vorteile in der Kontrolle des Layouts.

```
B          <FONT SIZE=6>Mein Name ist J&uuml;rgen
           Gro&szlig;</FONT>
```

Weil der Zeilenumbruch nun durch diesen Tag nicht mehr integriert ist, setzt die nächste Zeile direkt im Anschluss an. Sogar das Leerzeichen dazwischen fehlt. Was jetzt sehr störend aussieht, hat aber immense Vorteile. Auf diese Weise kann die Punktgröße wirklich buchstabengenau gehoben oder gesenkt werden.

```
C          Meine Hobbies sind...
```

Hier beginnt wieder der Fließtext. Es ist bei diesen Tags so, dass die Standardgröße nicht etwa bei *<FONT SIZE=1></FONT>* liegt, sondern bei *<FONT SIZE=3></FONT>*. Sie können diese Fontangabe noch beifügen, allerdings ist der Default so eingestellt, dass dieser Tag auch wegbleiben kann. Der Vorteil von zwei Untergrößen ist aber, dass Sie jetzt auch leichter Nebenbemerkungen abstufen können.

MERKSATZ

Warnen möchte ich Sie allerdings vor dem Tag *<FONT SIZE=1> </FONT>*. Gerade wenn die User auf der anderen Seite des Webs eine Serifenschrift wie die Times in ihrem Browser eingestellt haben, ist der Text in dieser Größe oft kaum noch zu lesen. Meiden Sie deshalb solche Ratespiele, und schonen Sie die Augen Ihrer Leser.

Es gibt Fälle, in denen aber der Fließtext prinzipiell ein wenig größer dargestellt werden soll. Nun stellt sich aber bei verschiedenen Layoutkniffen, die wir noch lernen werden, die Fontgröße immer wieder auf den Ursprungswert zurück. Um hier nicht ständig per Hand eingreifen zu müssen, gibt es eine Möglichkeit, die Größe verbindlich für das gesamte File ein wenig anzuheben.

Der Tag lautet:

```
<BASEFONT SIZE=4>
```

Am besten, man setzt diese Anhebung gleich hinter den *<BODY>*-Tag. Der Code dafür lautet also:

```
<HTML>
   <HEAD>
      <TITLE>
      Das ist eine Basefont-Tag
      </TITLE>
   </HEAD>
   <BODY>
```

```
   <BASEFONT SIZE=4>
    Hier beginnt der Text in einer leicht größeren Type.
   </BODY
</HTML>
```

Als ungefähres Maß können Sie davon ausgehen, dass jede Erhöhung um eine Ziffer die Punktzahl Ihrer genutzten Browserschrift um etwa zwei Stufen erhöht. Das heißt also: Wenn Sie Ihre Browserschrift im Standard auf 14 Punkt eingestellt haben, dann erhöht *<FONT SIZE=4></FONT>* die Darstellung etwa auf 16 Punkt.

Mit diesem Feature von HTML, das übrigens nicht von den wirklich alten Browsern unterstützt wird, können Sie nun schon sehr differenziert, aber immer nur relativ, die Fontgrößen einstellen. Es gibt noch eine andere Art, die Größen durch diese Tags zu steuern, die vor allem im Zusammenhang mit dem Basefont-Befehl sinnvoll ist.

Angenommen, Sie haben die grundsätzliche Größe der Schrift um zwei Stufen angehoben, also *<BASEFONT SIZE=5>* eingegeben, dann können Sie eine um zwei Stufen größere Überschrift in der gewohnten Art und Weise mit *<FONT SIZE=7></FONT>* markieren. Oder aber Sie geben die Größe des Fonts relativ ein. Der Tag dazu lautet:

```
<FONT SIZE=+2></FONT>
```

Dieser Tag drückt die relative Zunahme der Größe aus. Sie könnten z.B. mit *<FONT SIZE=-2></FONT>* jetzt die Größe der Buchstaben auch um zwei Stufen senken. Das entspräche in unserem Beispiel auch dem Tag *<FONT SIZE=3><FONT>*. Der Grund für dieses Vorgehen liegt darin, es den Programmierern leichter zu machen, damit sie nicht immer am Anfang des Files nachsehen müssen, welche Basisgröße Sie sich denn eingestellt hatten. Verfahren Sie hier einfach nach Geschmack. Wir wollen das aber auf jeden Fall üben.

Schreiben Sie mit einem Basefont-Tag der Größe 4 den Source-Code von vorhin noch einmal auf, und versuchen Sie, mit relativen Angaben die gleichen Größenverhältnisse herzustellen.

```
<HTML>
   <HEAD>
      <TITLE>
      J&uuml;rgen Gro&szlig;
      </TITLE>
```

```
  </HEAD>

<BODY>
  <BASEFONT SIZE=4>
  <FONT SIZE=+3>Hallo</FONT>

  <FONT SIZE=+2>
  Mein Name ist J&uuml;rgen Gro&szlig;
  </FONT>

  Meine Hobbies sind...

</BODY>
</HTML>
```

Sicher sind Ihnen hier noch zwei Dinge aufgefallen. Zum einen hat *<BASEFONT SIZE=4>* keinen Schluss-Tag. Hier wird darauf verzichtet, weil sich dieser Tag auf das ganze Dokument bezieht. Ob das so logisch ist, wollen wir hier nicht diskutieren.

Zum anderen steht bei den Font-Befehlen offenbar der spiegelbildliche Schluss-Tag nicht wirklich am Ende. Das hat einen einfachen Grund, der Ihnen ab jetzt noch oft, zum Beispiel schon im nächsten Kapitel, begegnen wird. Der Font-Tag ist einer dieser Befehle, die noch eine Reihe von Unterbefehlen aufnehmen können. Hier steht zum Beispiel die Größe innerhalb des Tags notiert, es könnten hier aber auch die Fontfarbe oder andere Angaben stehen. Der Schluss-Tag beendet mit seinem Schrägstrichzeichen einfach alle diese Angaben, egal, wie viele innerhalb des Tags noch integriert sein mögen. Das mag auf den ersten Blick etwas verwirrend klingen, hat aber einen klaren Vorteil. Sie müssen sich beim Programmieren nur auf den Anfangs-Tag konzentrieren und dort alle Unterangaben sauber eintragen. Am Schluss-Tag genügt dann ein einfacher Tag-Befehl mit Schrägstrichzeichen, damit auch sicher alle diese Angaben wieder beendet werden.

2.4 Linien und Absätze

Einen weiteren Fall, der die Regel gleich wieder unterläuft, erhalten wir, wenn wir eine Linie in unser Dokument einfügen möchten. Diese »Horizontal Rules« haben den Vorteil, dass sie als grafisches Element von allen Browsern verstanden und selbständig erzeugt werden. Allerdings muss man wissen, dass vor allem ihr 3-D-Effekt, der diese Linien scheinbar ein wenig tiefer als die Bildschirmoberfläche setzt, auf einem Windows-Computer bedeutend grober daherkommt als auf Hardware aus dem Hause Apple.

Der Tag lautet als Abkürzung von »Horizontal Rule« einfach

```
<HR>
```

Wenn Sie diesen Tag an das Ende unseres bereits bekannten Fließtextes setzen, geschehen in der Darstellung folgende Schritte:

- ✘ Es erfolgt automatisch ein Zeilenumbruch.
- ✘ Eine vertieft erscheinende, durchgezogene Linie erscheint.
- ✘ Sie wird zentriert dargestellt.
- ✘ Ihre Breite richtet sich automatisch nach der des Browserfensters.
- ✘ Es folgt automatisch auch danach ein Zeilenumbruch.

Der <HR>-Tag wird nicht geschlossen. Er ist eine Einheit für sich. Deshalb können Sie auch beliebig viele <*HR*>-Tags hintereinander setzen, ohne an einen Schluss-Tag denken zu müssen.

Die Vorteile des Tags liegen auf der Hand. Leider auch die Nachteile. Zwar können Sie so mit sehr einfachen Mitteln schon ein grafisches Element erzeugen, aber zu viel des Guten stört den optischen Eindruck ganz erheblich. Es gibt eine Menge Webdesigner, die diesen Tag auch als schlechten Stil empfinden. Außerdem sollten Sie auch nicht vergessen, dass dieser Tag immer einen Zeilenumbruch erzeugt. Deshalb entstehen die <*HR*>-Tags in dieser Struktur auch nur untereinander, nie nebeneinander.

Damit hören aber die Gestaltungsmöglichkeiten nicht auf. Sie können in diesen Tag noch drei weitere Unterbefehle aufnehmen, die das Verhalten der »Horizontal Rules« noch weiter differenzieren:

- ✘ Die Höhe der Linie
- ✘ Die Breite der Linie
- ✘ 2-D- oder 3-D-Optik

Wenn Sie sich an das letzte Kapitel erinnern, wurde dort schon angedeutet, wie sich alle diese Angaben in einen Tag packen lassen. Eine Linie, die schattenlos, zehn Pixel hoch und 300 Pixel weit sein soll, schreibt sich wie folgt:

```
<HR SIZE=10 WIDTH=300 NOSHADE>
```

Die eckigen Klammern des Tags wurden gedehnt und mit weiteren Befehlen angefüllt. Solche Ausdehnungen können in anderen Fällen mehrere Zeilen im Code in Anspruch nehmen. Aber keine Angst, zwei kleine Regeln helfen hier für die bessere Übersicht:

- Zwischen den Unterbefehlen muss immer ein Leerzeichen stehen.
- Die Reihenfolge der Unterbefehle ist beliebig.
- Lasse ich einen der Befehle weg, nimmt der Browser einfach die Default-Einstellung dafür her, also z.B. die 3-D-Optik, wenn ich kein »NO-SHADE« innerhalb des Tags notiere.

Sollten Sie einmal ein Leerzeichen zwischen zwei solchen Befehlen in einem Tag übersehen, dann werden Sie so mit großer Sicherheit einen Fehler erzeugen. Ein Browser sieht die Befehlsgrenze dann nicht mehr, erkennt den Befehl nicht und reagiert somit gar nicht oder fehlerhaft.

Gewöhnen Sie sich an, bei mehreren so verbundenen Befehlen immer zuerst den wesentlichen Befehl – hier »HR« – zu nennen und dann in einer ihnen üblichen Reihenfolge die restlichen Befehle. Das erleichtert Ihnen die Übersicht, auch wenn es für die Funktionalität eigentlich egal ist. Starr vorgeschrieben in einer solchen Tag-Kette ist nur der erste Befehl, denn den muss der Browser sofort lesen, um zu verstehen, auf welchen Grundbefehl sich die anderen beziehen.

Auch hier gibt es neben der absoluten, pixelgenauen Schreibweise eine eher relativ gehaltene Syntax. Der folgende Tag

```
<HR SIZE=5 WIDTH=50%>
```

hat nach wie vor eine Höhe von fünf Pixel (also eine absolute Angabe), aber die Breite soll sich auf 50 Prozent des geöffneten Browserfensters beziehen. Die Linie wird also je nach Größe des Browser-Fensters skaliert in einer 3-D-Optik dargestellt. Der feine Unterschied besteht nun darin, dass Sie so selber bestimmen können, ob die Linie sich relativ zur Fenstergröße verhält oder eine fixe Größe besitzt, die unabhängig dazu dargestellt wird.

Sie werden schnell sehen, wie schön sich mit solchen Effekten spielen lässt, wenn man die verschiedenen Fälle einmal an unserem schon bekannten Beispieltext durchspielt.

Trennen Sie die Textzeilen so, dass über und unter dem Text eine 2-D-Linie entsteht, die fünf Pixel hoch und 90 Prozent des Fensters breit ist. Die einzelnen Sätze trennen Sie bitte mit einer Linie in 3-D-Optik, die zwei Prozent des Fensters hoch und 200 Pixel breit ist. Rufen Sie dann einen Browser auf, und beobachten Sie das Verhalten dieser Linien.

```
<HTML>
   <HEAD>
      <TITLE>
      J&uuml;rgen Gro&szlig;
      </TITLE>
   </HEAD>
<BODY>
   <HR SIZE=5 WIDTH=90% NOSHADE>
   Hallo, mein Name ist J&uuml;rgen Gro&szlig;.

   <HR SIZE=2% WIDTH=200>
   Meine Hobbies sind &lt;HTML&gt;,
   &Uuml;berfahrten nach England und &Auml;nderungen im
   Source-Code.

   <HR SIZE=2% WIDTH=200>
   Ich sage immer:&quot;Warum rufen Sie nicht
   einfach mal bei mir an?&quot;

   <HR SIZE=2% WIDTH=200>
   Meine Nummer steht im Telefonbuch.

   <HR SIZE=5 WIDTH=90% NOSHADE>
</BODY>
<!----------      © JG-------------->
</HTML>
```

Je nach Fenstergröße werden die 2-D-Linien nun länger/kürzer und die 3-D-Linien dicker/dünner. Es bleibt wieder Ihrem ganz persönlichen Geschmack überlassen, welches Verhalten der *<HR>*-Tags Sie einsetzen wollen. Wie Sie sehen, können absolute und relative Angaben auch problemlos gemischt werden.

Sie möchten aber diese Umbrüche im Text nicht immer nur mit »Headlines« und »Horizontal Rules« erzeugen. Auch innerhalb des Fließtextes soll es feste Umbrüche und Absätze geben. Wir wissen ja schon, dass die eingegebenen Zeilenwechsel im Editor hier keine Auswirkungen haben. Es muss also noch einen bestimmten Tag für einen Zeilenumbruch geben. Schauen wir uns deshalb unser Beispiel noch einmal an. Ich habe die 2-D-Linien und 3-D-Linien mit diesen Tags ersetzt.

Bild 2.5: Horizontale Linien können, wie hier, den Text strukturieren, aber auch optisch stören.

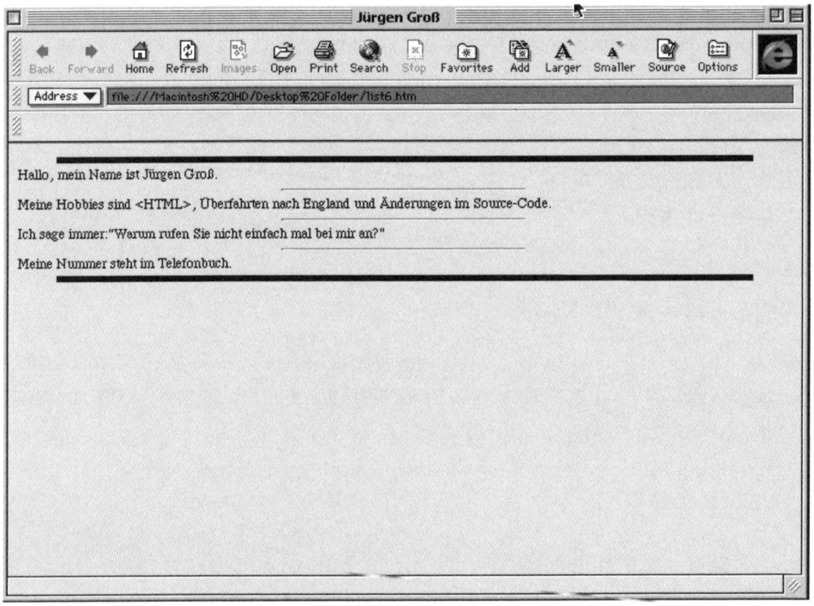


```
  <HTML>
     <HEAD>
        <TITLE>
        J&uuml;rgen Gro&szlig;
        </TITLE>
     </HEAD>

  <BODY>
A  <P>

  Hallo, mein Name ist J&uuml;rgen Gro&szlig;.
    <P>
  Meine Hobbies sind &lt;HTML&gt;,
  &Uuml;berfahrten nach England und &Auml;nderungen im
  Source-Code.
B  <BR>
  Ich sage immer:&quot;Warum rufen Sie nicht
  einfach mal bei mir an?&quot;

C  <BR><BR>
  Meine Nummer steht im Telefonbuch.
```

```
D    <P>
</BODY>
<!----------          © JG-------------->
</HTML>
```

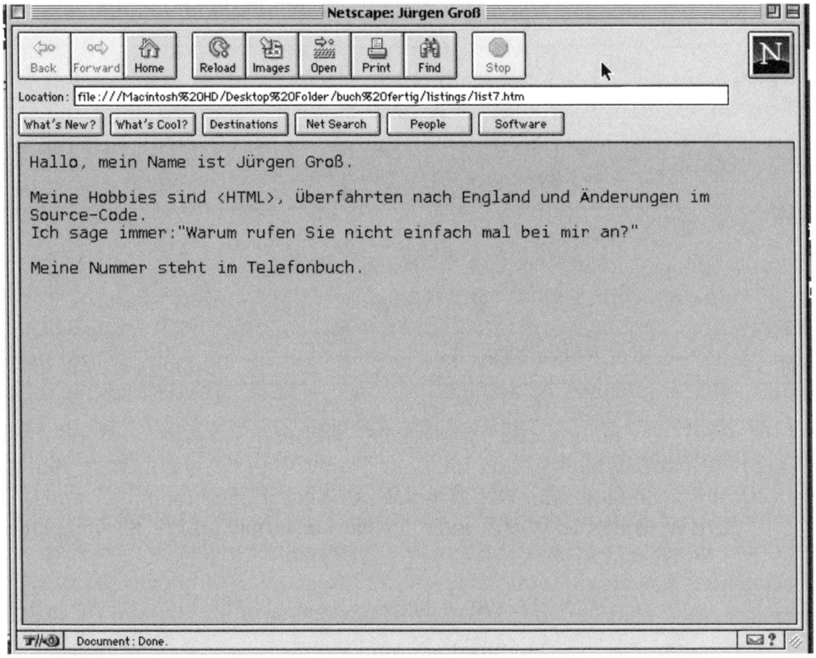

Bild 2.6: Jetzt haben wir Zeilenumbrüche zur Verfügung, die wir selbst bestimmen.

A <P>

Die Linie wird jetzt durch ein »Paragraph«-Zeichen ersetzt. Das erzeugt einen Umbruch des Textes und eine Leerzeile. So wird durch einen einfachen Befehl in HTML ein Absatz generiert, wie wir das auch in der nächsten Anwendung sehen. Nach dem ersten Satz des Textes entstehen ein Umbruch und eine Leerzeile.

B

Hier erzeugt ein »Break« mit dem Tag *
* ebenfalls einen Textumbruch, aber es erfolgt ein reiner Zeilenwechsel ohne eine weitere Leerzeile.

C

Wenn ich allerdings einen zweiten *
*-Tag dazufüge, habe ich einen ähnlichen Effekt wie mit einem *<P>*-Tag. Es entsteht eine Leerzeile. Diese Tags sind nur in den älteren Browsern beliebig oft aneinander kettbar, so dass auch größere Zwischenräume entstehen können. Außerdem ist das sauschlechter Stil. Und das haben Sie nicht nötig. Später dazu mehr.

Auch diese Tags werden nicht geschlossen. Sie gelten für sich und stellen so keinen Fehler im Code dar. Einen Sonderfall dazu werden wir noch kennen lernen.

Das kann für einfache Web-Seiten schon alles sein, was man braucht, um Layout zu schaffen. Allerdings gilt es als schlechter Programmierstil, nur mit diesen Mitteln Abstand zwischen Textblöcken zu schaffen. Aber keine Bange, das können Sie ja jetzt noch nicht wissen.

Wenn Sie in Ihrem Browser in der bereits bekannten Menüoption die Fontgröße variieren, dann werden Sie sehen, dass je nach Länge des Satzes noch der eine oder andere automatische Zeilenumbruch in der Browserdarstellung des Textes eingefügt wird. Das kennen Sie von Ihrem Schreibprogramm sicher, mit der einzigen Ausnahme, dass in HTML der Bindestrich nicht als Trennungszeichen gilt und deshalb zusammengebundene Wörter schon einmal komplett in die nächste Zeile wandern. Wenn das Wort allerdings zu lang werden sollte (z.B. »Donaudampfschiffahrtskapitänskajüten...«), um überhaupt in eine Zeile zu passen, dann bricht der Browser wild dort um, wo es ihm passt. Hauptsache, die Buchstaben passen alle in das Browserfenster. Vielleicht wollen Sie aber genau an dieser Stelle einen Umbruch vermeiden oder möchten, dass ein ganzer Satz immer auf einer Zeile zu lesen ist. Dafür hat HTML noch einen eigenen Befehl auf Lager.

Mit

```
<NOBR></NOBR>
```

halten Sie einen automatischen Umbruch innerhalb dieses Tags auf und zwingen den User dazu, innerhalb des Browserfensters zu scrollen. Eine mögliche Anwendung ist die Angabe einer WWW-Adresse, die durch ihre Länge eigentlich umbrochen werden müsste, aber der Übersichtlichkeit zuliebe in einer Zeile zu lesen sein soll.

Jetzt wollen wir testen, ob Sie das Gelernte auch schon für einen Analogieschluss anwenden können, denn wir hatten ja beim <*FONT*>-Tag den Fall, dass dort kein automatischer Zeilenumbruch stattfindet, wenn andere Fontgrößen eingestellt werden. Nehmen Sie doch einfach noch einmal das Beispiel mit den verschiedenen Punktgrößen zur Hand und fügen Sie an der richtigen Stelle die Zeilenumbrüche ein.

```
  <HTML>
     <HEAD>
        <TITLE>
        J&uuml;rgen Gro&szlig;
        </TITLE>
     </HEAD>

     <BODY>

A          <FONT SIZE=7>Hallo</FONT><BR>

B          <FONT SIZE=6>Mein Name ist J&uuml;rgen
           Gro&szlig;</FONT><P>

C          Meine Hobbies sind...<BR>

     </BODY>
  </HTML>
```

```
A          <FONT SIZE=7>Hallo</FONT><BR>
```

Nach dem großen »Hallo« genügt ein einfacher Umbruch, denn es folgt ja noch eine weitere Überschrift.

```
B          <FONT SIZE=6>Mein Name ist J&uuml;rgen
           Gro&szlig;</FONT><P>
```

Hier ist nach dieser Zeile ein »Paragraph« angebracht, denn jetzt beginnt der Fließtext.

```
C          Meine Hobbies sind...<BR>
```

Der Vollständigkeit halber folgt hier am Schluss des Textes noch einmal ein *
*-Tag. Das muss nicht unbedingt sein, aber manche Browser verlangen hier einen solchen Befehl, um auch wirklich zu wissen, dass der Fließtext an dieser Stelle endet.

Vermeiden Sie *
*-Tags mitten im Fließtext, auch wenn es damit auf Ihrem Browser gut umbrochen aussieht. Ein anderer User wird mit Sicherheit auch einen anderen Browserfont in einer anderen Basisgröße eingestellt haben oder eine andere Fenstergröße im Browser nutzen. Dann verschiebt sich der Text in seinem automatischen Umbruch sehr stark und bricht durch Ihren *
*-Tag plötzlich an einer falschen Stelle, also mitten in der Zeile, um.

2.5 Textformate

Nach dem wir jetzt gelernt haben, wie Text umbrochen und mit verschiedenen Schriftgrößen belegt werden kann, entsteht auch der Wunsch, die Schriftart einzustellen. Das hätte einen nicht zu unterschätzenden Vorteil, denn durch die verschiedenen Laufweiten der Schriften entstehen zum Teil bei gleicher Schriftgröße vollkommen andere Umbrüche, und ein Text in einer Times sieht im Vergleich zu modernen Schriften immer ein wenig altbackener oder, positiver formuliert, »klassischer« aus.

Wie Sie vielleicht schon in Ihren Browsereinstellungen bemerkt haben dürften, ist hier auch eine Schrift für Proportionaldarstellungen vorgesehen. Standardmäßig ist das die Courier 10 Punkt. Mit dieser zweiten Schrift, die sich nun jeder User wieder selbst einstellen kann, lässt sich ein wenig mehr Abwechslung in Ihr Schriftbild bringen. Es gibt Webdesigner, die sie vor allem für die Textüberschriften benutzen.

Der Tag für diese Schriftenumstellung lautet

```
<TT></TT>
```

für »Teletype«. Da bei den meisten Browsern jeder Buchstabe zwischen diesen Anfangs- und Schluss-Tags in Courier dargestellt wird, drängt sich hier ja die Fernschreiber-Metapher auch ein wenig auf. Das Schöne an diesem Tag ist, dass er sonst keine weiteren Einstellungen vornimmt und deshalb jederzeit mit anderen Tags kombiniert werden kann.

Schreiben Sie einen Codepart, in dem eine Überschrift in Teletype-Schrift und der obersten Buchstabengröße formatiert wird. Der folgende Fließtext soll nach einem Zeilenumbruch wieder in Normalschrift und kleinster Schriftgröße dargestellt werden.

```
<FONT SIZE=7><TT>Das ist die Überschrift</TT></FONT><P>
<FONT SIZE=1>Dieser Text ist sehr klein dargestellt</FONT>
```

Wie Sie sehen, kann diese Befehlsfolge leicht ineinander verschachtelt werden. Wir kommen später noch einmal auf dieses Phänomen zurück. Für den Moment soll uns vor allem der Eindruck bleiben, wie leicht diese Schriftart im Browser zu wechseln ist.

In der herkömmlichen HTML war nur diese Definition der Schriftarten vorgesehen. Die Browser können ja auch mit der gewünschten Schrift eingestellt werden, deshalb variieren Web-Dokumente in ihrem Aussehen zum Leidwesen vieler Designer immer noch stark von User zu User. Seit den Versionen 3.x der Browser »Navigator« und »Explorer« gibt hier es allerdings Abhilfe. Durch den Untertag

```
<FONT FACE="Times" SIZE=3></FONT>
```

kann dem Browser vorgeschrieben werden, mit der Schrift »Times« in Normalgröße fortzufahren und die Standardeinstellungen des Users dabei zu ignorieren. Sie können die Anführungszeichen auch weglassen, denn die meisten Browser verstehen den Befehl auch so. Die saubere Syntax sollte aber mit diesen Anführungszeichen (oben) versehen sein!

Das geschieht wohlgemerkt nur dann, wenn der User die Schrift »Times« auch wirklich auf seinem Gerät installiert hat. Ist das nicht der Fall, fällt der Browser automatisch auf die Standardschrift zurück. Sie müssen also nicht Angst haben, dass im Fall einer nicht vorhandenen Schrift der Text Ihrer Website nicht mehr dargestellt wird. Je exotischer der von Ihnen gewählte Font ist, desto seltener wird allerdings auch der Fall sein, dass der genutzte Browser auch wirklich die Schrift wechselt. Ich kann Ihnen nur empfehlen, vor allem die Standardschriften von WINDOWS und MAC/OS zu wählen. In den meisten Fällen geht es ja darum, eine Sans-Serifen als Schrift zu sichern. Deshalb genügt es oft schon für einen passenden optischen Eindruck, die »Arial« für WINDOWS oder die »Helvetica« für MAC/OS einzustellen. Der »Internet Explorer« von Microsoft installiert zudem unter anderem die sehr schöne Screenschrift »Verdana« mit. Da immer mehr diese Browserversion auf ihrer Festplatte besitzen, sollten Sie einmal mit dieser Schrift experimentieren. Sie ist speziell für das Lesen am Bildschirm entworfen. Es ist auch jederzeit denkbar, mehrere Schriften zur Auswahl anzubieten, um das Risiko einer fehlenden Umstellung zu verringern. In diesem Fall lautet der Tag zum Beispiel

```
<FONT FACE=Arial,Helvetica,Geneva,Isans SIZE=3></FONT>
```

Der Browser nimmt die aufgerufenen Schriften der Reihe nach auf und vergleicht sie mit den auf dem System vorhandenen. Hat er eine erste Übereinstimmung, setzt er sie sofort ein, ohne weiter zu vergleichen. Deshalb ist es wichtig, die bevorzugte Schrift immer an den Anfang zu stellen, um die Trefferquote bei den Browsern zu erhöhen.

Das System dieses Tags macht es auch möglich, mehrere Schriften in einer Page zu verwenden. Aber bedenken Sie bitte, dass hier zu schnell ein optisches Chaos entstehen kann. Profis begnügen sich in der Regel mit zwei sorgsam aufeinander abgestimmten Schriften oder verstoßen bewußt gegen diese Regeln. Dann aber heftig ...

Was uns zu einer Textdarstellung, die der einer Textverarbeitung entspricht, noch fehlt, sind Fettungen und Kursive. Im Englischen verwendet man dafür die Begriffe »Bold« und »Italic«.

Und deshalb wundert es auch nicht, wenn die Tags für diese Formatierungen aus den Abkürzungen dieser Wörter bestehen:

`<B></B>` für **Bold** (Fettung)
`<I></I>` für *Italic* (Kursiv)

Mit diesen Befehlen können Sie auch wieder vom einzelnen Buchstaben bis zum ganzen Dokument den Text einer Page entsprechend Ihren Vorstellungen formatieren.

Hier sitzt auch eine beliebte Fehlerquelle. Während bei Befehlen wie *<FONT SIZE=3>* durch eine erneute Formatierung mit z.B. *<FONT SIZE=5>* der alte Befehl aufgehoben werden kann, schließt der *<B>* oder *<I>* so lange nicht, bis Sie den Schluss-Tag gesetzt haben. Das ist logisch, weil ein erneutes *<B>* ja nur dem Browser sagen würde, dass er ab jetzt eine Passage fetten soll, was er vielleicht schon die ganze Zeit tut. Deswegen ignoriert er diesen erneuten Befehl, denn »bolder als bold geht nicht«. Das Gemeine an diesem Effekt ist aber, dass jetzt der Text so lange gefettet bleibt, bis der zweite Schluss-Tag für das *<B>* geschrieben wird. An diesem Effekt sollen schon Webdesigner verzweifelt sein, weil sich solche Tags herrlich im Fließtext verstecken und dann nur mit Mühe gefunden werden können.

Mein Tip: Nutzen Sie die Suchen&Ersetzen-Funktionen Ihres Editors, wo sie nur können. Im Zweifelsfall ist hier der Computer immer noch genauer als der Mensch. Einen Vorteil muss er ja haben ;-))

HTML hat für die gefettete Darstellung aber noch zwei Tags, die Ähnliches bewirken, aber kaum noch benutzt werden. Zum einen ist das der Tag

`<EM></EM>` für Emphasis (also: Verstärkung)

und zum anderen

`<STRONG></STRONG>` für Verstärkung

Diese beiden Tags agieren relativ und Browser-abhängig. Während *<B></B>* und *<I></I>* in jeder Web-Software »Bold« und »Italic« auslösen, kann sich bei den anderen beiden Tags der Browser die Art der Hervorhebung aussuchen, ganz in der CERN-Philosophie der größtmöglichen Browserfreiheit in der Darstellung. Das ist nur eine Auswahl aus mehr als einem Dutzend solcher Spezial-Tags, die aus der Zeit des Datenbankkonzepts kommen und heute im Normalfall nicht mehr angewendet werden. Sie müssen sich also diese Tags nicht unbedingt merken, vor allem dann nicht, wenn Sie mit modernen Browsern von Netscape oder Microsoft arbeiten.

Aus diesen Gründen sind diese beiden Tags relativ selten.

Ganz anders sieht es aber bei den restlichen Formatierungen aus, die Text noch auf eine – eher seltene, aber manchmal ganz nützliche – Art und Weise formatieren. Hier sind sie alle einmal aufgeführt:

`<BIG></BIG>` große Schrift

(Setzt die Fontgröße um eine Stufe nach oben, ist also ähnlich wie `<FONT SIZE=+1>` zu sehen)

`<SMALL></SMALL>` kleine Schrift

(Setzt die Fontgröße um eine Stufe nach unten, ist also ähnlich wie `<FONT SIZE=-1>` zu sehen)

`<SUP></SUP>` hochgestellte Schrift

(Für Quadratzahlen sehr praktisch)

`<SUB></SUB>` tiefgestellte Schrift

(falls Sie mal chemische Formeln tippen müssen)

`<U></U>` unterstreicht Text
`<S></S>` streicht Text durch

Gerade der Tag *<U></U>* sollte Ihnen aber nur sehr schwer von der Hand gehen, weil Sie im übernächsten Kapitel sehen werden, wie stark unterstrichener Text im World Wide Web schon mit einer Funktion belegt ist. Wenn Sie nun im normalen Fließtext Unterstriche einführen, dann kann das leicht zu Missverständnissen führen.

Die Vielzahl der eben kennen gelernten Befehle lässt den Schluss zu, dass diese auch kombiniert werden können, und richtig: HTML macht keine Probleme, wenn diese Tags untereinander verschachtelt werden.

So löst die Tagfolge

```
<B><I><S><SUP>Das kann ja keiner mehr lesen</SUP></S></I></B>
```

im Browser eine Buchstabenkette aus, die gleichzeitig gefettet und kursiv, durchgestrichen und hochgestellt ist. Ob das dann allerdings noch sinnvoll ist, ist eine andere Frage. Als goldene Regel können Sie sich merken, dass die gleichzeitige Anwendung von mehr als zwei dieser Tags die Buchstaben unweigerlich unleserlich macht.

Nehmen Sie nun den gesamten Beispieltext aus dem letzten Kapitel und versuchen Sie, die Überschrift zu fetten, die Subline kursiv zu stellen und das wörtliche Zitat durchzustreichen und zu fetten.

```
   <HTML>
      <HEAD>
         <TITLE>
         J&uuml;rgen Gro&szlig;
         </TITLE>
      </HEAD>

   <BODY>

A   <FONT SIZE=7><B>
   Hallo,
   </B></FONT>
   <BR>
B   <FONT SIZE=6><I>
   Mein Name ist J&uuml;rgen Gro&szlig;.
   </I></FONT>
   <P>

   Meine Hobbies sind &lt;HTML&gt;,
   &Uuml;berfahrten nach England und &Auml;nderungen im
   Source-Code.
   <BR>
C  Ich sage immer:<B><S>&quot;Warum rufen Sie nicht
   einfach mal bei mir an?&quot;</S></B>

   <BR><BR>
   Meine Nummer steht im Telefonbuch.

</BODY>
<!-----------       © JG--------------->
</HTML>
```

```
A  <FONT SIZE=7><B>
   Hallo,
   </B></FONT>
```

Wie Sie sehen, genügt es, vor dem beabsichtigten Wort den Bold-Tag zu eröffnen und ihn direkt danach wieder zu schließen. Bitte achten Sie bei der Verwendung von mehreren Tags hintereinander darauf, dass Sie diese spiegelbildlich schließen. So können Sie ganz sicher sein, dass alle Browser Ihren Code auch sauber übersetzen.

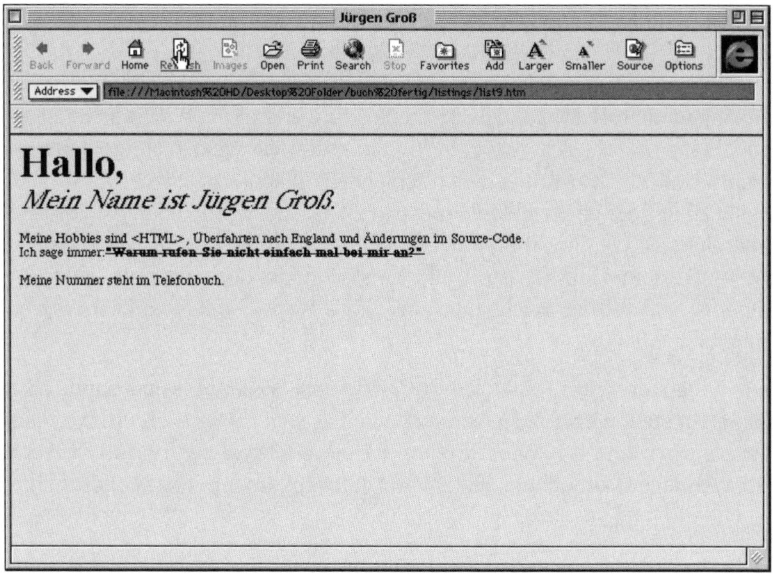

Bild 2.7: So sieht die Aufgabe im »Explorer« aus.

```
B  <FONT SIZE=6><I>
   Mein Name ist J&uuml;rgen Gro&szlig;.
   </I></FONT>
```

Das gleiche Vorgehen empfiehlt sich auch bei den Kursiven der Subline. Ich habe schlechte Erfahrungen damit gemacht, einen solchen HTML-Fall mit dem Italic-Tag zu eröffnen; er sollte zur Sicherheit immer hinter dem Font-Tag stehen, weil dieser Befehl die Formatierungen bei manchen Browsern auf Null stellt.

```
C  Ich sage immer:<B><S>&quot;Warum rufen Sie nicht
   einfach mal bei mir an?&quo<;</S></B>
```

Mitten im Satz beginnen wir hier mit der Formatierung, die wir wieder spiegelbildlich schließen. Achten Sie bitte auch darauf, dass die Tags ab dem nächsten Zeichen, also auch ab dem nächsten Sonder- oder Leerzeichen, gelten.

Es gilt unter Webdesignern als schlechter Stil, längere Textpassagen zu fetten, kursiv zu stellen oder gar in Versalien zu schreiben. Das ist so, als würden Sie jemanden durch den Text ständig anbrüllen oder nur undeutlich und laut nuscheln. Bedenken Sie: Ein guter Text liest sich auch in normaler Formatierung gut.

2.6 Textstand

Ohne Ausnahme haben wir bei unserem Übungstext bisher nur linksbündige Zeilenlayouts erhalten. Auch durch die Verwendung von Headline-Tags, egal ob *<H1></H1>* oder *<H6></H6>*, konnten wir Text nicht zentrieren oder rechts stellen. Und um mit der schlechten Nachricht gleich vorab zu kommen: Blocksatz ist in HTML mit dem Tag *<P align=justify>* vorgesehen. Allerdings ist die Sperrung der einzelnen Buchstaben grauenhaft. Sie sollten diesen Tag meiden. Es sind alle Einstellungen der Zeilenformatierung ein Kinderspiel, deshalb reicht hier ein kurzes Kapitel mit zwei kleinen Übungsaufgaben.

Wir haben gesehen, dass der Text in einem WWW-File automatisch linksbündig gestellt wird. Das ist sinnvoll, weil es sich dabei auch um die häufigste Zeilenformatierung handelt. Sollten wir aber einmal zentrierte Überschriften oder Ähnliches brauchen, hat HTML dafür folgenden Tag vorgesehen:

```
<CENTER></CENTER>
```

Vom letzten Kapitel sind wir es gewohnt, Tags ohne Schwierigkeiten miteinander zu kombinieren. So ist das auch mit diesem Tag möglich.

Allerdings gibt es hier eine – logische – Einschränkung. *<CENTER></CENTER>* erzeugt vor und nach seinem Wirkungsbereich immer einen Zeilenumbruch, da ja eine Zeile nicht gleichzeitig linksbündig und mittig sein kann. Bei den meisten Browsern ist dieser Zeilenumbruch so wie bei einem *<P>*-Tag gehalten. Das heißt, der weitere Text beginnt anderthalb Zeilen weiter unten. Das kann bei manchen Layouts zu einem unschönen Zeilendurchschuss führen. Deshalb empfehlen sich solche Tags nur bei abgesetzten Wörtern wie zum Beispiel Überschriften.

Schreiben Sie die Überschrift unseres Textes in einem Code-Part zentriert, den Rest dann linksbündig.

```
<HTML>
  <HEAD>
    <TITLE>
    J&uuml;rgen Gro&szlig;
    </TITLE>
  </HEAD>

<BODY>
```

```
A  <FONT SIZE=7><B><CENTER>
   Hallo
B  </CENTER></B></FONT>
   <BR>
   <FONT SIZE=6><I>
   Mein Name ist J&uuml;rgen Gro&szlig;.
   </I></FONT>

   Meine Hobbies sind &lt;HTML&gt;,
   &Uuml;berfahrten nach England und &Auml;nderungen im
   Source-Code.

   <BR>
    Ich sage immer:<B><S>&quot;Warum rufen Sie nicht
   einfach mal bei mir an?&quo<;</S></B>

   <BR><BR>
   Meine Nummer steht im Telefonbuch.

</BODY>
<!----------       © JG-------------->
</HTML>
```

```
A   <FONT SIZE=7><B><CENTER>
```

Vor dem zu zentrierenden Wort öffnen wir den Tag.

```
B   </CENTER></B></FONT>
```

Nach dem zu zentrierenden Wort schließen wir den Tag spiegelbildlich wieder. So kann der Browser die Struktur klar erkennen.

Wir haben aber noch eine andere Möglichkeit, Text zu zentrieren, und erhalten so zugleich den passenden Tag, um auch rechtsbündige Zeilen zu erzeugen. Dazu treffen wir einen guten alten Bekannten aus den vorherigen Kapiteln wieder: Den »Paragraph«-Tag, der jetzt einen Untertag bekommt. Drei Fälle können so eingerichtet werden:

- ✘ `<P ALIGN=LEFT></P>` Der Text läuft auf jeden Fall jetzt linksbündig.
- ✘ `<P ALIGN=CENTER></P>` Der Text läuft zentriert.
- ✘ `<P ALIGN=RIGHT></P>` Der Text läuft rechtsbündig.
- ✘ `<P ALIGN=JUSTIFY></P>` Der Text läuft im Blocksatz (würg, und auch nur ab Version 4.0 ...).

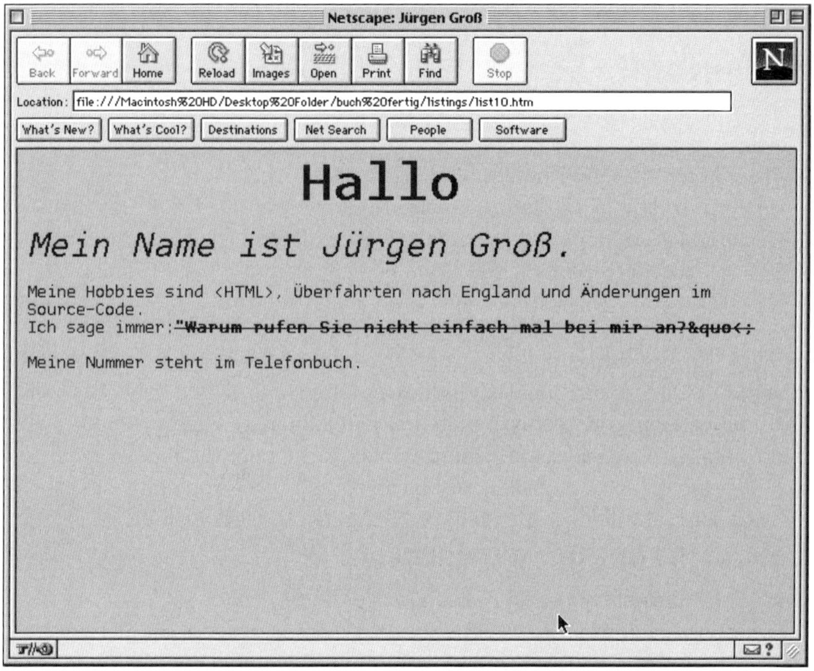

Bild 2.8: So sieht die Lösung im »Navigator« aus.

Moment. Vorhin wurde gesagt, dass es keinen Tag für Linksbündigkeit braucht, weil hier eine automatische Einstellung des Browsers greift. Das ist richtig, aber wir müssen uns dazu noch einmal anschauen, wie diese Tags genutzt werden können. Die saubere Art zu programmieren wäre es, nach jeder gewünschten anderen Ausrichtung einen Schluss-Tag zu setzen. So wird Zentrierung bzw. Rechtsbündigkeit aufgehoben.

Also:

```
<P ALIGN=CENTER>Das hier ist mittig.</P>
<P ALIGN=RIGHT>Das hier ist rechtsb&uuml;ndig.</P>
Das hier ist linksb&uuml;ndig.
```

Aber es ist auch denkbar, die eine Formatierung durch die andere aufzuheben.

```
<P ALIGN=CENTER>Das hier ist mittig.
<P ALIGN=RIGHT>Das hier ist rechtsb&uuml;ndig.
<P ALIGN=LEFT>Das hier ist linksb&uuml;ndig.</P>
```

Dann genügt ein Schluss-Tag am Ende der Sequenz. Den Zeilenumbruch besorgt der erweiterte Paragraph-Tag mit seiner Umformatierung. Es bleibt Ihnen überlassen, wie Sie das handhaben wollen. Wichtig ist nur, dass Sie Ihren Code am Ende noch sauber überblicken können.

Eine letzte denkbare Formatierung fehlt uns noch: der Tabulator.

Der Tag dafür lautet:

```
<BLOCKQUOTE></BLOCKQUOTE>
```

Sein Name zeigt, wofür er gedacht war, nämlich für »Blocks of Quotes« (also Zitatblöcke).

Dieser Tag kann genauso eingesetzt werden wie der *<CENTER>*-Tag und rückt nach einem Zeilenumbruch den folgenden Text um eine Tabulatorstelle ein. Mehrere *<BLOCKQUOTE>*-Tags lassen sich auch ineinander verschachteln, so dass der Text dann jeweils immer um eine Tabulatorstelle nach rechts rutscht. Jeder geschlossene *<BLOCKQUOTE>*-Tag lässt den Text dann wieder um einen Tabulator nach links rutschen.

Bedenken Sie aber, dass jede Zentrierung, Rechtsrandigkeit oder auch jeder Tabulator abhängig ist von der Fenstergröße des Browsers. Diese Formatierungen sind nie pixelgenau, weil sie sich immer am Raum orientieren, den das Browserfenster einnimmt. Absolute Positionierungen, wie Sie das vom *<HR>*-Tag kennen, sind hier nicht machbar.

Das lässt sich am besten verstehen, wenn man es ein wenig übt.

Formatieren Sie mit dem *<P></P>*-Tag und dem *<BLOCKQUOTE></ BLOCKQUOTE>*-Tag unseren Übungstext so, dass die Überschriften rechtsbündig stehen und der Fließtext pro Satz um einen Tabulator abwechselnd nach links und rechts springt.

```
   <HTML>
      <HEAD>
         <TITLE>
         J&uuml;rgen Gro&szlig;
         </TITLE>
      </HEAD>

   <BODY>

A  <P ALIGN=right>
   <FONT SIZE=7><B>
   Hallo
   </B></FONT>
   <BR>
   <FONT SIZE=6><I>
   Mein Name ist J&uuml;rgen Gro&szlig;.
```

```
   </I></FONT>

B  </P>

C  <BLOCKQUOTE>
   Meine Hobbies sind &lt;HTML&gt;,
   &Uuml;berfahrten nach England und &Auml;nderungen im
   Source-Code.
D  </BLOCKQUOTE>

   Ich sage immer:<B><S>&quot;Warum rufen Sie nicht
   einfach mal bei mir an?&quot;</S></B>
   <BLOCKQUOTE>
   Meine Nummer steht im Telefonbuch.
   </BLOCKQUOTE>
</BODY>
<!----------       © JG-------------->
</HTML>
```

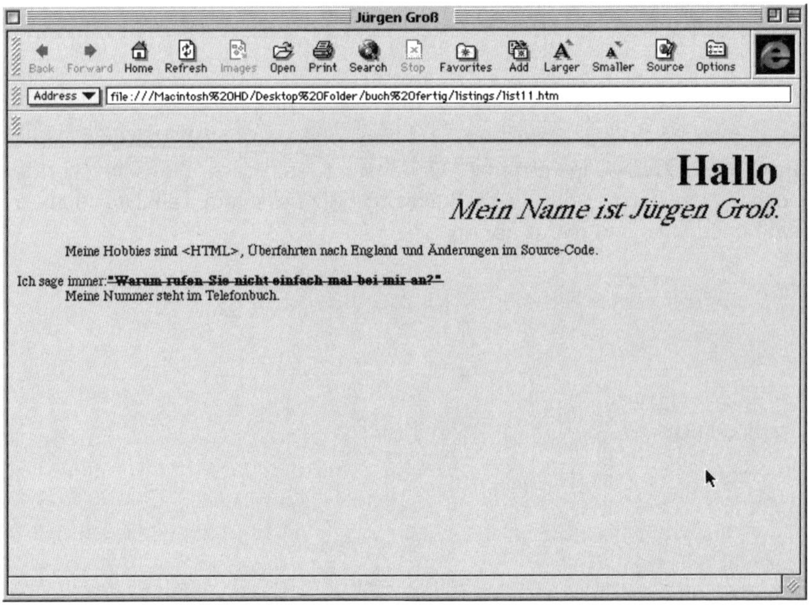

Bild 2.9: Jetzt kommt Bewegung in den Textsatz.

```
A   <P ALIGN=right>
```

Hier öffne ich den rechtsbündigen Paragraphen noch vor allen anderen Formatierungen, die in diesem Format auch gelten sollen.

```
B   </P>
```

Erst nach dem spiegelbildlichen Schließen der anderen Formatierungen schließe ich den Paragraphen wieder.

```
C   <BLOCKQUOTE>
    Meine Hobbies sind &lt;HTML&gt;,
    &Uuml;berfahrten nach England und &Auml;nderungen im
    Source-Code.
```

Der erste Satz des Fließtextes soll einen Tabulator nach rechts rücken, also setze ich hier den Blockquote-Tag.

```
D    </BLOCKQUOTE>
```

Hier schließe ich diesen Tag und öffne ihn erst wieder im übernächsten Absatz, denn der folgende Satz soll ja wieder einen Tabulator nach links springen.

2.7 Interne und externe Textlinks

Bis zu diesem Kapitel haben wir die Vorzüge des World Wide Web eigentlich noch nicht so recht kennengelernt. Jedes Schreibprogramm wäre hier einfacher und mächtiger. Nicht einmal die Sonderzeichen müssten wir konvertieren. Aber stopp. Die sogenannten Hyperlinks machen das Web zu dem, was es heute ist: ein vernetztes Medium, das seine Dokumente nur einen Mausklick lang suchen muss und problemlos von einem Ende der Welt zum anderen weiterleitet. Auch die Programmierung dieser Links ist einfach. Und das soll jetzt unser Thema sein.

HTML unterscheidet vier verschiedene Link-Typen:

- Anker (Sprungstellen innerhalb eines Dokuments)
- Interne Links (Sprungstellen innerhalb eines Servers)
- Externe Links (Sprungstellen innerhalb des WWW)
- MAIL-Links (E-Mail-Sprungstellen)

Schauen wir uns jeden in Ruhe an.

Vor allem bei längeren Texten ist es sehr vorteilhaft, an einer geeigneten Stelle Anker einzubauen, die per Mausklick an die dazu passende Textpassage führen. Also ein elektronisches Einmerkersystem. HTML benutzt dazu einen zweistufigen Tag.

```
<A NAME="Sprung"> </A>
```

Mit diesem Tag habe ich die erste Stufe definiert. Sie ist der elektronische Merker, zu dem später buchstabengenau im Text gesprungen werden soll. Dieser Merker kann irgendwo im Fließtext oder in einer Überschrift stehen.

Achten Sie bitte nur darauf, dass er nicht aus Versehen in einem weiteren Tag verschachtelt ist. Schreiben Sie also NIEMALS z.B.:

```
<HR width=130  <A NAME="Das sollten Sie nie tun"> </A> NOSHADE>
```

Dafür kommen Sie in die HTML-Hölle. Das File wird so im Browser falsch oder gar nicht mehr angezeigt.

Wie Sie sehen, habe ich dem Merker einen sprechenden Namen gegeben. Das müssen Sie nicht. Sie können ihn auch »Jodel« oder »Himbeerkuchen« nennen. Allerdings sollten Sie dann später auch wissen, was damit gemeint war ... Und noch etwas: Sie sehen, dass ich ein Leerzeichen und dann erst den Schluss-Tag getippt habe. Offiziell ist dieses Leerzeichen nicht notwendig. Ich habe aber bessere Erfahrungen mit dieser Schreibweise gemacht.

Wir kommen zur zweiten Stufe, denn bisher haben wir nur markiert, wo denn der Anker bei einem späteren Mausklick hinspringen soll. Wir benötigen jetzt die Stelle, an der der Mausklick erfolgen soll. Dazu lautet der Tag:

```
<A HREF="#Sprung1">Hier geht es zum Sprung eins.</A>
```

Dieser Tag sagt dem Browser übersetzt: »Wenn die Maus auf diesen Satz klickt, dann springe bitte im gleichen File auf den Merker >Sprung1<«. Noch etwas bewirkt dieser Tag. Wenn Sie diesen zweistufigen Tag später genau so einbauen, dann werden Sie sehen, dass die Wortfolge »Hier geht es zum Sprung eins« unterstrichen und andersfarbig dargestellt sein wird. So signalisiert der Browser dem User, dass diese Wörter einen aktiven Link darstellen, den er benutzen kann. Zusätzlich, damit der User auch ganz sicher sein kann, wird der Zeiger seiner Maus über diesen Wörtern von einem Pfeil zu einer zeigenden Hand. Das kennen Sie sicher, wenn Sie schon einmal im Netz gesurft sind.

Wie kommt die Farbe zustande? Jeder Browser hat standardmäßig eine Farbeinstellung der Links vorprogrammiert. Im Menü »Optionen« können Sie diese Farbeinstellung verändern. Achten Sie bitte beim Aufrufen des Merkers darauf, dass Sie den Namen des Merkers buchstabengenau abtippen. Also auch auf Groß- und Kleinschreibung achten. Das ist aber nur innerhalb des Tags wichtig. Außerhalb des Tags steht Ihnen jede Schreibweise zur Verfügung, ohne dass hier ein Fehler entsteht. Deshalb kann hier auch »Sprung eins« stehen, denn diese Buchstabenfolgen sind frei wählbar und müssen nicht »Sprung1« wie im Merker lauten.

Üben wir das. Nehmen Sie unseren Beispieltext aus dem letzten Kapitel, und fügen Sie ihm zirka 30 Zeilen (700 Zeichen) mit eigenem Text an. Bauen Sie dann in der letzten Textzeile einen Anker mit dem Text »Hier geht es hoch« ein, der per Mausklick zurück zur Überschrift springen lässt.

```
   <HTML>
      <HEAD>
         <TITLE>
         J&uuml;rgen Gro&szlig;
         </TITLE>
      </HEAD>
   <BODY>

   <P ALIGN=right>
   <FONT SIZE=7><B>

A  <A NAME=#oben> </A>

   Hallo
   </CENTER></B></FONT>
   <BR>
   <FONT SIZE=6><I>
   Mein Name ist J&uuml;rgen Gro&szlig;.
   </I></FONT>

   </P>

   <BLOCKQUOTE>
   Meine Hobbies sind &lt;HTML&gt;
   &Uuml;berfahrten nach England und &Auml;nderungen im
   Source-Code.
   </BLOCKQUOTE>
   Ich sage immer:<B><S>&quot;Warum rufen Sie nicht
   einfach mal bei mir an?&quo<;</S></B>
   <BLOCKQUOTE>
   Meine Nummer steht im Telefonbuch.
   </BLOCKQUOTE>
   Hier beginnt der Text, der 700 Zeichen haben sollte.
   Aus Platzgr&uuml;nden sind weit weniger eingegeben
   <P>

B  <A HREF=#oben>Hier geht es
   hoch</A>
```

```
<P>
</BODY>
<!----------       © JG-------------->
</HTML>
```

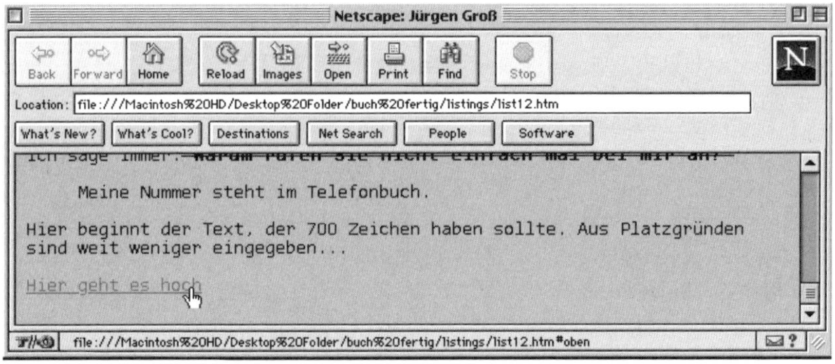

Bild 2.10: Der Link, der per Mausklick nach oben führt, ist eingefärbt. Ein Klick, und der Text springt wieder nach oben.

```
A    <A NAME=#oben> </A>
```

Hier haben wir den Merker eingebaut. Er könnte auch ganz unten stehen, damit man per Mausklick sofort an das Dokumentenende springen kann, indem man auf einen Ankerlink am Anfang des Textes klickt. Es ist also vollkommen egal, ob im Source-Code zuerst der Merker oder der eigentliche Anker erscheint. Wichtig ist nur, dass die Benennung identisch ist. So findet der Browser die richtige Stelle per Mausklick.

```
B  <P>
   <A HREF="#oben">Hier geht es hoch</A>
   <P>
```

Vor und nach dem Anker steht ein *<P>*-Tag, denn der Ankertext reagiert wie normaler Fließtext. Es muss ihm also auch ein Umbruch mit einem eigenen Befehl gegeben werden. Ein Mausklick genügt, und der Browser baut den Bildschirm so auf, dass die Überschrift »Hallo« wieder zu sehen ist. Wir haben deshalb 30 Zeilen eingetippt, damit dieser Effekt auch zu erkennen ist. Ist kaum Text auf dem Bildschirm, dann kann der Browser logischerweise keine einzige Zeile nach oben oder unten rücken, wenn ein Anker angeklickt wird.

ACHTUNG

Anker können also einmal eine Art von Inhaltsverzeichnis darstellen, sie sind aber auch dazu da, die Verarbeitung einer sehr textlastigen Seite zu erleichtern. Anker, die an den Anfang oder an das Ende der Seite springen lassen, können daher sehr nützlich sein, um einen Text schnell zu überblicken. Solche Anker werden von Webdesignern oft in einer kleineren Schriftgröße als der Fließtext eingebaut. Wie Sie schon wissen, kann das über den *<FONT>*-Tag in HTML ausgedrückt werden. Die Syntax dafür lautet also:

```
<FONT SIZE=-1><A HREF="#oben">Hier geht es hoch</A></FONT>
```

Auch alle anderen Text- und Zeilenformatierungen sind hier möglich.

Es wäre aber witzlos, immer nur in einem Dokument hin und her zu springen. Webpages zeichnen sich ja gerade dadurch aus, dass sie einen Inhalt in mehrere Files aufsplitten und aufrufbar machen können. Dazu benötigen Sie zuerst einmal interne Links.

Interne Links dienen dazu, andere Seiten auf dem gleichen physikalischen Server per Mausklick aufzurufen. Im Normalfall werden Sie alle Seiten einer Webpage auf einem Server speichern. Ist nun der Inhalt einer Seite erschöpft und möchte ein User auf eine andere verzeichnete Seite per Mausklick springen, dann klickt er dazu auf einen internen Link.

Es gibt zwischen einem Anker und einem internen Link optisch keinen Unterschied für den User. Beide bestehen zuerst einmal in der Regel aus andersfarbigen, unterstrichenen Wörtern, die in ihrem Einflussbereich den Mauszeiger zu einer zeigenden Hand werden lassen. In der Programmierung gibt es allerdings leichte Unterschiede, und da haben wir bei internen Links sogar einen Schritt gespart. Der Tag für einen internen Link von einem Dokument »page1.htm« zu einem Dokument »page 2.htm« lautet

```
<A HREF="page2.htm">Zu Page 2</A>
```

Also alles denkbar einfach. Hier wird dem Browser gesagt, er solle bei einem Mausklick auf die Zeichenfolge »Zu Page 2« das Webfile »page2.htm« laden und aufbauen. Und woher kommt dieses Dokument?! Ganz einfach: Das haben Sie als Webprogrammierer vorher angelegt und auf den gleichen Server in das gleiche Verzeichnis des Servers geladen. Das war es schon. Mehr müssen Sie hier nicht programmieren.

Nun kann es aber vorkommen, dass nicht jedes der Dokumente auf einem Server im gleichen Verzeichnis steht. Dafür hat HTML vorgesorgt. Nehmen wir an, dass Sie vom File »page1.htm« aus einen internen Link auf das File »page2.htm« setzen wollen, das im Unterverzeichnis »/unter« steht, dann schreiben Sie in HTML diesen Pfad mit in den Tag hinein:

```
<A HREF="unter/page2.htm">Zu Page 2 im Verzeichnis /unter</A>
```

Jetzt findet jeder Browser dieses File wieder. Und auch umgekehrt ist der Fall ja denkbar. Sie möchten von diesem File »page2.htm« auf das darüberliegende Verzeichnis und das File »page1.htm« verlinken. Die Syntax dafür lautet:

```
<A HREF="../page1.htm">Zu Page 1 im dar&uuml;berliegenden Verzeich-
nis</A>
```

Die beiden Punkte und der Schrägstrich symbolisieren dem Browser, dass er das File in einem darüber liegenden Verzeichnis des Servers findet.

Diese Verzeichnissuchereien können manchmal, aus welchen Gründen auch immer, ziemlich ausarten. Theoretisch sind unbegrenzt viele Ebenen möglich. Hier gilt für Sie als Webdesigner eine goldene Regel:

»So viele Verzeichnisse wie nötig anlegen, um die Daten gut zu strukturieren und trotzdem nicht zu fragmentieren.«

Sie schaffen ja auf Ihrem Server die Struktur, also überlegen Sie sich am besten schon vor der ersten Code-Zeile, welche Ordnerstruktur Ihre Webpage haben soll. Viele Webdesigner beginnen überhaupt erst ab zehn oder 20 Webfiles mit einer Ordnerstruktur. Ich empfehle Ihnen, thematische Ordnerstrukturen anzulegen. Also, alle Files zu einem bestimmten Thema sollten in einem bestimmten Ordner zu finden sein ... und ähnliche Namen tragen.

Leider immer noch ein Thema ist die 8.3-Konvention. Sie sollten bei Ihren Webseiten die alte DOS-Konvention wieder aufgreifen, weil sie immer noch am unkompliziertesten ist. Also acht Buchstaben vor dem Punkt (möglichst KEINE Sonderzeichen!!!) und drei Buchstaben (immer HTM für HTML-Files!!!) nach dem Punkt. Dann kann nichts schiefgehen. Viele Webdesigner überlegen sich hier eine genaue Namenskonvention mit Kennbuchstaben etc. Das ist Ihnen überlassen, aber bedenken Sie, dass sich Webdesigner hier nicht umsonst den Kopf zermartern. Das spart, falls Sie einmal den Überblick verlieren sollten, eine Menge an Arbeit. Glauben Sie mir.

Was uns jetzt noch fehlt, ist die Krone des Ganzen: der Link auf eine beliebige Seite im WWW. Nach der bereits bekannten Syntax ist das alles keine Hexerei mehr. Wenn Sie zum Beispiel auf meine Webpage linken möchten (das fände ich übrigens sehr nett), die die URL »http://taglinger.de« hat, dann genügt folgender Tag:

```
<A HREF="http://taglinger.de">Der ist schuld an meinem HTML</A>
```

Das war es schon. Und das ist auch das große Geheimnis des Erfolges von HTML. Keine andere Vernetzungssprache ist so einfach. Wie der Browser dann auf diese Seite kommt, ist eine Frage des Transferprotokolls im Web, des TCP/IP. Das soll nicht Ihre Sorge sein. Solange Sie die URL buchstabengenau abgetippt und in den obigen Tag eingefügt haben, kann absolut nichts schiefgehen.

Sie können so jede beliebige WWW-Datei weltweit auf Ihre Page per externem Link einbinden. Alles was Sie brauchen, ist die genaue URL.

ACHTUNG

Sie vermuten richtig: Sie könnten auch alle internen Links als externe Links angeben. Dazu genügen die genaue URL und dann die Angabe des Verzeichnisses und des File-Namens auf dem Server. Also in unserem Beispiel vielleicht:

```
<A HREF="http://taglinger.de/making/index.htm">Jedes File kann verlinkt werden </A>
```

Das macht aber niemand so gerne, weil der Browser dadurch langsamer wird. Das können Sie schnell verstehen, wenn Sie sich vergegenwärtigen, dass der Browser durch einen solchen Tag gezwungen wird, erst wieder den bereits gefundenen Server zu verlassen und in einem anderen Server (vielleicht unter »http://www.nic.de«) nachzuschauen, wie die genaue Browseradresse für diese deutsche Seite denn lautet ... das kostet Zeit und wehe, wenn Sie ihre Daten mal auf einen anderen Server mit einer anderen Domain legen ... Absolute Links können also auf die Dauer große Fehlerquellen sein. Ein interner Link macht dem Browser klar, dass er schon auf dem richtigen Server ist und hier nur in der vorgegebenen Art und Weise im Verzeichnis des Servers nachsehen muss, um das File zu finden.

Zu unserem Glück fehlt uns nur noch eine letzte Art des Links. Wenn wir nun nicht auf eine andere Seite im Web, sondern auf den Mail-Account eines anderen Users linken möchten, weil wir auf unserer Seite die Möglichkeit zu einer E-Mail bieten wollen, so ist das auch kein Problem. Gerade diese einfache Art, Webseiten interaktiv zu machen, ist ohne Beispiel in anderen Medien. Der gute Ton gebietet es auch, mindestens einmal pro Webpage die Möglichkeit zu einer E-Mail zu geben. Und seien Sie sicher: Das wird genutzt. Angenommen, der Autor dieses Buches veröffentlicht den vor Ihnen liegenden Text auf seiner Homepage und er möchte für Fragen und Anregungen per E-Mail erreichbar sein, dann nutzt er dazu folgenden Tag:

```
<A HREF="mailto:harald@taglinger.de">E-Mail</A>
```

Der zusätzliche String »mailto:« löst beim Browser automatisch den Aufruf einer E-Mail-Maske aus, in den die E-Mail-Adresse (hier: »harald@taglinger.de«) ebenfalls automatisch als Empfänger eingetragen wird. Als Absender fügt der Browser den Namen ein, den Sie ihm in den Preferences angegeben haben. Sollten Sie das noch nicht getan haben, dann wird Sie der Browser darauf aufmerksam machen und mit dem Versenden der E-Mail warten, bis Sie diese Angaben nachgeholt haben.

Bitte achten Sie darauf, dass dieser Mail-Tag nur dann bei den Usern funktioniert, wenn diese vorher in den Optionen ihre Angaben sauber ausgefüllt haben. Sonst kann die Mail nicht abgeschickt werden, und deshalb streiken manche Browser gleich von vorneherein, wenn schlampige Anwender ohne klare Userangaben diesen Link klicken.

Bitte nehmen Sie wieder unseren Beispieltext mit dem bereits eingepassten Anker und speichern Sie ihn einmal unter »page1.htm«, unter »page2.htm« und unter »page3.htm« ab. Das File »page1.htm« legen Sie zusätzlich noch in ein Verzeichnis mit dem Namen »hoch«, das File »page2.htm« in ein darin verschachteltes Verzeichnis »normal« und das File »page3.htm« in ein wiederum darin verschachteltes Verzeichnis »tief«. Wir arbeiten jetzt nur noch mit »page2.htm« weiter. Fügen Sie in »page2.htm« nun unter den Anker noch einen Link auf »hoch/page1.htm« und einen Link auf »tief/page3.htm« ein, und nennen Sie ihn »hoch« und »tief«. Darunter sollte sich noch ein externer Link auf »http://www.mut.de« befinden. Verlinken Sie jetzt noch den Namen Jürgen Groß so, dass per Mausklick auf diesen Namen ein E-Mail-Formular mit der E-Mail-Adresse »gross@mut.de« erscheint.

```
<HTML>
   <HEAD>
      <TITLE>
      J&uuml;rgen Gro&szlig;
      </TITLE>
   </HEAD>

<BODY>

<P ALIGN=right>
<FONT SIZE=7><B>

<A NAME=oben> </A>
Hallo
</CENTER></B></FONT>
<BR>
<FONT SIZE=6><I>
Mein Name ist
```
A
```
<A HREF=mailto:gross@mut.de> J&uuml;rgen
Gro&szlig;</A>.
```

```
    </I></FONT>
    </P>

    <BLOCKQUOTE>
    Meine Hobbies sind &lt;HTML&gt;,
    &Uuml;berfahrten nach England und &Auml;nderungen im
    Source-Code.
    </BLOCKQUOTE>

    Ich sage immer:<B><S>&quot;Warum rufen Sie nicht
    einfach mal bei mir an?&quo<;</S></B>

    <BLOCKQUOTE>
    Meine Nummer steht im Telefonbuch.
    </BLOCKQUOTE>
    Hier beginnt der Text, der 700 Zeichen haben sollte.
    Aus Platzgr&uuml;nden sind weit weniger eingegeben...
    <P>

    <A HREF=#oben>Hier geht es hoch</A><BR>
B   <A HREF=../page1.htm>hoch</A><BR>
C   <A HREF=tief/page3.htm>tief</A><BR>
D   <A HREF=http://www.mut.de>Ein netter Verlag</A>
    <P>
</BODY>
<!----------          © JG-------------->
</HTML>
A   <A HREF=mailto:gross@mut.de>J&uuml;rgen Gro&szlig;</A>.
```

Das war die leichteste Übung. Es hat sich übrigens aus technischen Gründen eingebürgert, keine Sonderzeichen und Kleinschreibung in E-Mails zu verwenden, deshalb wird Groß hier mit Doppel-S und klein geschrieben.

```
B   <A HREF=../page1.htm>hoch</A><BR>
```

Weil wir uns mit dem bearbeiteten File »page2.htm« eine Verzeichnisebene unter dem verlinkten File befinden, reichen die beiden Punkte und der Schrägstrich, um in das richtige Verzeichnis zu gelangen. Alle gängigen Betriebssysteme lassen nur diese eindeutige Verzeichnislogik zu. Hinter dem internen Link bricht ein *
*-Tag die Zeile. Das mache ich wegen einer besseren Übersichtlichkeit der Links. Das ist aber reine Geschmackssache.

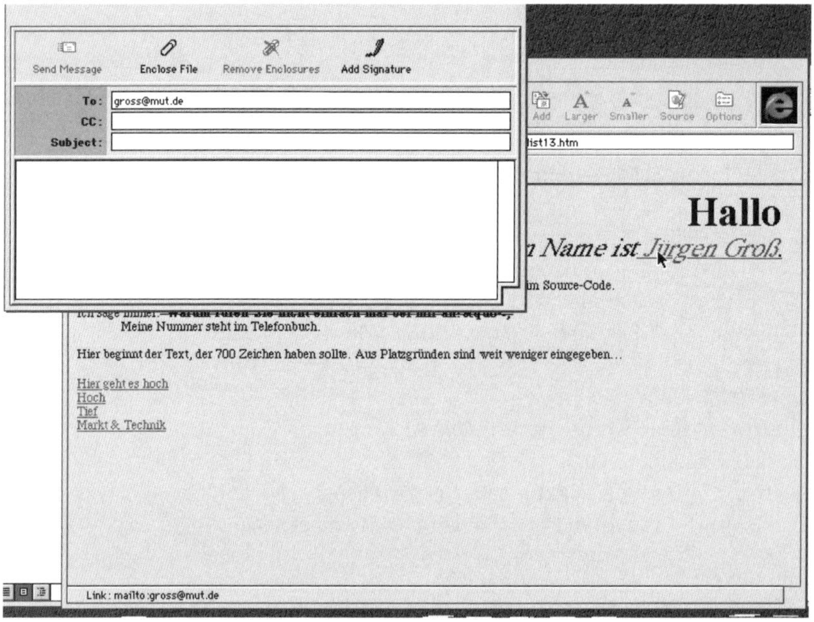

Bild 2.11: Nach außen hin sind die verschiedenen Linkarten nicht zu unterscheiden. Aber ein Klick auf »Jürgen Groß« lädt das Mail-Formular.

ACHTUNG

Sie werden vielleicht gemerkt haben, dass sich die Fälle B und C hier leicht auf der Festplatte nachvollziehen lassen. Kein Wunder, interne Links funktionieren ja logischerweise auch offline (wenn nicht, dann haben Sie irgendwo einen Tippfehler untergebracht!!!). Schwieriger wird es da schon beim Fall A. Die Mail-Maske öffnet sich zwar, aber wenn Sie die Mail losschicken, dann wird Ihr Browser versuchen, online zu gehen. Ist das durch ein Modem und einen Account ins Internet möglich, dann wird er diese Mail absenden. Wenn es Ihnen genau so ergangen ist, dann wissen Sie jetzt auch, wie Sie die Verbindungen zwischen den einzelnen Files testen können. Alle internen Links und Anker müssen auch offline funktionieren, sonst haben Sie etwas nicht korrekt programmiert. Alle externen Links brauchen erst den Weg ins Internet. Auch hier könnten Sie einen Tippfehler oder Syntaxfehler gebaut haben, aber dann ist der Fall vertrackter. Meldet der Browser, dass er den angegebenen Server nicht finden kann, dann könnte es auch sein, dass es diese URL nicht gibt, oder aber, dass der richtig angegebene Server im Moment nicht am Netz hängt. Hier hilft nur immer wieder probieren, bis man sicher sein kann. Und von Zeit zu Zeit sollte man diese Links auch überprüfen. Nichts ist so unsicher wie ein Server im Web. Da ändern sich die Dinge oft täglich.

```
C    <A HREF=tief/page3.htm>tief</A><BR>
```

Vom File »page2.htm« aus geht es noch einmal eine Ebene tiefer in das Verzeichnis »/tief« zum File »page3.htm«. Da hier auch andere Verzeichnisse mit anderen Namen zur Auswahl stehen könnten, muss dem Browser das genaue Verzeichnis angegeben werden. Auch hier dient der *
*-Tag der Übersichtlichkeit.

```
D    <A HREF=http://www.mut.de>Ein netter Verlag</A>
```

Jetzt wird es wieder leichter. Die reine Angabe der URL genügt, und per Mausklick wechseln Sie zum Server des netten Verlags.

Wir fassen Ihren Wissensstand zusammen:

- ✘ Sie können jetzt ein HTML-File in ihrer Grundstruktur anlegen.
- ✘ Sie wissen, wie man Text darin formatiert.
- ✘ Die vier verschiedenen Arten von Links sind Ihnen nun ebenfalls bekannt.

Kapitel 3

Layouthilfen und Ordnung schaffen

Als Beispiel werden wir in diesem Kapitel ein kleines Inhaltsverzeichnis für verschiedene Texte eines Autors anlegen. Diese Texte sollen dann mehrspaltig auf der Webpage erscheinen. Um nicht unnötige Längen in diesem Buch zu erzeugen, werden nur die relevanten Teile eines Codes hier wiedergegeben. Am Schluss des Kapitels steht der gesamte Source-Code zur Sicherheit noch einmal codiert aufgeführt.

Nach den ersten Übungen in HTML wollen wir in diesem Kapitel lernen, wie man mehr Ordnung in seine Web-Texte bekommt. Zuerst schauen wir uns deshalb die Möglichkeiten von Listen an und befassen uns dann mit Tabellen und verschachtelten Tabellen. Das ist ein guter Sprungpunkt zum Spaltensatz in HTML und sogar zur pixelgenauen Positionierung von Elementen, denn das lösen Webdesigner zu großen Teilen auch über unsichtbare Tabellen.

Sie üben in diesem Kapitel:

- Anlegen von verschiedenen Listenarten
- Anlegen von Tabellen
- Verschachteln von Tabellen
- Tabelle als Layouthilfe
- Pixelgenauer Satzstand und Präformatierungen

3.1 Aufzählungen

Nehmen Sie an, Sie möchten nicht immer nur alles in einem Fließtext webpublishen. Eine Möglichkeit wäre es, mit Aufzählungen zu arbeiten. Und hier hätten Sie nach dem ersten Viertel dieses Buches auch schon das Know-how dazu, eine Lösung mit den bisherigen Tags zu finden: Sie würden einfach nach jedem Aufzählungspunkt einen *
*- oder *<P>*-Tag nutzen und das Ganze vielleicht mit *<BLOCKQUOTE>*-Tags einrücken.

Aber das wäre ja öde.

HTML sieht mehrere Möglichkeiten vor, hier per Tag verschiedene, auch automatisch durchnummerierte Lösungen, dafür bereitzustellen. Wir haben schon bei den Anker-Tags festgestellt, dass ein Befehl oft aus zwei Tags besteht, die unterschiedlich voneinander und sogar an vollkommen anderen Stellen des Dokuments wirksam werden können. Hier haben wir noch einmal eine Besonderheit, die wir auch im nachfolgenden Kapitel brauchen werden:

HTML legt Listen so an, dass zuerst einmal der generelle Listentyp festgelegt wird. Wir haben hier folgende Typen als Tag zur Auswahl:

`<DL></DL>`	als Definitionsliste
`<DIR><DIR>`	als Directoryliste (für Inhaltsverzeichnisse)
`<OL></OL>`	als nummerierte Liste
`<UL></UL>`	als unnummerierte Liste

Damit haben wir noch nichts über die Listenelemente gesagt. Wir haben zuerst einmal einen Grundtyp der Liste festgelegt. Bei den Listenelementen lassen sich drei verschiedene aufführen, wobei zwei Tags ganz klar zueinander gehören:

`<LI>`	eine einfache Aufzählung
`<DT>`	Definitionsterm (also eine Art von Überschrift)
`<DD>`	Definitionsdaten (also der Inhalt dazu)

Meistens reicht der *<LI>*-Tag, da die anderen beiden sehr auf wissenschaftliche Arbeiten abgestimmt sind. Sie merken also immer wieder, wie stark HTML den Bedürfnissen der Wissenschaftler in CERN entgegenkam. Allerdings sollten Sie sich wirklich fragen, ob Sie eine ähnliche Differenzierung für – sagen wir – eine Angler-Homepage brauchen. Es liegt ganz bei Ihnen.

Wir geben also immer zuerst einen Grundtyp der Liste an, zwischen deren beiden Tags dann die Listenelemente geschachtelt werden.

Listenelemente besitzen keinen Schluss-Tag. Das ist etwa mit einem *
*-Tag vergleichbar, und wir werden auch gleich sehen, dass hier durchaus Ähnlichkeiten vorhanden sind.

Gehen wir diese verschiedenen Typen an unserem Kapitelbeispiel durch.

Angenommen, Sie haben eine Website vor, auf der ein Inhaltsverzeichnis mit folgenden Einträgen zu finden sein wird:

```
Inhaltsverzeichnis

1. Der erste Text: Montag
2. Der zweite Text: Dienstag
3. Der dritte Text: Mittwoch
4. Der vierte Text: Donnerstag
```

In einem üblichen HTML-File würden Sie diesen Text wie folgt umsetzen:

```
<HTML>
   <HEAD>
      <TITLE>Inhaltsverzeichnis</TITLE>
   </HEAD>

<BODY>

<H1> Inhaltsverzeichnis</H1>

1. Der erste Text: Montag<BR>
2. Der zweite Text: Dienstag<BR>
3. Der dritte Text: Mittwoch<BR>
4. Der vierte Text: Donnerstag<BR>

</BODY>

</HTML>
```

Wie gesagt: Das wäre banal. Die Umsetzung per Ordered List sieht deshalb in einem HTML-File so aus:

```
A   <OL>
B      <LI> Der erste Text: Montag
       <LI> Der zweite Text: Dienstag
       <LI> Der dritte Text: Mittwoch
       <LI> Der vierte Text: Donnerstag
    </OL>
```

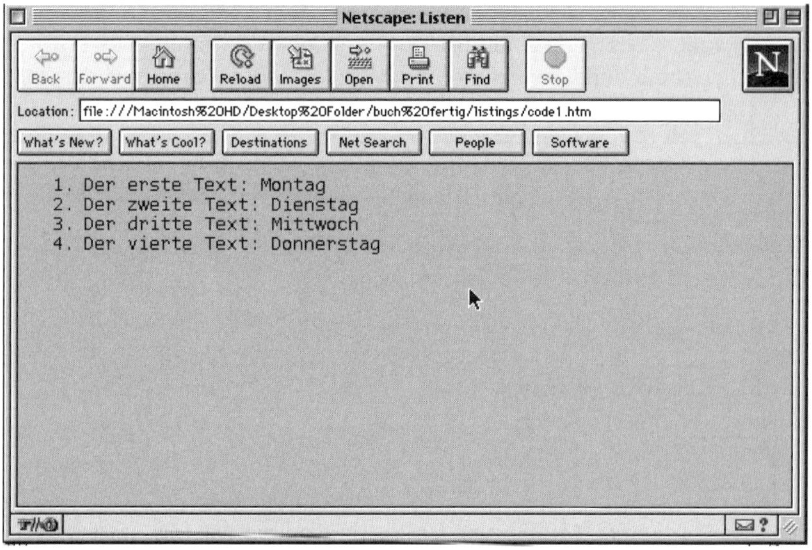

Bild 3.1: Schon ist die erste Liste fertig.

```
A    <OL>
```

HINWEIS

Am Ende des Kapitels finden Sie den kompletten HTML-Code, in den Sie die nun folgenden unvollständigen Beispiele CODE 1 bis CODE 9 und CODE A bis CODE G einfügen können.

Hier wird im BODY-Bereich des HTML-Files die Ordered List aufgemacht. Die folgenden Zeilen rücken automatisch ein und werden bis zum Schluss-Tag zur Aufzählung.

```
B    <LI> Der erste Text: Montag
```

Durch diesen einfachen Tag, der keinen Schluss-Tag besitzt, werden jetzt automatisch die Nummern der Aufzählungen dazu addiert. Das ist immens praktisch und sicher. Der folgende Fließtext wird nun eingerückt. Der erneute *<LI>*-Tag ersetzt hier den *
*-Tag. Ein Zeilenumbruch erfolgt also automatisch.

ACHTUNG

Wenn Sie nur den *<OL>*-Tag mit einem Schluss-Tag nutzen, dann rückt der Text ähnlich wie *<BLOCKQUOTE>* ein. Aber ich empfehle Ihnen, nur sehr vorsichtig mit Code zu hantieren, der nicht sauber angewandt wird.

HTML ist ursprünglich für wissenschaftliche Arbeiten konzeptioniert und zum Word Wide Web portiert worden. Deshalb sind diese Aufzählungen so bequem zu programmieren.

Schreiben Sie nun unsere Beispielliste vom Kapitelanfang als Unordered List um.

```
A   <UL>
B     <LI> Der erste Text: Montag
      <LI> Der zweite Text: Dienstag
      <LI> Der dritte Text: Mittwoch
      <LI> Der vierte Text: Donnerstag
   </UL>
```

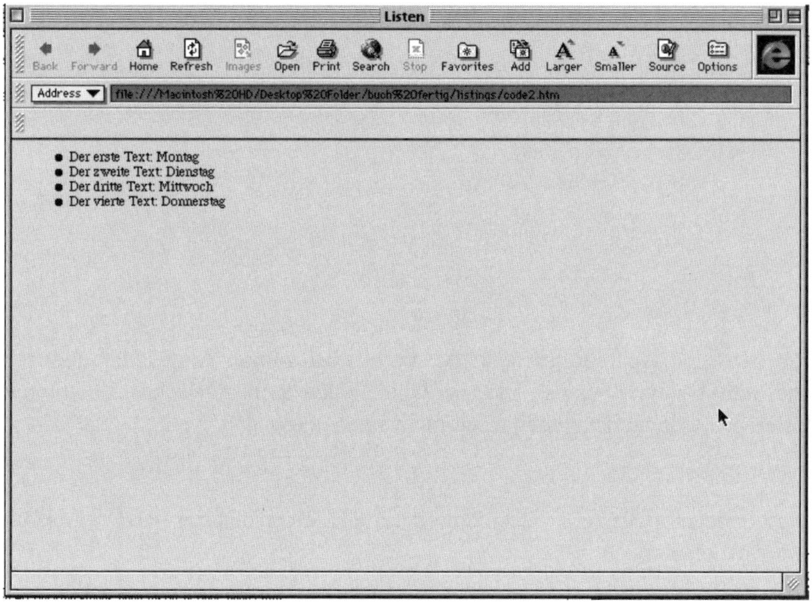

Bild 3.2: Statt der Zahlen entstehen jetzt Listenpunkte.

```
A   <UL>
```

Dieser Tag eröffnet eine Unordered List, die ebenfalls einrückt und die weiteren Zeilen bis zum Schluss-Tag als Listeninhalt behandelt.

```
B   <LI> Der erste Text: Montag
```

Jetzt verschwinden die Aufzählungen, und statt dessen wird ein Listenpunkt eingefügt.

MERKSATZ

Der <*DIR*><*/DIR*>-Tag reagiert bei Browsern von Microsoft und von Netscape ähnlich, deshalb wird er hier nicht mehr eigens behandelt.

Wir haben jetzt also schon zwei Arten von Listen kennen gelernt. Aber angenommen, das Inhaltsverzeichnis soll wie folgt aussehen:

```
Der erste Text:
   Montag
(Etc.)
```

Kommt hier die weitere Listenform zum Einsatz, die für Definitionslisten vorgesehen ist. Unser Inhaltsverzeichnis sieht somit in HTML wie folgt aus:

```
A   <DL>
B       <DT> Der erste Text:
C          <DD>Montag
        <DT> Der zweitc Text:
           <DD>Dienstag
        <DT> Der dritte Text:
           <DD>Mittwoch
        <DT> Der vierte Text:
           <DD>Donnerstag
   </DL>
A   <DL>
```

Hier wird die Definitionsliste in der bereits bekannten Art wieder geöffnet und aktiv bis zum Schluss-Tag. Im Unterschied zu bisher schon bekannten Listen rückt dabei der Listeninhalt nicht nach links.

```
B   <DT> Der erste Text:
```

Diese Überschriftenzeile wird nicht eingerückt, das bleibt der <*DD*>-Aufzählung vorbehalten.

```
C   <DD>Montag
```

Die Datenzeile rückt nach einem Zeilenumbruch einen Tabulator nach rechts.

Wir haben gesehen, dass diese Listen mit der Kombination von zwei Tags funktionieren. Wenn Sie wollen – das sieht allerdings eher unschön aus –, können Sie die <*LI*>- <*DT*>- und <*DD*>-Tags auch miteinander kombinieren.

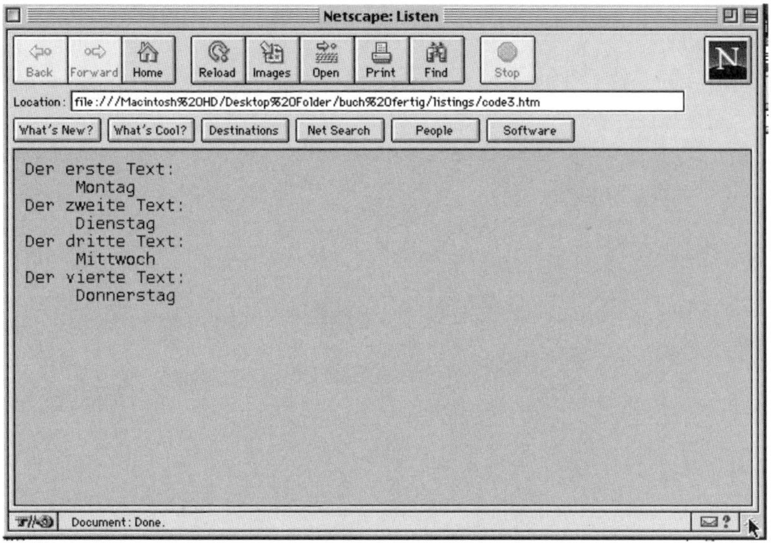

Bild 3.3: Hier stellt der »Navigator« die Treppenliste dar.

Sie ahnen es schon – innerhalb der Listeninhalte können die Texte in der bereits gewohnten Art und Weise formatiert und verlinkt werden. Fetten Sie in einer Definitionsliste jeweils das Wort »Text«, und linken Sie die Wörter »erste, zweite, dritte, vierte« jeweils mit einer WWW-Site Ihrer Wahl.

```
    <DL>
A       <DT> Der <A HREF=http://www.yahoo.de>erste</A>
B          <B>Text</B>:
           <DD>Montag
        <DT> Der <A HREF=http://www.web.de>zweite</A>
           <B>Text</B>:
           <DD>Dienstag
        <DT> Der <A HREF=http://www.lycos.de>dritte</A>
           <B>Text</B>:
           <DD>Mittwoch
        <DT> Der <A HREF=http://www.aladin.de>vierte</A>
           <B>Text</B>:
           <DD>Donnerstag
    </DL>
```

```
A       <DT> Der <A HREF=http://www.yahoo.de>erste</A>
```

Hier habe ich auf vier deutsche Suchmaschinen verlinkt. Die Syntax ist schon alter Käse. Sie sehen: Listen lassen sich leicht wie Fließtext verlinken ...; soll auch ein Aufzählungspunkt mitverlinkt werden, muss der Tag logischerweise vor dem Listen-Tag stehen. Experimentieren Sie damit.

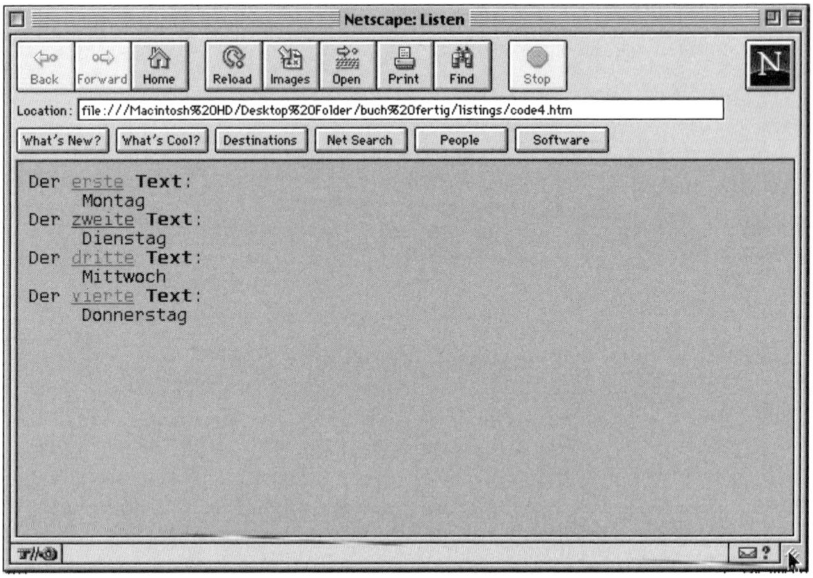

Bild 3.4: So einfach lässt es sich in Listen verlinken.

```
B      <B>Text</B>:
```

Es wären hier auch Font-Befehle denkbar. Allerdings ist es im Interesse der Browsersicherheit empfehlenswert, lieber mit einem Basefont zu arbeiten.

Wenn Ihnen die Aufzählungspunkte noch nicht differenziert genug sind, dann haben Netscape und Microsoft in ihren Browsern noch Untertags vorgesehen, die hier weiterhelfen. Die ersten beiden beziehen sich auf eine <OL>:

```
<OL TYPE=1 START=3>
```

Das heißt, dass bei einer Ordered List arabische Zahlen genommen werden, die allerdings erst bei der Zahl 3 mit der Zählung beginnen. Damit ist aber noch nicht Schluss. TYPE sieht noch folgende weitere Wahlmöglichkeiten vor:

`TYPE=A` (große Buchstaben)
`TYPE=a` (kleine Buchstaben)
`TYPE=I` (große römische Zahlen)
`TYPE=i` (kleine römische Zahlen)

Werden diese Untertags mit START kombiniert, so muss auch weiterhin eine Ziffer angegeben werden, um mit einer höheren Aufzählung zu starten. Also zum Beispiel START=2, um mit einer römischen »II« loszulegen.

Auch für den *<UL>*-Tag sehen die Browser von Microsoft und Netzcape einen Untertag vor, der hier noch weiter differenziert.

`TYPE=disc`	(ausgefüllter Punkt)
`TYPE=circle`	(Kreis)
`TYPE=square`	(Viereck)

Der Standard für diese Browser ist die Zählweise ab »1.« in Zahlen und die Darstellung mit einem ausgefüllten Punkt. Für die anderen Browser, die diese Untertags nicht beherrschen, gilt das auch.

3.2 Tabellen

In vielen Fällen ist der Einsatz von Tabellen sehr praktisch. Auch in unserem Beispiel wäre es vielleicht schön, dieses Beispiel in der Form einer Tabelle abzuarbeiten.

Auch bei Tabellen hat HTML einen Tag dafür reserviert, dem Browser zu sagen, dass sich jetzt ein »Table« (= Tabelle) öffnet bzw. schließt. Der Tag dafür lautet:

```
<TABLE BORDER=1></TABLE>
```

Die BORDER-Angabe brauchen wir, um der Tabelle einen sichtbaren Rand von einem Pixel Breite zu geben. BORDER=2 würde den Pixelrand auf eine Breite von zwei Pixeln erhöhen usw.

Zwischen diesen Anfangs- und Schluss-Tags muss dem Browser jetzt auch gesagt werden, wie viele Zellen die Tabelle haben soll. HTML löst das in einer ähnlichen Art und Weise, wie jeder von uns Zeilen in einem Buch liest. Zuerst wird die Zeile eröffnet, hier nennt man das eine »Row« (Reihe), dann wird definiert, welche Zellen mit »Daten« vorhanden sind.

Der Tag für eine Tabellenreihe lautet:

```
<TR></TR>
```

Der Tag für eine Tabellenzelle, die immer (!) in einer Tabellenreihe sein muss, lautet:

```
<TD></TD>
```

Wenn wir diese drei Tags nun noch richtig ineinander verschachteln, haben wir schon eine Tabelle programmiert. Die richtige Syntax dafür lautet:

```
<TABLE BORDER=1>
   <TR>
      <TD>
      </TD>
   </TR>
</TABLE>
```

Zuerst wird also dem Browser signalisiert, dass sich ein Table öffnet, dann erhält er den Tag, der in dieser Tabelle eine Reihe öffnet, die eine einzige Datenzelle beinhaltet, und dann schließt zuerst der Daten-Tag, dann der Row-Tag und schließlich der generelle <*Table*>-Tag.

Jede Tabelle kann mehr als eine Reihe und darin mehr als eine Zelle enthalten. So sieht zum Beispiel die Syntax für eine einreihige Tabelle mit zwei Datenzellen aus:

```
<TABLE BORDER=1>
   <TR>
      <TD>
      </TD>

      <TD>
      </TD>
   </TR>
</TABLE>
```

Wir haben bisher noch nichts in die Zellen hineingeschrieben. Aber keine Bange. Text reagiert innerhalb der Zellen ähnlich wie außerhalb. Nutzen wir jetzt die Gelegenheit dazu und setzen unseren Beispieltext aus dem letzten Kapitel um. Bitte fügen Sie so viele Table-Rows ein, bis Sie diesen Text eingeordnet haben. Es genügt, wenn Sie pro Row eine Tabellenzelle eröffnen.

```
A   <TABLE BORDER=1>
B      <TR>
C         <TD>
          <B>Inhaltsverzeichnis</B><BR>
          </TD>
D      </TR>

       <TR>
          <TD>
          1. Der erste Text: Montag
          </TD>
       </TR>
       <TR>
          <TD>
```

```
        2. Der zweite Text: Dienstag
        </TD>
     </TR>

     <TR>
        <TD>
        3. Der dritte Text: Mittwoch
        </TD>
     </TR>

     <TR>
        <TD>
        4. Der vierte Text: Donnerstag
        </TD>
     </TR>
E  </TABLE>
A  <TABLE BORDER=1>
```

Ich habe hier zwischen den Tags *</TR>* und *<TR>* immer eine Zeile frei gelassen, damit Sie den Anfang und das Ende einer Tabellenreihe besser sehen. Das ist schon sauberer Code, aber es wäre noch besser, wenn Sie sich diesen Zeilendurchschuß sparen. Dann sind Sie perfekt.

Die Tabelle wird eröffnet. Sie hat einen Pixelrand von 1 eingestellt. Das entspricht nicht ganz dem eines Pixels, da für den 3-D-Effekt der Tabelle und andere Feineinstellungen noch ein wenig Platz verbraucht wird. Auf einem Computer mit dem Betriebssystem MAC/OS sehen diese Ränder zum Beispiel schlanker aus als auf einem, der unter WINDOWS läuft.

```
B  <TR>
```

Die erste Reihe wird eröffnet. In dieser Reihe soll die Zelle mit dem Wort »Inhaltsverzeichnis« stehen.

```
C       <TD>
        <B>Inhaltsverzeichnis</B><BR>
        </TD>
```

Die Zelle mit dem Wort »Inhaltsverzeichnis« habe ich noch mit Formatier-Tags bereichert. Das müssen Sie nicht, aber Sie sehen so, dass Text sich wirklich wie außerhalb der Tabellen gestalten lässt.

```
D     </TR>

      <TR>
```

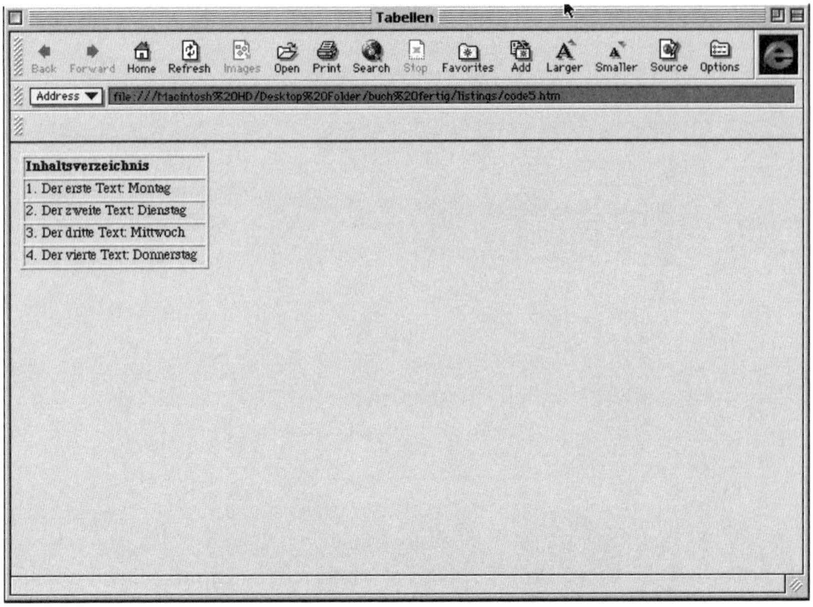

Bild 3.5: Jetzt haben wir die Tagesangaben in eine Tabelle eingebaut.

Die erste Reihe schließt, und die zweite Reihe öffnet sich, in der die Tabellenzelle mit der ASCII-Kette »1. Der erste Text: Montag« steht. Alle weiteren Reihen verfahren genau nach diesem Prinzip.

```
E   </TABLE>
```

Die Tabelle wird nach dem Schließen der letzten Reihe ebenfalls geschlossen.

Ein paar wichtige Anmerkungen zum Verhalten von Tabellen gibt es hier zu machen. Tabellen werden sich standardmäßig immer die Größe suchen, die ihnen der Inhalt vorgibt. Längere Sätze dehnen deshalb die Tabellen gleichmäßig. Sollte in der nächsten Reihe ein kürzerer Satz stehen, dominiert aber die längste Zeichenkette in der gesamten Spalte und dehnt auch diese Zelle in der ähnlichen Breite. Testen Sie den obigen Code einfach einmal mit verschieden langen Sätzen; dann sehen Sie schnell, wie dynamisch Tabellen auf Textlängen reagieren.

Sie werden auch feststellen, dass der längste Text hier immer auch vorgibt, wie sich der Rest der Texte in den anderen Zellen verhält. Wenn Sie mit unterschiedlichen Textlängen arbeiten, werden Sie sehen, dass die kürzeren Textabschnitte zentriert mit linksbündigem Zeilenanfang dargestellt werden.

Sollten Sie zufällig vergessen, den *<TABLE>*-Tag zu schließen, dann werden Sie auf den Netscape-Browsern plötzlich überhaupt nichts mehr auf dem

Bildschirm erkennen. Fehlerhafte Tabellen gehören zu den schlimmen Unfällen, die es in HTML gibt. Also Achtung!

Leider ist anzumerken, dass Netscape-Browser ziemlich unsaubere Darstellungen von Tabellen erzeugen. Da können Sie leicht wahnsinnig werden, wenn es um pixelgenaue Programmierungen geht. Profis beginnen deshalb, den Source-Code auf einem Netscape-Browser zu entwickeln, und schenken sich beim Aufrufen des »Internet Explorer« von Microsoft einen Kaffee ein. Der funktioniert meistens gleich mit. Umgekehrt soll es schon Hysterien und Umschulungen zum Töpfermeister gegeben haben.

Sollten Sie die Tabelle unsichtbar machen wollen, dann genügt es, den Untertag BORDER auf »0« zu stellen oder diesen Untertag ganz aus dem TABLE-Tag zu lassen. Allerdings empfehle ich Ihnen immer, diesen Schritt erst zu tun, wenn Sie mit der Tabelle soweit fertig sind.

Hier sehen Sie bei diesem etwas langwierigen Beispiel wahrscheinlich am deutlichsten, warum sauberes Code-Layout so wichtig ist. Auf diese Weise wird Ihnen nämlich sehr schnell klar, wo Sie hier noch einen Tag übersehen haben könnten. Gerade bei vielen Tabellenzellen ist hier Sorgfalt Gold wert. Eine Fehlersuche im unsauber gelayouteten Code kann Sie hier Stunden kosten.

Achten Sie auf diesen Aspekt vor allem in den folgenden Kapiteln.

Es gibt, vor allem für den »Internet Explorer« von Microsoft (Näheres können Sie dazu z.B. unter »http://www.microsoft.com/germany« erfahren), noch eine Reihe von sehr speziellen Tags, die sich um das Aussehen der Umrandungen und ähnliche eher marginale Dinge kümmern. Diese Tags sollen uns zum Teil erst in Kapitel 4 interessieren.

Ein Tag hilft uns allerdings gerade in unserem Beispiel weiter. Die Fettung von »Inhaltsverzeichnis« haben wir bisher von Hand per eigenem Tag erzeugt. Es gibt aber einen einfachen Befehl, der diese Funktion automatisch übernimmt. Mit

```
<TH></TH>
```

wird eine Zelle zur Überschrift, zum Header, erklärt.

Wenn Sie diesen Befehl statt der <*TD*>-Tags in der ersten Reihe verwenden, wird »Inhaltsverzeichnis« automatisch gefettet und zentriert.

3.3 Verschachtelte Tabellen

Wir haben in unserem Beispiel durch den Einsatz einer Tabelle nun bereits Ordnung geschaffen, aber oft gibt es den Fall, dass Tabellen innerhalb einer Zelle noch einmal Untertabellen benötigen. Wenn wir unser Beispiel noch einmal hernehmen, möchten Sie vielleicht bei einer Angabe der Texte auch die verschiedenen Autoren mitangeben. In diesem Fall benötigen Sie einen Trick, um hier diese Namen ebenfalls in eine Tabelle zu bekommen.

Die Lösung heißt TABLE im TABLE.

Solche verschachtelten Tabellen sind leicht zu erstellen, wenn Sie sich vergegenwärtigen, dass Sie dazu immer zuerst die oberste Ebene programmieren müssen, in eine von deren Datenzellen dann die nächste Ebene eingefügt wird. Also:

```
<TABLE BORDER=1>
  <TR>
    <TD>
      <TABLE BORDER=1>
        <TR>
          <TD>
          </TD>
        </TR>
      <TABLE>
    </TD>

    <TD>
    </TD>
  </TR>
</TABLE>
```

ACHTUNG

Auch hier werden Sie merken, dass der Zelleninhalt die Breite und Höhe der verschachtelten Tabellen beeinflusst. Hier sollten Sie auf den Gedanken kommen, der ersten Tabellenebene einen deutlich höheren BORDER-Wert zuzuweisen, damit der User später auch sehen kann, dass die zweite Ebene eine Untertabelle darstellt. Es gilt als Regel: Der größte BORDER-Wert sollte dabei die anderen Tabellen umschließen.

So entsteht eine Tabelle in einer Tabelle, indem wir hier in die erste Zelle der ersten Tabelle eine weitere Tabelle eingefügt haben. Sie könnten jetzt auch noch eine dritte Tabellenebene anlegen, allerdings zeigt die Erfahrung im

Webdesign, dass Sie solche extremen Verschachtelungen so gut wie nie brauchen werden. Trotzdem ist es gut zu wissen: Es geht.

Eine mögliche Anwendung dieser Verschachtelungen wollen wir uns jetzt genauer zur Übung ansehen.

Nehmen Sie wieder unseren Übungstext, und schreiben Sie unter den Wochentag Mittwoch noch zweispaltig vier beliebige Autorennamen dazu. Zum Beispiel Goethe, Schiller, Valentin und Blüm.

```
A   <TABLE BORDER=4>
      <TR>
B         <TH>
         Inhaltsverzeichnis<BR>
         </TH>
      </TR>

      <TR>
         <TD>
         1. Der erste Text: Montag
         </TD>
      </TR>

      <TR>
         <TD>
         2. Der zweite Text: Dienstag
         </TD>
      </TR>

      <TR>
         <TD>
C        3. Der dritte Text: Mittwoch<BR>
D        <TABLE BORDER=1>
           <TR>
E             <TD>
              Goethe<BR>
              </TD>

F              <TD>
               Valentin<BR>
               </TD>
           </TR>

G          <TR>
```

```
                  <TD>
                  Schiller<BR>
                  </TD>

                  <TD>
                  Bl&uuml;m<BR>
                  </TD>
               </TR>
H           </TABLE>
         </TD>
      </TR>

      <TR>
         <TD>
         4. Der vierte Text: Donnerstag
         </TD>
      </TR>
I   </TABLE>
```

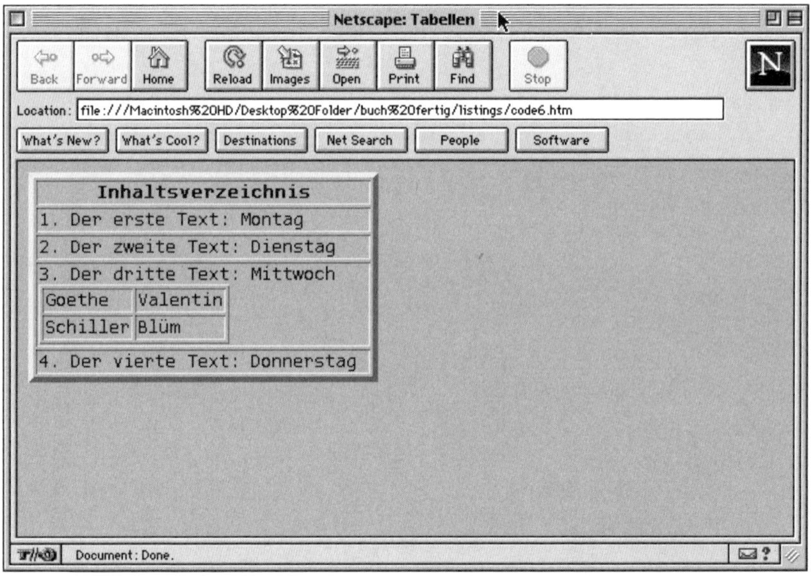

Bild 3.6: Die verschiedenen BORDER-Stärken haben keine Abstufung im Aussehen erzeugt.

```
A   <TABLE BORDER=4>
      <TR>
```

Wir eröffnen die erste Tabelle und geben ihrem Rand im Gegensatz zur folgenden Tabelle eine Pixelbreite von 4, damit sich der Tabellenrand hier deutlich von der darin verschachtelten Tabelle abhebt.

```
B   <TH>
```

Wie schon im letzten Kapitel angedeutet, erzeugen wir die Formatierung der Überschrift durch diesen Tag.

```
C   3. Der dritte Text: Mittwoch<BR>
```

Die Zelle, in der die zweite Tabelle erzeugt werden soll, beginnt in der üblichen Art und Weise mit dem Text, wechselt mit einem *
*-Tag die Zeile und kann nun auch problemlos die zweite Tabelle aufnehmen.

```
D   <TABLE BORDER=1>
      <TR>
```

Mit einer Breite von 1 am Rand eröffnen wir die zweite Tabelle und verfahren in der üblichen Art und Weise, indem wir zuerst eine Reihe eröffnen, in die dann die Zellen eingefügt werden. Aber wie wir schon gesehen haben: Der BORDER-Wert wird von der weiter oben eingestellten Tabelle deutlich abgehoben, da hier ein kleinerer Wert die Tabelle auch in der Hierarchie darunter erscheinen lässt.

```
E   <TD>
    Goethe
```

Da wir die Autorennamen zweispaltig einfügen wollen, fügen wir nun die erste Zelle der ersten Spalte ein. Dann schließen wir diese Zelle wieder.

```
F   <TD>
    Valentin<BR>
    </TD>
  </TR>
```

Jetzt öffnen wir die zweite Zelle in der ersten Spalte, schreiben hier den betreffenden Autoren hinein und schließen die Zelle wieder. Danach schließen wir auch die erste Reihe der Tabelle.

```
G              <TR>
                 <TD>
                 Schiller<BR>
                 </TD>
```

Wir eröffnen die zweite Reihe und darin die erste Zelle. Das Verfahren läuft hier parallel zur vorherigen Reihe.

```
H          </TABLE>
```

Nach diesen vier Zelleneinträgen schließen wir diese Tabelle ab und fahren wie gewohnt in der ersten Tabelle weiter, die wir noch offen haben.

ACHTUNG

Solche Fälle sind nicht sehr häufig anzutreffen, wenn Sie sich auf eine strukturierte Form der Datendarstellung festlegen, aber Sie werden im nächsten Kapitel sehen, wie praktisch solche Verschachtelungen sein können, um ganz spezielle Fälle in der Darstellung auf HTML-Seiten zu lösen.

Wenn Sie für sich selbst einmal versuchen, Tabellen anzulegen, die in einer Reihe z.B. vier und in der anderen Reihe vielleicht sechs Zellen enthalten sollen, dann werden Sie schnell merken, dass irgend etwas nicht stimmt. Die meisten Browser können trotz einer sauber abgeschlossenen Reihe diese Tabelle nicht so darstellen, wie Sie das gerne hätten. Immer wieder gerät die Position der Zelleninhalte durcheinander, und es entstehen die merkwürdigsten Effekte.

Einfache Abhilfe schafft der Trick, bei jeder neuen Zellenzahl eine neue unsichtbare Tabelle anzulegen. So können Sie auch komplexe Änderungen der Daten-Cluster leicht darstellen. Ein einfaches Beispiel wäre hier (zur Verdeutlichung habe ich die BORDER-Stärken eingebaut; probieren Sie dieses Beispiel mit einem BORDER-Wert von 0):

```
<TABLE BORDER=1>
   <TR>
      <TD>
      1 Zelle
      </TD>
   </TR>
</TABLE>

<TABLE BORDER=4>
   <TR>
      <TD>
      1 Zelle
      </TD>
      <TD>
      2 Zellen
      </TD>
   </TR>
</TABLE>
```

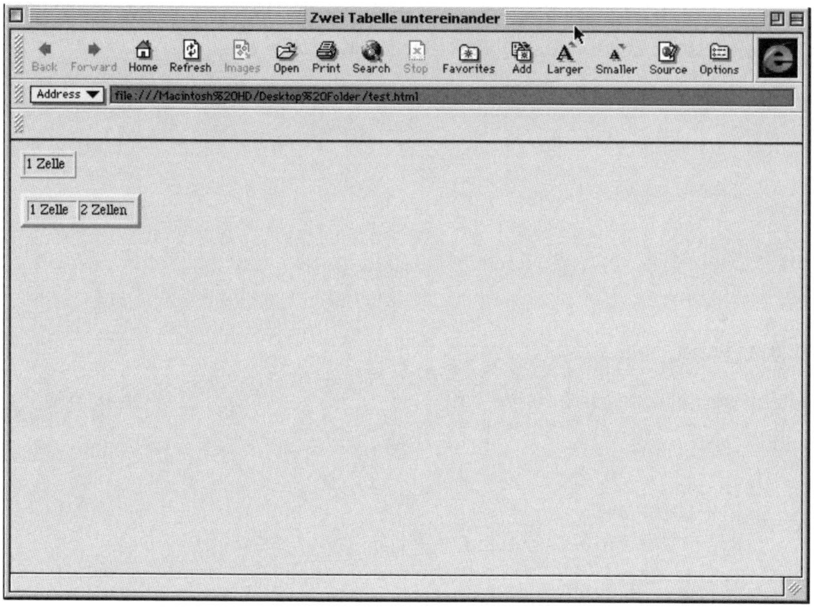

Bild 3.7: Jede Reihe kann so eine in sich geschlossene Tabelle darstellen.

Kein Problem für einen Browser. Theoretisch können Sie so unendlich viele Tabellen untereinander stellen. Aber wenn Sie die Tabellenränder nun wieder mit dem *BORDER*-Tag einschalten, werden Sie sehen, wie unschön die Ränder durch den neuen Tabellenbeginn doppelt dargestellt werden.

HTML hat deshalb eine andere Variante zu bieten, die aber Konzentration in der Programmierung verlangt, vor allem dann, wenn man diese Tags auch noch untereinander mischt. Diese Tags sollen die Tabellenzellen dann in ihrer Größe strecken, wenn in einer anderen Tabellenreihe mehr Zellen vorkommen.

Der Tag, um eine Zelle in ihrer Breite zu verdoppeln, lautet:

```
<TD COLSPAN=2></TD>
```

Der Tag, um eine Zelle in ihrer Höhe zu verdoppeln, lautet:

```
<TD ROWSPAN=2></TD>
```

Diese Tags sind dazu da, fehlende Zellen, die durch eine geringere Zellenzahl in einer Reihe entstehen, auszugleichen. Das ist am Anfang ein wenig heikel und fehleranfällig in der Programmierung, aber wenn man sich einmal in Ruhe eine solche Tabelle aufbaut, wird das Prinzip schnell klar.

Wir haben uns vorgenommen, eine Tabelle zu schreiben, die in der ersten Reihe eine und in der zweiten Reihe zwei Zellen besitzt. Wenn Sie so eine

Aufgabe vor sich haben, dann beginnen Sie am besten immer mit der Reihe, die die meisten Zellen besitzt, also hier mit der zweiten:

```
<TABLE BORDER=1>
   <TR>
      <TD>
      </TD>

      <TD>
      </TD>
   </TR>
</TABLE>
```

Jetzt fügen wir die erste Reihe ein:

```
<TABLE BORDER=1>
   <TR>
      <TD COLSPAN=2>
      Hier läuft die Zelle auf der ganzen
      Tabellenbreite
      </TD>
   </TR>

   <TR>
      <TD>
      Eine Zelle
      </TD>

      <TD>
      Zwei Zellen
      </TD>
   </TR>
</TABLE>
```

Sie sehen: Obwohl hier eine Zelle in der ersten Reihe angelegt wird, sagt der *COLSPAN*-Untertag dem Browser durch die Zahl 2, dass diese Zelle die Länge der zwei Zellen in der zweiten Reihe besitzt. Auf diese Weise kann hier nichts schiefgehen.

Diesen Fall können wir auch in der Senkrechten durchspielen. Wenn Sie eine Tabelle mit drei Reihen haben, in denen immer drei Zellen vorkommen, ist das für Sie inzwischen ein Standardfall.

Wir möchten aber noch, dass die Zelle eins der Reihe eins sich über die Zelle eins der Reihe zwei legt. Beginnen wir wieder mit dem leichtesten Fall, der Reihe drei, in der sich keine Änderung ergibt.

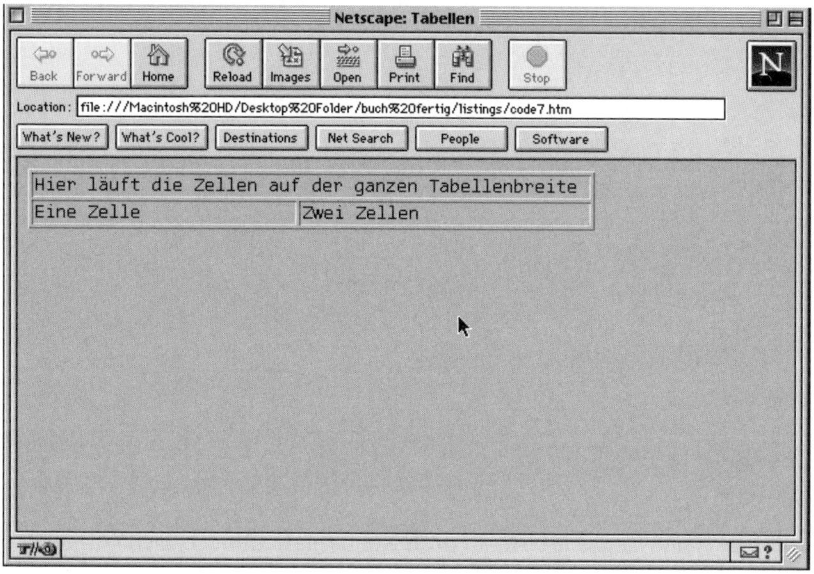

Bild 3.8: Die eine Zelle der ersten Reihe dehnt sich mühelos aus.

```
<TABLE BORDER=1>
   <TR>
      <TD>
      </TD>

      <TD>
      </TD>

      <TD>
      </TD>
   <TR>
</TABLE>
```

Jetzt wollen wir dem Browser sagen, dass sich die ersten Zellen der Reihen eins und zwei überlagern sollen.

Dazu geben wir zuerst die Reihe ein, deren Zelle eins später dominieren soll, also die Reihe eins.

```
<TABLE BORDER=1>
   <TR>
      <TD ROWSPAN=2>
      </TD>

      <TD>
```

```
    </TD>

    <TD>
    </TD>
  </TR>
  <TR>
    <TD>
    </TD>

    <TD>
    </TD>

    <TD>
    </TD>
  <TR>
</TABLE>
```

In dieser Reihe hat sich bis auf den Rowspan-Befehl noch nichts Spannendes ereignet. Jetzt steht es allerdings an, die zweite Reihe zu schreiben, deren erste Zelle ja verdeckt sein soll.

Und die Syntax dazu ist denkbar logisch: Da die erste Zelle in der ersten Reihe hier schon Platz genommen hat, wird diese Zelle in der zweiten Reihe einfach ausgespart. Der Code sieht also aus wie folgt:

```
<TABLE BORDER=1>
  <TR>
    <TD ROWSPAN=2>
    Erste Reihe, erste(!) Zelle
    </TD>

    <TD>
    Erste Reihe, zweite Zelle
    </TD>

    <TD>
    Erste Reihe, dritte Zelle
    </TD>
  </TR>

  <TR>
    <TD>
    Zweite Reihe, zweite(!) Zelle
    </TD>
```

```
    <TD>
    Zweite Reihe, dritte Zelle
    </TD>
  </TR>

  <TR>
    <TD>
    Dritte Reihe, erste Zelle
    </TD>

    <TD>
    Dritte Reihe, zweite Zelle
    </TD>

    <TD>
    Dritte Reihe, dritte Zelle
    </TD>
  <TR>
</TABLE>
```

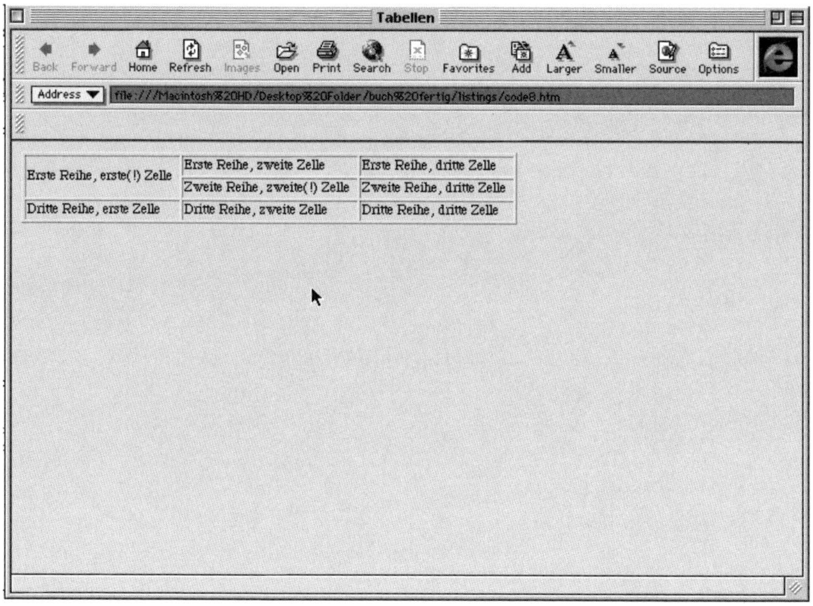

Bild 3.9: Schon haben wir auch senkrecht eine Zelle überbrückt.

Hier ist einfach stufenweises Programmieren angesagt. Das spart Hirnschmalz. Trotzdem oder gerade deshalb wollen wir uns jetzt einmal so richtig plagen und alle diese Verschachtelungen in einem einzigen File ausprobieren.

Nehmen Sie wieder unser Textbeispiel, und fügen Sie die Überschrift links vom gesamten Zellentext in eine eigene Spalte ein. Der Donnerstag sollte zudem noch eine rechte Zelle haben, in die Sie »danach: Pause« als Text einfügen. Eine kleine Sonderaufgabe gilt es auch noch zu lösen: Bitte verlinken Sie die Wochentage auf die Files »01.htm«, »02.htm«, »03.htm« und »04.htm«.

```
A   <TABLE BORDER=2>

      <TR>
B        <TD ROWSPAN=4>
         <B>Inhaltsverzeichnis</B>
         </TD>

C        <TD COLSPAN=2>
      1. Der erste Text: <A HREF=01.htm>Montag</A>
         </TD>
      </TR>

      <TR>
         <TD COLSPAN=2>
      2. Der zweite Text: <A HREF=02.htm>Dienstag</A>
         </TD>
      </TR>

      <TR>
         <TD COLSPAN=2>
     3. Der dritte Text: <A HREF=03.htm>Mittwoch</A><BR>
D         <TABLE BORDER=1>
            <TR>
               <TD>
               Goethe<BR>
               </TD>

               <TD>
               Valentin<BR>
               </TD>
            </TR>
```

```
            <TR>
               <TD>
               Goethe<BR>
               </TD>

               <TD>
               Valentin<BR>
               </TD>
            </TR>
         </TABLE>
         </TD>
      </TR>

      <TR>
         <TD>
   4. Der vierte Text: <A HREF=04.htm>Donnerstag</A>
         </TD>

E        <TD>
         Danach: Pause
         </TD>
      </TR>
   </TABLE>
```

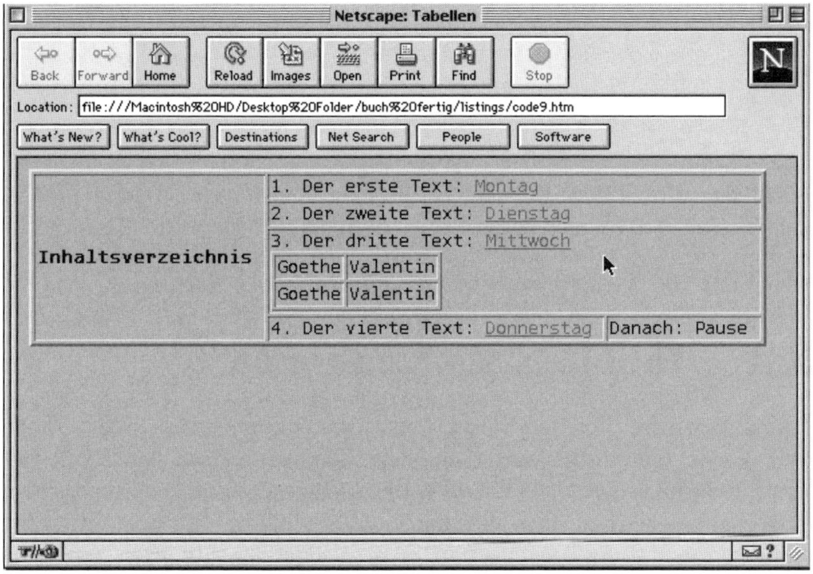

Bild 3.10: Na? War's schwer?

```
A    <TABLE BORDER=2>
```

Wir beginnen wieder mit einer Tabelle, deren Rand zwei Pixel stark ist:

```
        <TR>
B           <TD ROWSPAN=4>
            <B>Inhaltsverzeichnis</B>
            </TD>
```

Hier fügen wir die Zelle ein, die den Überschriftstext enthalten soll. Da sich diese Zelle auf alle vier Reihen der oberen Tabelle beziehen soll, besitzt der ROWSPAN-Tag den Wert 4.

```
C           <TD COLSPAN=2>
            1. Der erste Text: <A HREF=01.htm>Montag</A>
            </TD>
```

Die nächste Klippe: Wir setzen den COLSPAN-Wert jetzt auf 2, da bis auf die letzte Reihe alle Reihen der oberen Tabelle eigentlich nur eine eigene Zelle haben. Und genau wegen dieses Rowspan-Befehls können wir in der Folge die erste Zelle der Reihen weglassen und gleich mit der zweiten beginnen, die den bereits gewohnten Text enthält. Nicht vergessen: Verlinken Sie die Wochentage wie verlangt.

```
D           <TABLE BORDER=1>
```

Und wieder beginnen wir damit, die Autorennamen in einer eigenen Tabelle zu schachteln. Der BORDER-Wert liegt wieder bei 1, um eine Untertabelle zu signalisieren.

```
E           <TD>
            Danach: Pause
            </TD>
```

Jetzt fügen wir die Zelle mit dem neuen Text einfach dazu. In dieser vierten Reihe lassen wird deshalb den COLSPAN-Befehl einfach weg.

Uff, geschafft. ;-))

3.4 Tabellen als Spaltensatz

Sie haben sicher schon den Verdacht, dass das Aufziehen von Tabellen auch dazu dienen könnte, Spaltensatz auf den Webseiten zu simulieren. Mit diesem Verdacht liegen Sie richtig. Webdesigner nutzen die differenzierten Möglichkeiten solcher auch ineinander verschachtelter Tabellen, um selbst »unmögliche« Layouts umzusetzen. Als Webdesigner besitzen Sie sehr schnell ein inneres Auge, das eine umzusetzende Optik in senkrechte und waagerechte Tabellenraster trennt und Ihnen eine Ahnung gibt, wie Sie die Tabelle aufziehen müssen, um diesen Anforderungen zu entsprechen. Nun werden Sie zu Recht sagen, dass es von den Tabellen der letzten Übung bis zu einem wirklichen Satzspiegel noch zwei Hinderungsgründe geben könnte. Zum einen müssen die »*TABLE*«-Tags unsichtbar sein. Aber das kennen wir bereits. Alle Spaltensatz-Layouts beginnen einfach mit einem *BORDER=0*-Tag oder lassen diese Angabe einfach weg (Ersteres ist im Hinblick auf all die verschiedenen Browser einfach sicherer).

Der zweite Einwand ist aber viel schwerwiegender: Wir haben durch die bisherigen Übungen ja bereits gesehen, dass Tabellen je nach Textinhalt verschiedene Zellengrößen annehmen können. Dieses eigentlich sehr nützliche Feature von HTML stört uns, wenn wir Spaltensatz über diese Tags aufbauen wollen. Hier darf sich dann nichts mehr ändern (mehr dazu in den folgenden Kapiteln).

Browser wie Netscape »Navigator« oder der Microsoft »Explorer« sehen aber hier eine einfache Möglichkeit vor, die Spaltenhöhe und -breite vorzugeben. Folgende Tabelle:

```
<TABLE BORDER=0 WIDTH=200 HEIGHT=300>
   <TR>
      <TD>
      </TD>
   </TR>
</TABLE>
```

besitzt eine Höhe von 300 Pixeln und eine Breite von 200 Pixeln. Wir kennen diese Tags bereits von den <*HR*>-Tags, also eher alte Bekannte, die uns hier wieder weiterhelfen. Und wie auch beim ersten Mal können diese Höhen- und Breitenangaben in Prozentzahlen des Bildschirms ausgedrückt werden, was vor allem Webdesignern, die mit dem Goldenen Schnitt arbeiten möchten, sehr helfen kann.

Wenn nur eine der Zellen eine gewisse Höhe oder Breite haben soll, dann müssen diese beiden Untertags in einen Zellen-Tag mit hineingeschrieben werden. Eine Tabellenzelle, die also 20 Prozent des Bildschirms breit sein soll und 30 Pixel hoch, wird mit folgender Syntax fixiert:

```
<TABLE BORDER=0>
   <TR>
      <TD WIDTH=20% HEIGHT=30>
      </TD>
      <TD>
      </TD>
   </TR>
</TABLE>
```

Durch diese Fixierung werden wir mit zwei Effekten konfrontiert, die durch zu kleine Fenster oder zu klein eingestellte Tabellenhöhen entstehen können. Reicht die Breite einer Tabelle jetzt über die eines Fensters hinaus, so addiert der Browser hier automatisch einen waagerechten Scrollbalken, um sich im Fenster bis an den rechten Rand bewegen zu können. Das gilt nur für absolute Angaben, denn bei Prozentangaben, die NIE (!) über 100 Prozent hinausgehen, wird das Fenster ja immer groß genug sein. Zum anderen kann es passieren, dass die angegebene HEIGHT-Pixelzahl eigentlich nicht ausreicht, um sich wirklich genügend Platz für den Zelleninhalt zu reservieren. In diesem Fall bricht der Browser die Höheneinstellung selbständig auf, oder er schluckt Text. Erfahrene Webdesigner werden deshalb nur in einem bestimmten Fall die Höhe wirklich angeben: wenn sie Bilder in eine Zelle kopieren, aber dazu kommen wir später noch.

Wir haben im letzten Kapitel einen Index aufgebaut, der vier Links besitzt, und genau diese vier Files mit verschiedenen Spaltenlayouts wollen wir jetzt herstellen. Nehmen wir einfach an, dass Sie diesen Index benötigt haben, um auf Ihrer Website eine Sammlung von Artikeln zu verlinken, die in ihrem jeweiligen Layout belassen werden sollen. Deshalb sollen die vier Texte auf vier verschiedenen Layoutseiten verteilt werden.

`01.htm`	Text links mit großem Rand rechts
`02.htm`	Text mittig mit Rand links und rechts
`03.htm`	Text rechts mit großem Rand links
`04.htm`	Überschriften weiter links als der Text

Bei all diesen vier Typen soll es zwei gemeinsame Vielfache geben: Der Text soll erst nach 10 Prozent des Bildschirms anfangen, und am Ende soll ein Link zurück zum Index existieren.

Spielen wir das File »01.htm« einmal durch (siehe Lösung am Ende des Kapitels).

Für alle diese Files gilt: Sie öffnen in einem HTML-File eine Tabelle.

```
<TABLE BORDER=0 WIDTH=95% HEIGHT=10%>
   <TR>
      <TD>
      <BR>
      </TD>
   </TR>
</TABLE>
```

Wie Sie sehen, dient diese Tabelle ohne einen Textinhalt dazu, 10 Prozent des Bildschirms zu bedecken und leer zu lassen. Das war es schon. So erzeugen Sie sicheren Leerraum und sorgen dafür, dass Ihr Layout nicht an den oberen Rand des Bildschirms geklatscht wird. Die Breite von 95 Prozent wählen wir leicht unter der tatsächlichen Breite des Bildschirms von logischerweise 100 Prozent. Manche Browser reagieren so besser. Genau aus dem gleichen Grund geben wir einen *
*-Tag in der Zelle an, weil wir bei manchen Browsern sonst keine Reaktion auf unsere Tabelle erreichen. Sie sind so programmiert, dass leere Tabellen keine Relevanz haben und deshalb nicht dargestellt werden.

Nach dem Layout werden wir dann einfach noch einen Link zurück zum Index bauen:

```
<A HREF=inhalt.htm>zurück</A>
```

In dieses Gerüst fügen wir jetzt jeweils die passenden Layouts ein und speichern das so gewonnene File unter dem passenden Namen ab.

01.htm Text links mit großem Rand rechts

```
<TABLE BORDER=0>
   <TR>
      <TD WIDTH=200>
Hier steht der beliebig lange Text des Artikels.
Hier steht der beliebig lange Text des Artikels.
Hier steht der beliebig lange Text des Artikels.
Hier steht der beliebig lange Text des Artikels.
Hier steht der beliebig lange Text des Artikels.
Hier steht der beliebig lange Text des Artikels.
Hier steht der beliebig lange Text des Artikels.
Hier steht der beliebig lange Text des Artikels.
Hier steht der beliebig lange Text des Artikels.
Hier steht der beliebig lange Text des Artikels.
Hier steht der beliebig lange Text des Artikels.
Hier steht der beliebig lange Text des Artikels.
      </TD>

      <TD>
      </TD>
   </TR>
</TABLE>
```

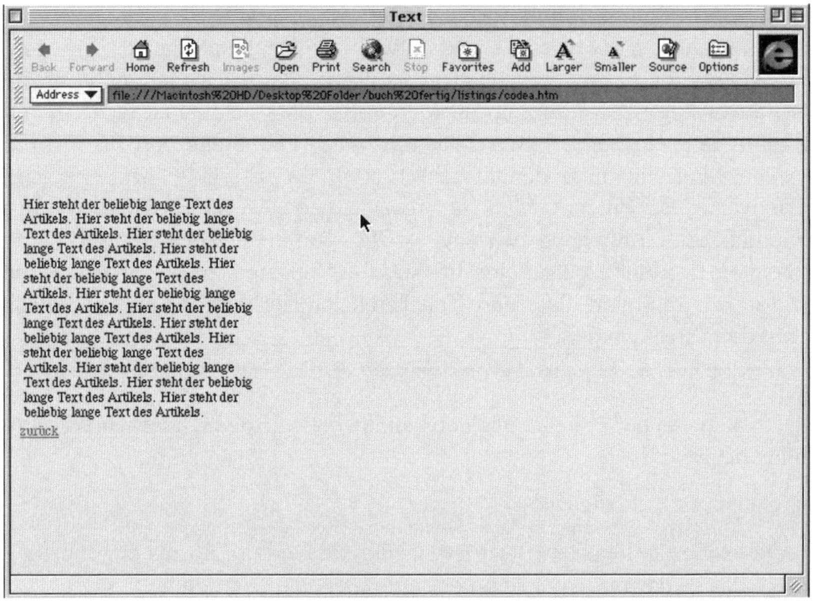

Bild 3.11: Endlich haben wir den Text in eine Spalte gegossen.

Hier habe ich zwei Tabellenzellen als Spalten aufgezogen, deren linke den Text beinhalten wird. Da ich eine Weite von 200 Pixeln zugeteilt habe, wird die rechte Spalte das restliche Fenster ausfüllen und sich je nach Fenstergröße dynamisch verhalten. Es fehlt eine Höhenangabe, weil hier ein Text zu sehen sein wird, dessen Ausdehnung ich durch die Features des Browsers nicht exakt sehen kann. Deshalb lasse ich die Tabelle nach unten hin ihre Tiefe selbst dynamisch generieren.

02.htm Text mittig mit Rand links und rechts

```
<TABLE BORDER=0>
   <TR>
      <TD WIDTH=30%>
         <BR>
      </TD>

      <TD WIDTH=200>
Hier steht der beliebig lange Text des Artikels.
Hier steht der beliebig lange Text des Artikels.
Hier steht der beliebig lange Text des Artikels.
Hier steht der beliebig lange Text des Artikels.
Hier steht der beliebig lange Text des Artikels.
Hier steht der beliebig lange Text des Artikels.
```

```
Hier steht der beliebig lange Text des Artikels.
Hier steht der beliebig lange Text des Artikels.
      </TD>

      <TD>
      </TD>
   </TR>
</TABLE>
```

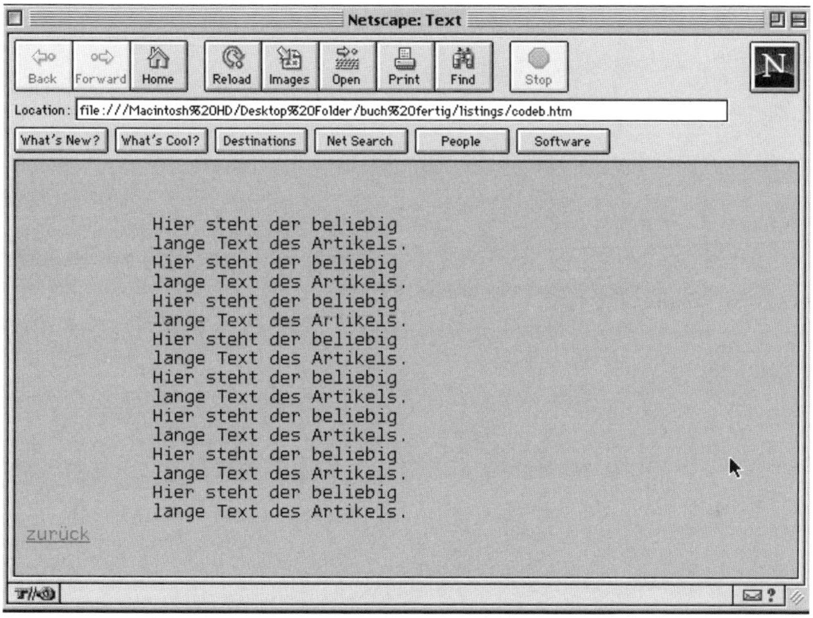

Bild 3.12: Jetzt rückt die Textspalte um ein Drittel der Seite nach rechts.

Auch hier lege ich eine Tabelle an, deren Textzelle eine Weite von 200 Pixeln erhält und sich die Tiefe je nach Textinhalt selbst dynamisch einstellt. Da wir links und rechts einen Rand haben wollten, arbeite ich eine dreispaltige Tabelle aus, deren linke und rechte Zelle leer bleibt. Allerdings muss ich hier einen Kompromiss schließen, denn nur die rechte Zelle gleicht sich selbständig an. Die linke braucht ebenfalls eine Weitenangabe (hier in 30 Prozent, also in einem Drittel des Bildschirms ausgedrückt) und einen *
*-Tag, damit die Zelle vom Browser nicht als leer und damit als nicht darzustellen definiert wird.

03.htm Text rechts mit großem Rand links

```
<TABLE BORDER=0>
   <TR>
```

```
        <TD WIDTH=400>
        <BR>
        </TD>

        <TD WIDTH=200>
Hier steht der beliebig lange Text des Artikels.
Hier steht der beliebig lange Text des Artikels.
Hier steht der beliebig lange Text des Artikels.
Hier steht der beliebig lange Text des Artikels.
Hier steht der beliebig lange Text des Artikels.

        </TD>
    </TR>
</TABLE>
```

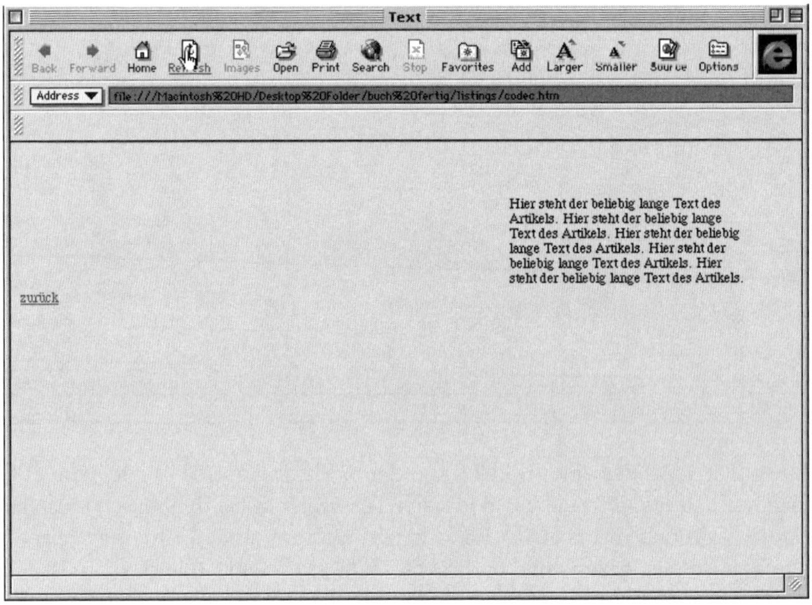

Bild 3.13: Hier steht der Text rechts im Bild.

Jetzt schaffen wir uns über eine leere Zelle, die 400 Pixel breit ist, Platz. Danach soll die rechte Zelle mit 200 Pixeln Breite erscheinen. 600 Pixel sind eine Standardbreite für einen 15"-Bildschirm, auf dem das Browserfenster ganz geöffnet ist. Eigentlich beträgt die maximale Breite hier 640 Pixel, aber das Browserfenster und ein eventuell auftauchender senkrechter Scrollbalken brauchen ja auch noch etwas Platz.

04.htm Überschriften weiter links als der Text

Fieserweise sollen Sie jetzt die spannendste Aufgabe lösen. Versuchen Sie, mit dem Wissen der letzten Kapitel eine Lösung zu finden, die die Überschriften größer darstellt als den Fließtext und weiter links im Spaltensatz ansetzt. Nutzen Sie dabei keine Listen oder Blockquotes. Gestalten Sie die Textspalte wieder 200 Pixel weit.

```
   <TABLE BORDER=0>
      <TR>
A            <TD COLSPAN=2>
   <FONT SIZE=5>Dies ist die &Uuml;berschrift</FONT>
         </TD>
      </TR>

      <TR>
B        <TD WIDTH=400>
         <BR>
         </TD>

C        <TD WIDTH=200>
   Hier steht der beliebig lange Text des Artikels.
         </TD>
      </TR>
   </TABLE>
```

```
A        <TD COLSPAN=2>
   <FONT SIZE=5>Dies ist die &Uuml;berschrift</FONT>
         </TD>
```

Nachdem wir in der üblichen Art und Weise eine Tabelle eröffnet haben, setzen wir die Überschriftenspalte ganz links an und lassen sie mit dem COLSPAN-Befehl bis an den rechten Rand der Tabelle laufen. Damit die Schrift noch ein wenig größer dargestellt wird, wählen wir die Fontgröße 5.

```
B        <TD WIDTH=400>
         <BR>
         </TD>
```

Hier ist der Knackpunkt des Ganzen: Wir eröffnen dann eine neue Reihe und bauen hier erst einmal eine leere Zelle ein, die den Abstand des Fließtextes erzeugt. Ich habe hier 400 Pixel Abstand vom linken Rand genommen. Sie können aber je nach Geschmack mehr oder weniger wählen.

```
C        <TD WIDTH=200>
   Hier steht der beliebig lange Text des Artikels.
         </TD>
```

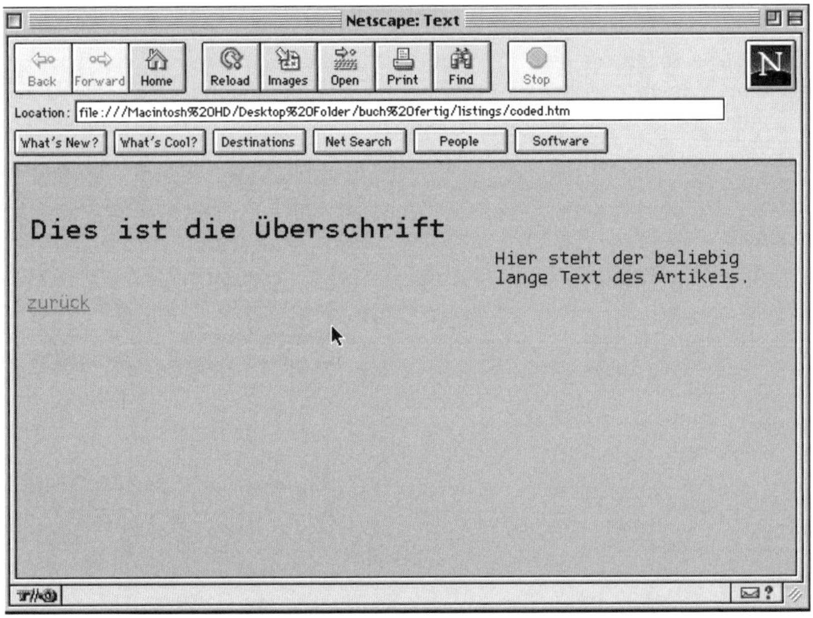

Bild 3.14: Ungewöhnlich, aber möglich: springender Schriftsatz.

Daran schließt nun die rechte Tabellenzelle mit dem Text in einer Pixelbreite von 200 an. Fertig.

In diesem Kapitel haben wir nun vier verschiedene Layouttypen kennengelernt, die Sie alle nach Belieben modifizieren können. Denkbar sind ja auch mehrspaltige Texte mit verschieden breiten Abständen (= Leerspalten!) zwischen den Textspalten.

ACHTUNG

Bei mehrspaltigen Texten müssen Sie berücksichtigen, dass Sie diese Spalten nicht miteinander verketten können. Es ist also keine Automatik wie z.B. bei Quark Xpress und ähnlichen DTP-Programmen machbar, die den Text am Ende einer Spalte zu Beginn der nächsten Spalte weiterfließen lässt.

3.4.1 Textstand in den Tabellen

Wenn wir noch einmal zu unserem Beispiel zurückgehen, dann haben wir im Index ja für den Mittwoch einen besonderen Fall vorgesehen, in dem vier Autoren genannt werden. Würden wir also eine Tabelle mit vier verschieden langen Texten dieser vier Autoren aufziehen, sähe die Syntax logischerweise wie folgt aus:

```
<TABLE BORDER=0>
   <TR>
      <TD WIDTH=10%>
      <BR>
      </TD>

      <TD WIDTH=200>
Hier steht der 1. Text
      </TD>

      <TD WIDTH=10%>
      <BR>
      </TD>

      <TD WIDTH=200>
Hier steht der 2. Text
      </TD>
   </TR>

   <TR>
      <TD WIDTH=10%>
      <BR>
      </TD>

      <TD WIDTH=200>
Hier steht der 3. Text
      </TD>

      <TD WIDTH=10%>
      <BR>
      </TD>

      <TD WIDTH=200>
Hier steht der 4. Text
      </TD>
   </TR>
</TABLE>
```

Mit Zwischenspalten von 10 Prozent des Bildschirms an Breite habe ich tadellose vier Zellen für die Texte aufgebaut. Scheinbar alles in Ordnung. Wenn Sie jetzt aber probeweise verschieden lange Texte in die Zellen eingeben, dann stehen wir vor einem Problem, das alle Webdesigner zur Genüge kennen: HTML richtet den Zelleninhalt mittig in der Senkrechten ein.

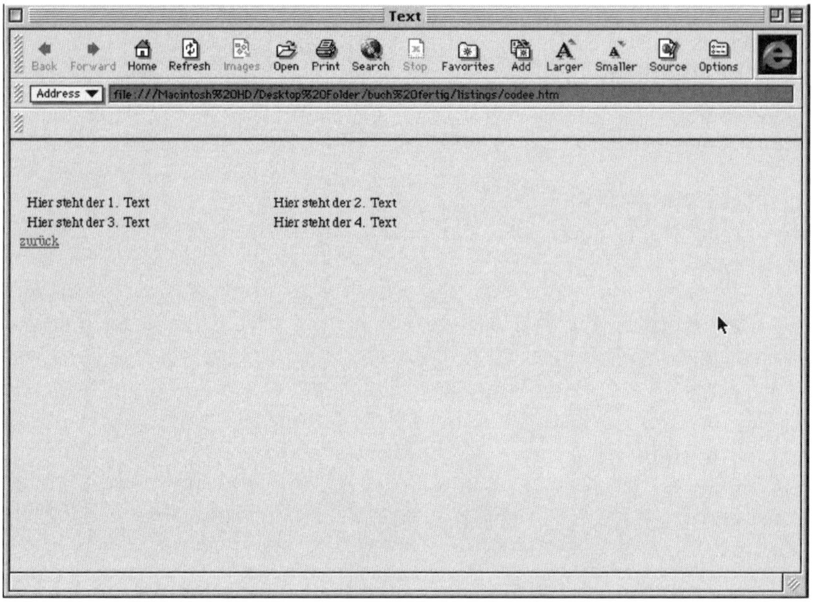

Bild 3.15: Hier haben wir Leerspalten eingefügt.

Was bei »richtigen« Tabellen absolut sinnvoll ist, stört hier im Fall des nachempfundenen Spaltensatzes. Netscape und Microsoft haben sich deshalb auf Untertags geeinigt, die den Text genauer in den Zellen plazieren lässt.

Zuerst schauen wir uns die Waagerechte an.

`ALIGN=left`	(Der Text wird linksbündig zur Zelle dargestellt)
`ALIGN=center`	(Der Text wird mittig in der Zelle dargestellt)
`ALIGN=right`	(Der Text wird rechtsbündig zur Zelle dargestellt)
`VALIGN=top`	(Der Text wird links oben in der Zelle begonnen)
`VALIGN=middle`	(Der Text wird in der Zelle zentriert)
`VALIGN=bottom`	(Der Text wird rechts unten in der Zelle ausgerichtet)

Der *<BLOCKQUOTE>*-Tag wäre zudem noch eine zusätzliche Hilfe, aber wir können uns diese Hilfskrücke mit zwei weiteren Untertags ersparen, wenn sich das Einrücken auf ganze Tabellen beziehen soll. Mit einer Einstellung von z.B.

```
<TABLE BORDER=0 CELLSPACING=5   CELLPADDING=2>
```

rückt der Inhalt innerhalb der Zellen jetzt fünf Pixel weg, und die Breite der Abstände zwischen (!) den Zellenumrandungen ist hier zwei Pixel.

Zugegebenermaßen werden im Spaltensatz diese letzten beiden Untertags selten benutzt. Allerdings sollten Sie CELLPADDING und CELLSPACING möglichst immer auf »0« oder »-1« stellen, um optische Anschlüsse sauber zu generieren, auch dann, wenn Sie eigentlich »nur normale« Tabellen erstellen wollen.

Es ist ratsam, die *<ALIGN>* bzw. */<VALIGN>*-Tags jeweils pro Zelle einzeln einzugeben. Durch ein »ALIGN=left« im *<TABLE>*-Tag rückt die Tabelle sonst links des Textes, der nach der Tabelle folgt. Analog dazu verhält es sich mit »ALIGN=right« innerhalb des *<TABLE>*-Tags.

Nehmen Sie das eben vorgeführte Tabellenbeispiel mit den vier Textzellen, und richten Sie es wie folgt aus. Die erste Zelle lassen Sie in der Standardeinstellung. Die zweite Zelle lassen Sie mit zentriertem Text in der Mitte ausrichten, der Text der dritten Zelle soll linksbündig oben links beginnen, der der rechten unten rechts enden. Die Zellen sollten alle fünf Pixel voneinander entfernt sein und innerhalb der Zelle zwei Pixel Abstand zum Rand erzeugen. Ein Tip: Benutzen Sie verschieden lange Texte, dann sehen Sie die Ergebnisse klarer.

```
A   <TABLE BORDER=0 CELLPADDING=5 CELLSPACING=2>
      <TR>
         <TD WIDTH=10%>
         <BR>
         </TD>

B        <TD WIDTH=200>
   Hier steht der 1. Text.
   Hier steht der 1. Text.
   Hier steht der 1. Text.
   Hier steht der 1. Text.
   Hier steht der 1. Text.
   Hier steht der 1. Text.
   Hier steht der 1. Text.
   Hier steht der 1. Text.
   Hier steht der 1. Text.
   Hier steht der 1. Text.
         </TD>
         <TD WIDTH=10%>
         <BR>
```

```
         </TD>

C        <TD WIDTH=200 ALIGN=center VALIGN=middle>
   Hier steht der 2. Text.
   Hier steht der 2. Text.
   Hier steht der 2. Text.
         </TD>
      </TR>

      <TR>
         <TD WIDTH=10%>
         <BR>
         </TD>

D        <TD WIDTH=200 ALIGN=left VALIGN=top>
   Hier steht der 3. Text.
   Hier steht der 3. Text.
   Hier steht der 3. Text.
   Hier steht der 3. Text.
   Hier steht der 3. Text.
         </TD>

         <TD WIDTH=10%>
         <BR>
         </TD>

E        <TD WIDTH=200 ALIGN=right VALIGN=bottom>
   Hier steht der 4. Text. Sehr kurz.
         </TD>
      </TR>
   </TABLE>
```

```
A   <TABLE BORDER=0 CELLPADDING=5 CELLSPACING=2>
```

Wir eröffnen die Tabelle, indem wir die Angaben über CELLPADDING und CELLSPACING einfügen. Geben Sie dem *<BORDER>*-Tag einmal einen höheren Wert, dann werden Sie besser sehen können, was diese beiden Untertags auslösen.

```
B   <TD WIDTH=200>
   Hier steht der 1. Text
         </TD>
```

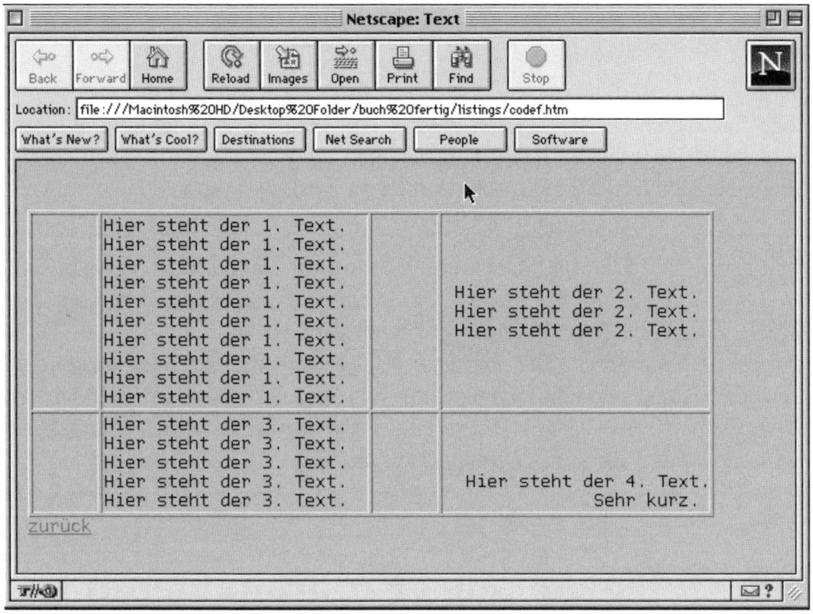

Bild 3.16: Zur besseren Übersicht steht der BORDER-Wert auf 1.

Da wir die Standardeinstellungen des Browsers noch einmal sehen wollen, ändern wir hier nichts. Der Text wird automatisch mittig und linksbündig in der Zelle plaziert. Experimentieren Sie in allen Zellen mit verschieden langen Texten, dann werden Sie sehen, wie stark solche Ausrichtungen im Gesamtbild Auswirkungen haben können.

```
C       <TD WIDTH=200 ALIGN=center VALIGN=middle>
   Hier steht der 2. Text
        </TD>
```

Hier haben wir den Text zentriert und auf jeden Fall mittig gestellt. Die verschiedenen Parameter für die Zentrierung können hier leicht zu Verwirrungen führen; deshalb empfiehlt sich hier aufmerksamstes Programmieren.

```
D       <TD WIDTH=200 ALIGN=left VALIGN=top>
   Hier steht der 3. Text
        </TD>
```

Dieser Text ist linksbündig ausgerichtet und beginnt immer links oben in der Zelle. Diese Werte, von denen der ALIGN-Tag bereits standardmäßig durch die Browser geleistet wird, kommt bei der Umsetzung von Spaltensatz über Tabellen am meisten zum Einsatz.

```
E       <TD WIDTH=200 ALIGN=right VALIGN=bottom>
   Hier steht der 4. Text
        </TD>
```

Rechtsbündig und an der untersten Linie der Zelle ausgerichtet kommt dieser Text daher. Um diese Effekte wirklich gut sehen zu können, sollten Sie in den verschiedenen Zellen verschieden lange Texte verwenden.

MERKSATZ

Mit diesen vier Fällen kann schon eine Menge an Layout über Tabellenspalten umgesetzt werden. Bei aller Euphorie sollten Sie aber nie vergessen, dass HTML ursprünglich nicht dazu gedacht war, perfekte Layouts in DTP-Manier zu generieren. Die Erwartungen sollten nicht zu hochgeschraubt sein, was eine pixelgenaue Umsetzung betrifft, auch wenn wir im nächsten Kapitel sehen werden, dass es durchaus Möglichkeiten gibt, die einzelnen Elemente einer Tabelle noch genauer zu plazieren.

3.5 Pixelgenaues Programmieren + PRE

Wir sind durch die Untertags im letzten Kapitel schon sehr firm geworden, um HTML-Tabellen in einer Page möglichst genau zu positionieren. Aber immer noch sind Tabellen eine unsichere Komponente für uns, wenn es darum geht, pixelgenaue »Spalten« aufzuziehen.

Man findet in diversen Veröffentlichungen relativ wenig darüber, wie der *<TABLE>*-Tag sich hier noch ein wenig genauer positionieren lässt, aber da hilft es manchmal, den anderen Webdesignern ein wenig auf die Finger zu schauen und dort den entscheidenden Trick zu finden.

MERKSATZ

Ich kann nur immer wieder empfehlen, vor allem in der Anfangsphase mindestens eine Stunde am Tag zu surfen und sich z.B. im Netscape »Navigator« über das Menü »View -> Source« anzuschauen, wie diese Seiten aufgebaut sind. Es dauert nicht lange, und man sieht vor allem durch die automatische Einfärbung der Tags innerhalb des Browsers, wie ein Webdesigner arbeitet. Es soll übrigens auch nicht schaden, den betreffenden Designer auf seiner Seite zu nennen, wenn man durch seine Tricks einen entscheidenden Input für die eigene Arbeit bekommen hat. Das ist eine Frage der Fairness und Höflichkeit.

Um die Katze gleich aus dem Sack zu lassen: Browser von Netscape und Microsoft können hier dazu verdonnert werden, die Tabellen pixelgenau aufzuziehen, wenn man ihnen eine Art von Kreuzreferenz bietet, in der die genauen Pixelzahlen zweimal vorkommen. Selbst hier kann es in Grenzfällen bei Netscape-Produkten zu Ungenauigkeiten kommen, aber das habe ich ja schon erwähnt. Angenommen, Sie möchten zwei Reihen mit je drei Tabellenzellen pro Reihe entwerfen, die alle ein festes Quadrat von 100 Pixeln aufbauen sollen, dann erzeugen Sie diese fixen Pixelzahlen wie folgt:

```
<TABLE BORDER=0 WIDTH=300 HEIGHT=200>
  <TR>
    <TD WIDTH=100 HEIGHT=100>
    <BR>
    </TD>

    <TD WIDTH=100 HEIGHT=100>
    <BR>
    </TD>

    <TD WIDTH=100 HEIGHT=100>
    <BR>
    </TD>
  </TR>

  <TR>
    <TD WIDTH=100 HEIGHT=100>
    <BR>
    </TD>

    <TD WIDTH=100 HEIGHT=100>
    <BR>
    </TD>

    <TD WIDTH=100 HEIGHT=100>
    <BR>
    </TD>
  </TR>
</TABLE>
```

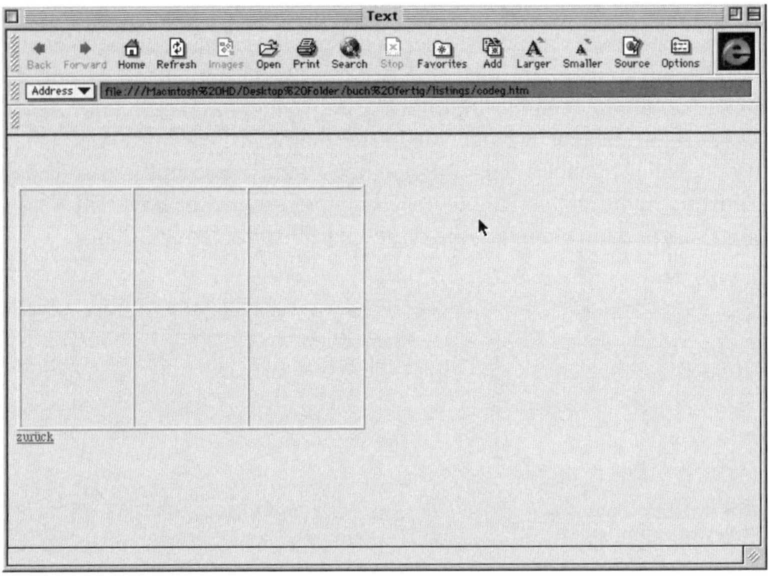

Bild 3.17: Durch die BORDER-Werte sieht man, wie fix die Tabellen sind.

Es ist schon einmal gesagt worden: Die meisten Webdesigner nutzen eine pixelgenaue Programmierung der Tabellen, um auch bei kleinen Bildschirmen eine möglichst gute Ausnutzung zu bekommen, den geforderten Satzstand auch perfekt einzuhalten und vor allem waagerechte Scrollbalken dadurch zu verhindern, dass die Tabelle möglichst in der Breite nicht über ein voll aufgezogenes Fenster auf einem 15"-Bildschirm reicht (hier stehen 640 x 480 Pixel zur Verfügung). Da auch hier Netscape und der Explorer nicht immer pixelgenau reagieren, empfehlen sich in der Breite etwa 580 Pixel. Damit ist noch genug Platz für den Fensterrand auf Windows und MAC/OS sowie einen senkrechten Scrollbalken, der sich vor allem bei textlastigen Seiten so gut wie nie verhindern lässt. Um dabei nicht alles am linken oberen Eck des Bildschirms kleben zu haben, zentrieren viele Designer die komplette Tabelle, die den Spaltensatz enthält. So kann das Layout sich bei größeren Bildschirmen von der Mitte her entfalten.

Die Summe der Pixelangaben pro Zelle muss einfach am Schluss exakt die Zahl der Pixel ergeben, die Sie im <*TABLE*>-Tag eintragen. Das ist es. Da der Browser jetzt zwei identische Summen für die Tabelle erhält, baut er sie auch exakt auf. Aber seien Sie gewarnt: Auch darauf können Sie nicht immer bauen, denn gerade Netscape ist hier in den Versionen 2.0/3.0 eher unsauber in der Programmierung.

Und außerdem können Sie sicher sein, dass auch nur ein kleiner Rechenfehler in der Summe Ihre Programmierung ordentlich durcheinander wirft.

Sollten alle genauen Positionierungen nicht helfen, dann hat HTML noch einen Tag in der Trickkiste, mit dem Sie sehr vorsichtig umgehen sollten. Er lautet:

```
<PRE></PRE>
```

Und er bedeutet, dass alle Eingaben aus dem Source-Code exakt so wiedergegeben werden, wie Sie dort stehen. Das hört sich zuerst ein wenig absurd an. Wenn Sie sich aber daran erinnern, dass Zeilenumbrüche aus dem Source-Code normalerweise nur dann angezeigt werden, wenn Sie dafür den entsprechenden Tag eingeben, und nicht mehr als ein Leerzeichen transformiert wird, dann ahnen Sie schon, was dieser Tag nun plötzlich ermöglicht. Sie können innerhalb des <*PRE*>-Tags auch mehrere Leerzeichen und einen festen Zeilenumbruch angeben. Allerdings warne ich Sie aus zwei Gründen vor einer allzu euphorischen Anwendung:

Zum einen ändert sich die Font-Art in diesem Modus so, wie Sie das schon vom <*TT*>-Tag her kennen. Der User sieht also sehr schnell, dass Sie hier in einem anderen Modus arbeiten, und das kann stören.

Des Weiteren, und das ist viel wichtiger, mag das so gewonnene Layout auf Ihrem Computer perfekt aussehen. Allerdings zerstört es sich auf anderen Computern mit anderen Schriften und anderen Fontgrößen sehr schnell. Zu allem Übel laufen die Schriften dann oft noch über den Zellenrand hinaus oder zerstören durch den unbedingten Umbruch den Textfluss. Sie werden also nur bedingt mit diesem Tag glücklich. Ich kann Ihnen nur empfehlen, <*PRE*>-Tags nur für etwas ausgeflipptere Layouts zu verwenden, in denen sich ein »Fehler« sogar blendend macht. Aber diese Fälle sind selten, und deshalb haben wir diesen Tag auch ganz am Schluss dieses Kapitels behandelt.

Lassen Sie mich am Ende dieses sicher nicht leichten Kapitels noch ein wenig aus dem Nähkästchen plaudern. Zum einen haben Sie durch die vorherigen Seiten eine Menge an Denksport hinter sich gebracht, zum anderen werden Sie vielleicht wissen wollen, wie man bei Tabellen am besten die Übersicht behält und am schnellsten arbeitet.

MERKSATZ

Manche Webdesigner sind stolz darauf, durch paradoxe Programmierung Dinge zu erreichen, die eigentlich so nicht darstellbar sind. Schön und gut. Bedenken Sie aber, dass im Moment alle vier Monate eine neue Browserversion von den Hauptkonkurrenten Microsoft und Netscape auf den Markt kommt, die diese genutzten Fehler oft mit einem Bugfix in ihrer Wirkung stoppt. Das berühmteste Beispiel für schlechte Trickkarten ist »http://

www.bild.de«, das in der Version Netscape 2.0 einen faszinierenden Trick nutzte, um einen bestimmten Randeffekt zu erzeugen. In Netscape 3.0 löste derselbe HTML-Code allerdings ein hässliches Randgerüst aus, das eher wie eine Baustelle daherkam ... also lassen Sie lieber die Finger vom Querfeldeinprogrammieren.

Nun ist es ja kein Geheimnis mehr, dass diverse Editoren auf dem Markt sind, die mit ein paar Klicks Tabellen zaubern können. Sie könnten es sich also sehr einfach machen. Aber ich rate ihnen dennoch davon ab. Wenn ich einen Satzspiegel einer HTML-Seite in Tabellen aufbaue, dann habe ich ein klares Vorgehen:

Ich schalte das Radio ab, vergesse für Stunden alles um mich herum, werfe notfalls die Katze aus dem Zimmer und konzentriere mich sehr, sehr, sehr genau darauf, wie ich die entsprechenden Tabellen aufbaue, wann und wo ich sie beginnen lasse und wann ich sie beende, um eine neue Tabelle zu beginnen. Das ist die heikelste Arbeit im ganzen Programmieren.

Warum tue ich das?

Viele Webdesigner denken zwar höllisch darüber nach, wie sie große Byte-Zahlen mit Bildern verhindern können und welcher Trick Ihnen noch kleinere Bilder etc. ermöglicht, aber sie vergessen die Zeit, die vor allem ältere Browser und Computer brauchen, um eine geladene Tabellendefinition zu berechnen und anzuzeigen.

Dann ist es auch so, dass vor allem die Netscape-Browser durch den Einsatz von kleinen versteckten Bilddateien einen stabileren Tabellenaufbau erreichen, aber das muss ja auch wieder geladen werden.

Um es kurz und schmerzlos zu machen:

Je weniger Tabellenverschachtelungen Sie benötigen, um das gewünschte Layout zu bekommen, desto besser. Sie sparen Lade- und auch Rechenzeit.

Und wenn Sie es sogar schaffen, eine Seite nicht als unzertrennbares Ganzes zu sehen, dann sind Sie auf dem Weg, ein ganz großer Webdesigner zu werden. Ehrlich. Sicher schmunzeln Sie jetzt, aber das tun Sie nur so lange, bis ich Ihnen erklärt habe, dass Sie eine Menge Zeit sparen, wenn Sie eine Seite immer als Ansammlung von Bausteinen definieren können. Und diese Bausteine sind vor allem Tabellen.

Stellen Sie sich eine Webpage wie eine Mauer vor, die Sie aus Klötzchen gebaut haben. Das geht nur, wenn Sie auf bestimmte Klötzchennormen zurückgreifen können. Es gibt vielleicht einen Normklotz, dann gibt es seine

Hälfte oder seine doppelte Größe, aber sicher haben diese Klötzchen alle die gleiche Höhe, damit sie frei untereinander kombiniert werden können.

Wenn Sie diese Metapher nun auf das Erstellen einer Website anwenden, werden Sie schnell merken, wie leicht die Arbeit werden kann. Wenn die Katze aus dem Haus fliegt und neben mir der Kaffe kalt wird, dann tue ich nichts anderes als Tabellenklötzchen definieren, die untereinander frei kompatibel sind. Jedes dieser Tabellenklötzchen teste ich auf Herz und Nieren. Sind alle Browser mit dem Code zufrieden? Baut der Code in allen gängigen Betriebssystemen sauber auf? Gibt es noch eine schnellere Lösung für die notwendigen Zellen? Wenn ich diese Testphase abgeschlossen habe, dann verwende ich nur noch diese Klötzchen, keine anderen; denn auf die ich mich zu 100 Prozent verlassen.

Sie werden im Kapitel 10 noch genauer erfahren, wie man eine Seite aufplanen muss, um zu wissen, welche Klötzchen man sicher braucht und welche nicht. Aber Sie ahnen gewis schon jetzt, dass man mit dieser Art des Vorgehens zum einen beim eigentlichen Bauen der Seiten sehr viel Zeit sparen kann (man muss die einzelnen Seiten eigentlich nicht mehr sehr stark testen) und zum anderen auch sehr einfach Ordnung in die eigene Site bringt.

Übrigens auch optisch: Wenn dem Auge immer wieder ähnliche Tabellenbreiten am Rand und in der Höhe geboten werden, dann erzeugt sich unterschwellig schnell das angenehme Gefühl von Übersichtlichkeit. Wenn Sie natürlich genau diesen Eindruck nicht erzeugen wollen, dann sollten Sie weiterhin kreuz und quer programmieren.

Unter »http://taglinger.de« sollten Sie sich einfach einmal den Code genauer anschauen. Dann werden Sie merken, woher die aufgeräumte Wirkung der Seiten entsteht, obwohl keine Trennlinien oder ähnliche Igitt-Gestaltungsmittel genutzt wurden.

Übrigens verweise ich auf die zahlreichen Layout- und Grafikerbücher im Handel. Auch ein Layouter-Grundkurs bei einer Volkshochschule oder an einer Universität kann nicht schaden. Das so erworbene Wissen können Sie stärker umsetzen, als Sie vielleicht jetzt noch glauben. Sie haben ja in diesem Kapitel gelernt, pixelgenau zu programmieren. Webdesigner haben übrigens intern immer Wetten mit Grafikern und Layoutern laufen, die behaupten, das vorliegende Layout könne man nicht im Web umsetzen. Man kann. Man kann, manchmal nur mit Abstrichen an Ladezeit und Übersichtlichkeit, aber man kann. Aber mal ehrlich: Nicht jedes Design ist im Web sinnvoll, oder fänden Sie es komisch, in ihrem Badezimmer ein Zehnmeterbrett installiert zu bekommen? Eben.

So, genug geplauscht. Jetzt wollen wir uns wieder den Befehlen von HTML zuwenden.

HTML-Code am Schluss des Kapitels:

1. Das Inhaltsverzeichnis

```
<HTML>
   <HEAD>
      <TITLE>Inhaltsverzeichnis</TITLE>
   </HEAD>

<BODY>
Fügen Sie hier ein:    (CODE 1) oder
              (CODE 2) oder
              (CODE 3) oder
              (CODE 4) oder
              (CODE 5) oder
              (CODE 6) oder
              (CODE 7) oder
              (CODE 8) oder
              (CODE 9)
</BODY>
</HTML>
```

2. Die Texte

```
<HTML>
   <HEAD>
      <TITLE>Text</TITLE>
   </HEAD>
<BODY>

<TABLE BORDER=0 WIDTH=95% HEIGHT=10%>
   <TR>
      <TD>
         <BR>
      </TD>
   </TR>
</TABLE>

Fügen Sie hier bitte CODE A oder
              CODE B oder
              CODE C oder
              CODE D oder
              CODE E oder
              CODE F oder
```

```
              CODE G ein.
<A HREF=inhalt.htm>zurück</A>

</BODY>
</HTML>
```

Jetzt können Sie bereits auf drei Arten Ordnung in Ihre HTML-Files bringen:

- Über Listen, die sich sogar automatisch durchnummerieren
- Über Tabellen, die Übersicht in die Daten schaffen
- Über Spaltensatz, der den Text da plaziert, wo Sie ihn haben wollen

Im nächsten Kapitel wollen wir uns aber endlich der Farbgebung widmen. Denn bis jetzt ist alles, was wir gearbeitet haben, noch farblos und grau.

Kapitel 4

Farbe und Hintergrund

In diesem Kapitel lernen Sie, wie man in den grauen Seiten im Internet ohne großen Aufwand mehr Farbe ins Spiel bringt. Dazu soll der generelle Farbcode einer Internetseite erklärt und gezeigt werden, an welchen Stellen Färbungen möglich sind.

4.1 BGCOLOR

Bisher haben wir schon eine ganze Menge an verschiedenen Möglichkeiten gesehen, wie Formate einen Text im World Wide Web besser aussehen lassen. Aber wenn Sie im Web surfen, dann wird Ihnen schnell auffallen, dass wir ein wichtiges Gestaltungsmittel noch nicht bedacht haben: Farbe.

HTML war in seiner ursprünglichen CERN-Konzeption nicht auf Einfärben der Texte oder des Hintergrunds ausgerichtet. Die Farbigkeit richtete sich nach den Einstellungen im Browser und hatte einen Standard, der sich im Wesentlichen so gestaltete:

- ✘ Hintergrund — Grau (25 Prozent Schwarz, 75 Prozent Weiß)
- ✘ Text — Schwarz (100 Prozent Schwarz)
- ✘ Links — Blau (100 Prozent Blau)
- ✘ Active Links — Rot (100 Prozent Rot)
- ✘ Visited Links — Violett (50 Prozent Blau, 50 Prozent Rot)

Diese Standardeinstellungen waren bei den Browsern der zweiten Generation wie »Mosaic« schon veränderbar. Jeder User konnte sich seine Farben selbst einstellen. Das kann man bei vielen Browser-Programmen heute noch, auch dann, wenn das Webdesign bestimmte Tags vorsieht, die dem Browser feste Farben einstellen. Seit der Einführung des »Netscape Navigator 1.2« ist das möglich und gehört heute zum Standardrepertoire jedes modernen Browsers.

Unser Beispiel für dieses Kapitel soll eine Eröffnungspage zu unserem Index der vergangenen Artikel sein. Man möchte seine User ja auch anständig begrüßen.

Zuerst wollen wir die Hintergrundfarbe des Files einstellen.

Dazu bauen wir wieder ein übliches File (home.htm) auf, das dreispaltigen Satz vorsieht, der 90 Prozent des Schirms horizontal und waagerecht vorsieht. In der mittleren Spalte soll groß das Wort »Willkommen« stehen, und darunter soll der Satz »Treten Sie ein« als Link auf die nächste Seite »index.htm« führen. Die anderen Spalten bleiben leer. Sie sollten aber möglichst immer einen <*BR*>-Tag in leere Spalten einfügen, da manche Browser sonst Darstellungsschwierigkeiten haben und manche Färbungen nicht anzeigen.

```
<HTML>
   <HEAD>
      <TITLE>
      Willkommen
      </TITLE>
   </HEAD>
<BODY>

<TABLE WIDTH=90% HEIGHT=90%>
   <TR>
      <TD WIDTH=30%><BR>
      </TD>

      <TD WIDTH=30%>

         <FONT FACE=Times SIZE=6>
            Willkommen!<P>
         <FONT FACE=Times SIZE=4>
            <A HREF=index.htm>Treten Sie ein</A>
         </FONT>

      </TD>

      <TD WIDTH=30%><BR>
```

```
      </TD>
    </TR>
</TABLE>
</BODY>
</HTML>
```

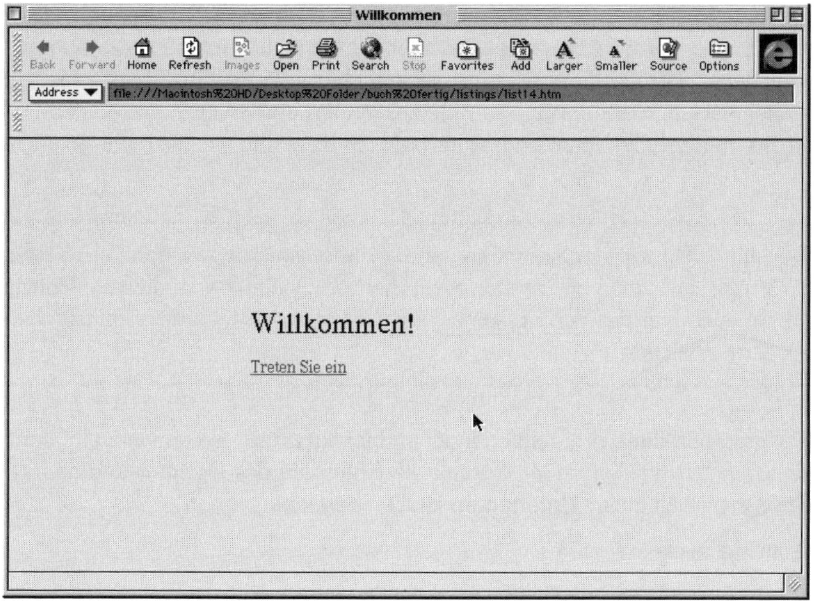

Bild 4.1: Die Begrüßung steht durch den Tabellensatz mittig.

Nichts, das Sie nicht schon können: eine dreispaltige, relativ aufgezogene Tabelle, die gleichmäßig je 30 Prozent des Bildschirms pro Zelle einnimmt und in der mittleren Zelle einen Text beinhaltet.

Wenn wir jetzt die Hintergrundfarbe einstellen, arbeiten wir noch einen Untertag in den *<BODY>*-Tag hinein, denn in diesem gesamten Bereich soll unsere Färbung ja aktiv werden.

ACHTUNG

Dazu muss man sich noch einmal vergegenwärtigen, dass HTML ja in sich kein WYSIWYG ermöglicht. Der passende Link muss also eine Codierung beinhalten.

Mittels Hexadezimalzahlen werden dazu die RGB-Werte einer Farbe angegeben und als Tag eingebaut. Hexadezimalzahlen dehnen das Zählsystem auf 16 Stufen aus, indem sie Buchstaben miteinbauen. Und unter »RGB«-Werten versteht man in der Bildschirmmischung von Farben Stärken der Farben

»Rot«, »Grün« und »Blau« in einer Skala von 0 bis 255 (diese werden fieserweise in Grafikprogrammen wie »Photoshop« wieder im Dezimalsystem angegeben). Der Code für reines Rot lautet daher als RGB-Wert 255,0,0, der Code für reines Grün 0,255,0. Möchte man nun ein reines Weiß erzeugen, lautet der RGB-Wert 255,255,255. Denn je mehr Farbe in einem Bildschirm (!) eingesetzt wird, desto heller strahlt er. Das hat nichts mit den Farbmischungen zu tun, die Sie aus Ihrem Wassermalkasten kennen. Dort werden Sie durch ähnliche Farbkombinationen nur ein maues Graubraun erzeugen. Lichtmischung müssen Sie sich eher wie den Einsatz verschiedenfarbiger Scheinwerfer vorstellen, die zusammen auf einen Punkt deuten und ihn so immer heller strahlen lassen, bis er in blendend weißes Licht getaucht ist.

MERKSATZ

Wer dieses Prinzip noch nicht so ganz verinnerlicht hat, der gehe am besten ganz nah an einen Fernsehapperat heran. Genau nach diesem Prinzip mischt auch hier der Schirm seine Farben punkteweise. Gewöhnungsbedürftig, aber einsichtig.

Will man nun diese drei Zahlen in einen Hexadezimalcode umwandeln, dann verschwinden in der HTML-Syntax die Kommata des Dezimalsystems, und der Wert erhält einen Untertag im BODY-Bereich:

```
<BODY BGCOLOR=#ffffff>
```

Durch den BGCOLOR-Untertag wird dem Browser signalisiert, dass sich die Hintergrundfarbe im gesamten sichtbaren Dokument ändern wird. Das »#«-Zeichen signalisiert einen folgenden Hexadezimalwert. Und dann folgt in diesem Zahlensystem dreimal die 255, also ff + ff + ff.

Woher sollen Sie diese Zahlen kennen?!

Ganz einfach. In diesem Buch befindet sich im Anhang eine Übersicht. Hier genügt also pures Abtippen. Ansonsten empfehlen sich auch Taschenrechner mit einer automatischen Umrechnung oder diverse Web-Tools, die für Shareware-Gebühren überall zu haben sind.

Es gibt aber noch eine andere Möglichkeit, die Farbe zu bestimmen, denn Netscape und Microsoft haben sich hier auf eine einheitliche Farbbenennung geeinigt, die dem betreffenden Farbton exakt einen Namen gibt.

Sie werden zu Recht sagen, dass das bei 16 Millionen Farben ziemlich kompliziert werden könnte, aber als Antwort kann man Ihnen hier nur eine weitere Kröte zu schlucken geben, die Sie so schon anhand der Liste sehen können: HTML gibt Ihnen als Basis (256-Farben-Grafikkarte) nur 216 Farben, die darstellbar sind. Die restlichen Farben sind für das Betriebssystem und seine grafischen Oberflächen reserviert. Wenn Sie eine Grafikkarte mit mehr als 32.000 Farben Darstellung haben, dann werden Sie auch bei anderen Farben keine Pixelung feststellen. Allerdings sollten Sie immer an User denken, die nur schwache Grafikkarten haben. Vor allem in den Gelb- und Orangetönen sind hier Abstriche zu machen. Aber Sie werden nur in seltenen Fällen nicht mit den Grundfarben auskommen, wenn es um das Färben von Tabellen oder Hintrergründen geht. Bei Bildern ist das durch Mischung der Pixel noch eine andere Sache (mehr dazu später). Und vielleicht beruhigt Sie das: Aus dieser Palette schöpfen alle Webdesigner.

Wenn Sie im Anhang nachsehen, werden Sie eine Aufführung der Farben finden. Wenn also die Hintergrundfarbe in einem knalligen Gelb daherkommen soll, dann würden alle Browser der Firmen Netscape und Microsoft ab der Versionsnummer 3.0 auch folgende Syntax verstehen:

```
<BODY BGCOLOR=YELLOW>
```

Wohlgemerkt: Nur diese Browser können das. Mit der Hexadezimalumrechnung auf »#ffff00« sind Sie auf sicherem Land, dann können das auch andere Browser, die Farben in dieser Art vorsehen. Ganz, ganz, ganz alte Browser werden Ihre Seiten nach wie vor Grau zeigen, egal, was Sie einstellen. Meine Empfehlung: Gehen Sie immer davon aus, dass maximal ein Drittel aller User die neuesten Browser hat. Und zehn Prozent der Nutzer werden sich einfach nie von ihren »guten alten Programmen« wegbringen lassen. Da heißt es Rücksicht nehmen.

4.2 FONT COLOR

Wir haben im letzten Kapitel unserer Seite einen weißen Hintergrund verpasst. Wenn wir die Seite aufrufen, wird die Schrift standardmäßig schwarz dargestellt, während die Links blau bzw. violett zu sehen sind (wenn wir diese Einstellungen nicht in unserem Browser geändert haben sollten).

Angenommen, wir möchten die Schrift nun in einem Schiefergrau darstellen, um dem Ganzen einen etwas edleren Anstrich zu geben, dann benötigen wir wieder den *<BODY>*-Tag dazu.

```
<BODY BGCOLOR=#ffffff TEXT=#708090>
```

Jetzt erscheint der komplette Text mit Ausnahme der Links in einem Schiefergrau.

Aber wir können hier noch weiter verfeinern. Angenommen, wir wollen den ersten Buchstaben des »Willkommen« in einer anderen Farbe darstellen, dann können wir durch Zuhilfenahme des *<FONT>*-Tags wieder eine andere Färbung anlegen, die sich bis zum *</FONT>*-Tag in beliebiger Länge hinzieht. Wir schreiben dazu, wenn wir diesen ersten Buchstaben zum Beispiel in reinem Schwarz haben wollen:

```
<FONT COLOR=#000000 SIZE=6>W</FONT>
<FONT COLOR=#708090 SIZE=6>illkommen</FONT>
```

Der Buchstabe »W« hat jetzt eine eigene Färbung bekommen. Diese Färbung stellt sich automatisch wieder auf den Standard oder auf den TEXT-Wert im *<BODY>*-Tag um, wenn der nächste *<FONT>*-Tag ohne genaue Anweisung erscheint. Ein *</FONT>*-Tag löst einen ähnlichen Mechanismus aus. Ältere Browser auf dem MAC/OS reagieren darauf allerdings nicht wie gewünscht, wenn im <BODY>-Tag die Schriftfarbe vordefiniert wurde.

ACHTUNG

Auch wenn Sie so theoretisch jeden Buchstaben einzeln einfärben können, sollten Sie zum einen auf die Lesbarkeit und zum anderen auf den gesamten optischen Eindruck achten. Zu viele Farben zerstören leicht die Erscheinung einer Seite. Achten Sie bitte auch darauf, dass gerade Orangetöne bei WINDOWS-Computern nicht immer sauber durch die Bildschirmkarte dargestellt werden. Die Farbzusammenstellung sollten Sie deshalb besonders dann noch auf einem zweiten Gerät testen, wenn Sie ursprünglich an einem MAC/OS-Computer arbeiten, da hier die Farben sauberer dargestellt werden, was Sie aber von den – viel häufiger verwendeten – WINDOWS-Computern nicht immer erwarten dürfen.

4.3 LINK COLOR

Was jetzt noch fehlt, sind die Einfärbungen der Links. Wir nehmen dazu wieder den *<BODY>*-Tag her und wollen die noch nicht geklickten Links rot, die aktiven Links hellrot und die schon geklickten Links dunkelrot färben.

Dazu nehmen wir wieder den <*BODY*>-Tag:

```
<BODY BGCOLOR=#ffffff TEXT=#708090 LINK=#ff0000 ALINK=#ff6300
VLINK=#9c0000>
```

Mit dieser Auswahl der drei unterschiedlichen Rottöne haben wir genau den gewünschten Effekt erreicht. Übrigens sind hier nicht alle Farben aus der 216-Farben-Palette genommen. Bewusst, denn Sie werden merken, wenn Sie eine eher schwächere Grafikkarte haben, dass der Computer jetzt um Himmels Willen nicht anfängt, ihre Schriftfarben zu pixeln. Er sucht sich lieber den nächstgelegenen Farbwert, den er darstellen kann. Vor allem im Orange-/Gelb-Bereich kann es deshalb zu Farbchangierungen kommen.

Wenn Sie eine dieser Angaben nicht dem <*BODY*>-Tag hinzufügen, schaltet der Browser automatisch auf »Standard«. Sie können also auch den Link gelb einfärben, und nach dem Klicken wird er sich automatisch violett gestalten, weil das Ihr Browser so eingestellt hat. Viele Webdesigner färben auch alle drei Link-Arten gleich ein, damit keine Verfärbungen auftreten. Es ist aber empfehlenswert, bereits genutzte Links durch Abdunkeln der Grundfarbe als schon genutzt zu signalisieren. Das erhöht die Nutzerfreundlichkeit.

Webdesigner gehen normalerweise so vor, dass sie zu Beginn ihrer Arbeit eine Farbtabelle für Text-, Hintergrund- und Linkfarben auf einer Palette zusammenstellen. So kann man schnell sehen, ob die Farbauswahl auch wirklich harmoniert. Innenausstatter arbeiten so, und die müssen es ja wissen, oder?

Nun wollen wir das Gelernte an unserem Beispiel noch einmal im Zusammenhang üben.

Bitte stellen Sie unser File »home.htm« mit folgenden Farben ein:

- ✘ Hintergrund: Weiß
- ✘ Text: Dunkelgrau
- ✘ 1. Buchstabe Text: Schwarz
- ✘ Link: Gelbbraun
- ✘ Aktiver Link: Schieferblau
- ✘ Visited Link: Entenbraun
- ✘ 1. Buchstabe Link: Stahlblau

```
     <HTML>
        <HEAD>
           <TITLE>
           Willkommen
           </TITLE>
        </HEAD>
A    <BODY BGCOLOR=#ffffff TEXT=#a9a9a9 LINK=#d2b48c
           ALINK=#6a5acd VLINK=#008080>

     <TABLE WIDTH=90% HEIGHT=90%>
        <TR>
           <TD WIDTH=30%>
           </TD>

           <TD WIDTH=30%>

B               <FONT COLOR=#000000 FACE=Times SIZE=6>
                  W
               </FONT>
C               <FONT FACE=Times SIZE=6>
                  illkommen!<P>
D               <A HREF=index.htm>
                <FONT COLOR=#4682b4 FACE=Times SIZE=4>
                  T
E               <FONT COLOR=#000000 FACE=Times SIZE=4>
                  reten Sie ein</A>
               </FONT>
           </TD>

           <TD WIDTH=30%>
           </TD>
        </TR>
     </TABLE>
     <BODY>
     </HTML>
```

```
A    <BODY BGCOLOR=#ffffff TEXT=#a9a9a9 LINK=#d2b48c
     ALINK=#6a5acd VLINK=#008080>
```

Die allgemeinen Einstellungen für den Hintergrund, die Text- und die Linkfarben werden hier vorgenommen. Sicher haben Sie die genauen Hexadezimalwerte der Liste im Anhang entnommen.

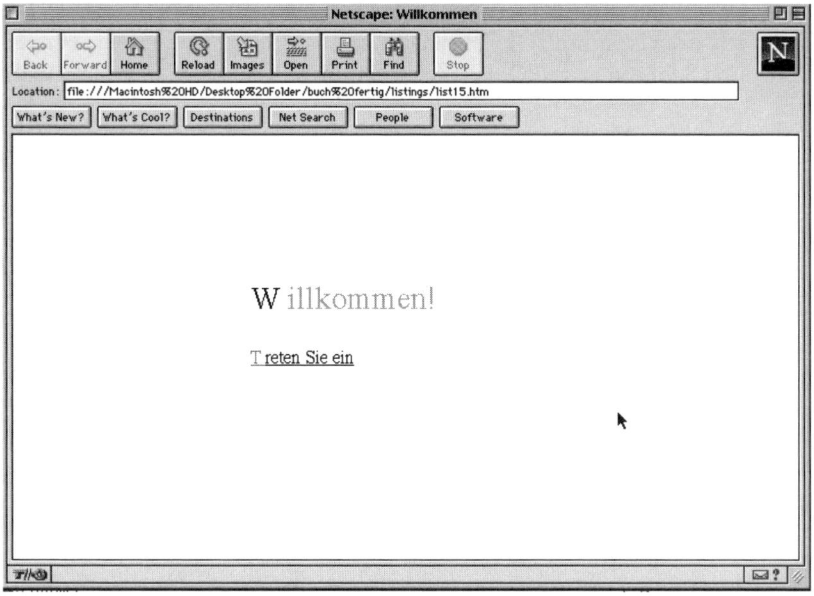

Bild 4.2: Selbst in Schwarzweißdarstellung: Die Seite wirkt »bunter«.

Dort befinden sich ja auch die festgelegten Namen, mit denen Sie die Browser von Netscape und Microsoft ab der Version 3.0 einstellen können. Auf diese Weise würde die Syntax also lauten:

```
<BODY BGCOLOR=WHITE TEXT=DARKGREY LINK=TAN ALINK=SLATEBLUE
VLINK=TEAL>
```

Sicher ist Ihnen aufgefallen, dass einmal die Anführungszeichen um die Angaben herumstehen, und einmal tun sie das nicht. Eigentlich ist es unwichtig, ob Sie diese Schreibweisen annehmen oder nicht. Es gibt zwar Autoren, die hier Browserstörungen beobachten, wenn man die Anführungszeichen nicht streng bei allen Angaben im Code beachtet, aber diese Störungen beziehen sich nicht auf moderne Browser wie den »Internet Explorer« oder »Navigator«. Ältere Browser können vor allem bei Link-Verweisen allergisch reagieren. Es bleibt also Ihnen überlassen, wie Sie das halten wollen. Allerdings sollten Sie beachten, dass einmal aufgemachte, aber nicht mehr geschlossene Anführungszeichen böse Browserfehler auslösen können. Es gilt also auch in Ihrem Code: entweder beide – oder gar nicht.

```
B          <FONT COLOR=#000000 FACE=Times SIZE=6>
             W
           </FONT>
```

Hier wird der erste Buchstabe des Textes umgefärbt, indem dem *<FONT>*-Tag noch der Untertag COLOR hinzugefügt wird. Das kennen wir bereits. Durch das Schließen des FONT-Tags lösen wir diese Farbausnahme wieder auf.

```
C           <FONT FACE=Times SIZE=6>
              illkommen!<P>
```

Da hier im erneuten *<FONT>*-Tag keine Umfärbung angegeben wird, kann die Färbung aus dem *<BODY>*-Tag aktiv werden.

ACHTUNG

Sie werden merken, dass dieser Wortteil jetzt beim Verkleinern des Browserfensters gerne umbrochen wird, wenn der vorgesehene Tabellenplatz nicht mehr reichen sollte. Da hier neu mit einem *<FONT>*-Tag angesetzt wird, vermutet der Browser hier auch ein neues Wort und bricht deshalb im Notfall um.

```
D           <A HREF=index.htm>
            <FONT COLOR=#4682b4 FACE=Times SIZE=4>
              T
```

Auch hier kann die Färbung aktiv werden. Allerdings kann man eine Umfärbung der Links nur sehr begrenzt empfehlen, weil so die Nutzung für den User ein wenig schwieriger wird. Jede zusätzliche Text- und Linkfarbe verwirrt auch immer ein wenig.

```
E           <FONT COLOR=#000000 FACE=Times SIZE=4>
              reten Sie ein</A>
            </FONT>
```

Wie Sie sehen, kann diese Umfärbung auch durch einen erneuten COLOR-Tag umgestellt werden. Die Syntax wird von den Browsern in der Regel verstanden. Der Übersichtlichkeit halber empfiehlt es sich aber, eine Umfärbung immer mit einem *</FONT>*-Tag zu schließen.

4.4 Tabellenfärbungen

Zum Abschluss unseres Farbkapitels lernen wir noch ein Feature von HTML kennen, das erst mit dem Aufkommen des Netscape »Navigator 3.0« und des Microsoft »Internet Explorer 3.0« aktiv wurde. Wir werden sehen, dass gerade hier nur der Explorer noch einige Zusatz-Features aufweist, die Netscape zögerlich nachholt.

Es geht um das Einfärben von Tabellen und Tabellenzellen.

Gerade wenn Sie große Farbflächen erzeugen wollen, die als Schmuck oder als besonderer Hinweis dienen sollen, ist dieses Feature ein sehr gelungener Weg, ohne großen Datenaufwand große Wirkung zu erzeugen. Vergessen Sie aber nie, dass dieses Feature erst mit diesen Browsern verstanden wird.

Ausgerüstet mit unseren Hexadezimalcodes wollen wir jetzt eine Tabellenzelle einfärben. Das geht denkbar einfach:

```
<TD BGCOLOR=#00ff00>
   <BR>
</TD>
```

Mit diesem schon aus dem letzten Kapitel bekannten Befehl ist die Sache schon hinter uns gebracht.

Daß hier noch ein *
*-Tag dazwischen steht, hat aber einen speziellen Grund. Solange die Zelle nicht mindestens ein ASCII-Zeichen oder einen Umbruch beinhaltet, kann die Färbung bei manchen Browsern nicht sichtbar gemacht werden.

Bis zu diesem Punkt kann Netscape in seinen älteren Versionen auch nur mithalten; die folgenden Features stellen der »Internet Explorer« und neuere »Navigator«-Versionen dar.

Angenommen, Sie möchten folgende Tabelle noch ein wenig farbiger gestalten:

```
<TABLE BORDER=3>
   <TR>
      <TD>
      </TD>
   <TR>
</TABLE>
```

Der »Explorer 3.0« sieht dazu noch mehr Befehle als den bereits kennengelernten vor:

```
<TABLE BORDER=3 BORDERCOLOR=#000000 BORDERCOLORBLACK=#708090 BORDER-
COLORLIGHT=#0000ff>
```

Der *<BORDERCOLOR>*-Tag färbt erwartungsgemäß den Rand einer Tabelle ein – vorausgesetzt, dass der *<BORDER>*-Tag im *<TABLE>*-Tag mit einem Zahlenwert größer als 0 notiert ist. Hier haben wir die Randfarbe mit »#000000« schwarz gestellt.

Der *<BORDERCOLORBLACK>*-Tag gibt den Farbton an, der angenommen wird, um den dunkleren Teil der 3-D-Darstellung eines Tabellenrands zu erzeugen. Hier wird ein schiefergrauer Farbton eingestellt.

Der *<BORDERCOLORLIGHT>*-Tag kümmert sich hier um den helleren Part der 3-D-Darstellung und hat einen grünen Farbton.

MERKSATZ

Diese Tags haben sich nicht sehr durchgesetzt, sind aber für den Fall, dass jemand gerne nur für den Explorer programmieren möchte, kein Problem. Soll sich die Färbung nur auf eine Tabellenzeile beziehen, müssen diese Untertags in den *<TR>*-Tag eingefügt werden. Auch eine Einfügung in den *<TH>*-Tag ist möglich, wobei die Angaben in den *<TABLE>*-Tags alle anderen darunter liegenden Angaben übertünchen.

Dieses Wissen wollen wir jetzt noch zum Abschluss des Kapitels in unser Beispiel einfügen:

AUFGABE

Nehmen Sie unser File »home.htm« in der bereits bestehenden Färbung aus dem letzten Kapitel und fügen Sie hier links und rechts gefärbte Tabellenzellen mit dem Farbton Gold dazu. Für den Explorer programmieren Sie bitte ein eigenes Beispiel, das den Rand in drei passenden Grautönen einfärbt.

LÖSUNG

```
   <HTML>
      <HEAD>
         <TITLE>
         Willkommen
         </TITLE>
      </HEAD>
   <BODY BGCOLOR=#ffffff TEXT=#a9a9a9 LINK=#d2b48c
      ALINK=#6a5acd VLINK=#008080>

A    <TABLE WIDTH=90% HEIGHT=90%>
      <TR>
B          <TD BGCOLOR=#ffd700 WIDTH=30%>
          <BR>
          </TD>

          <TD WIDTH=30%>

             <FONT COLOR=#000000 FACE=Times SIZE=6>
               W
             </FONT>
             <FONT FACE=Times SIZE=6>
```

```
            illkommen!<P>
         <A HREF=index.htm>
         <FONT COLOR=#4682b4 FACE=Times SIZE=4>
            T
         <FONT COLOR=#000000 FACE=Times SIZE=4>
            reten Sie ein</A>
         </FONT>

      </TD>

C      <TD BGCOLOR=#ffd700 WIDTH=30%>
      <BR>
      </TD>
   </TR>
</TABLE>
<BODY>
</HTML>
```

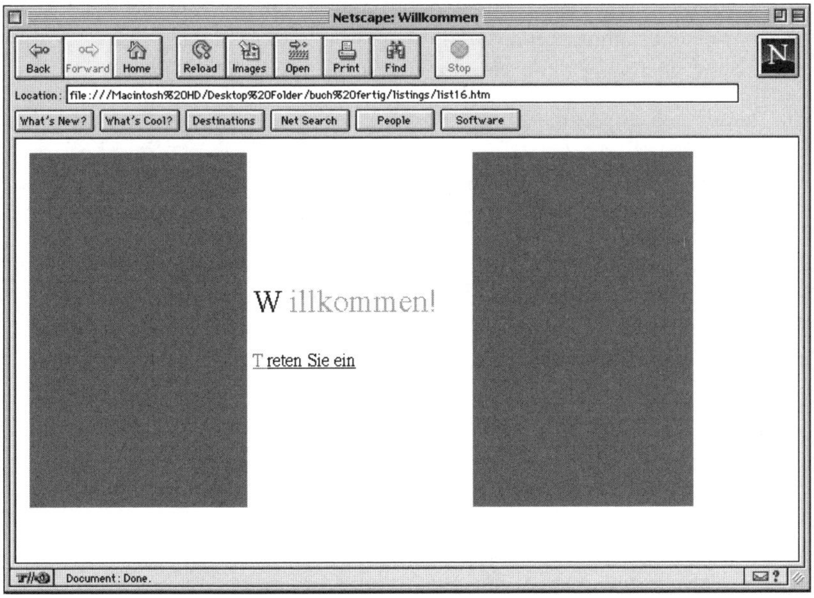

Bild 4.3: Ohne großen Aufwand haben wir so Farbflächen erzeugt.

```
A   <TABLE WIDTH=90% HEIGHT=90%>
```

Im aufgeführten Beispiel bleibt zuerst einmal dieser Tag unangetastet. Wenn Sie aber die Aufgabe wie verlangt für den »Internet Explorer« erweitern wollen, lautet die Syntax je nach Farbton und Darstellungsart zum Beispiel:

```
<TABLE WIDTH=90% HEIGHT=90% BORDER=1 BORDERCOLOR=#A9A9A9 BORDERCOLOR-
BLACK=BLACK BORDERCOLORLIGHT=#708090>
```

Sie könnten also die beiden verschiedenen Farbsysteme auch mischen. Allerdings kann das nicht empfohlen werden. Das verwirrt Sie bei der Programmierung. Verwenden können Sie die Benennungen hier jedoch problemlos, denn Browser, die diese Farben nicht verstehen, werden auch die Randfärbungen nicht sehen.

```
B       <TD BGCOLOR=#ffd700 WIDTH=30%>
        <BR>
        </TD>
```

Hier wird die erste Zelle golden gefärbt und dabei noch mit einem *
*-Tag versehen, damit diese Färbung auch sichtbar wird.

```
C       <TD BGCOLOR=#ffd700 WIDTH=30%>
        <BR>
        </TD>
```

Hier wiederholt sich dieser Effekt noch einmal. Da die mittlere Zelle nicht mit einer eigenen Hintergrundfarbe umgefärbt wird, richtet sie sich weiterhin an der generell eingestellten Hintergrundfarbe im *<BODY>*-Tag aus.

Jetzt haben Sie ein sehr farbiges Begrüßungs-File in Händen, mit dem Sie noch ein wenig herumspielen sollten, um die Farben Ihrer Wahl besser zu beherrschen. Viel Spaß beim individuellen Zusammenstellen Ihrer Farben, die aus Ihrer Seite erst Ihre persönliche Begrüßungsseite entstehen lassen.

Die wichtigste Information habe ich mir für den Schluss aufgehoben. Wenn Sie dieses Kaptitel aufmerksam durchgelesen haben, dann werden Ihnen die Möglichkeiten schnell vor Augen geführt worden sein, Grafiken zu meiden und viel mit gefärbten Tables zu arbeiten.

Gefärbte Tables haben geringe Ladezeiten und können Grafiken ersetzen.

Zudem haben diese »grafischen Elemente« natürlich einen Vorteil, den Ihnen – das werden Sie im nächsten Kapitel sehen – eine Grafik nicht so ohne Weiteres bieten kann. Die gefärbten Tables lassen sich bedingt durch ihre Programmierung in Prozentzahlen auch je nach Fenster- oder Bildschirmgröße skalierbar einbauen. Wenn Sie also das Gefühl haben, Sie sollten dringend mal eben ein Schachbrett auf Ihren Seiten zeigen, das sich immer quadratisch je nach Fenster- oder Bildschirmgröße aufbaut, dann können Sie das sehr einfach und ladefreundlich lösen.

Sie programmieren einfach eine Tabelle mit acht Reihen zu je acht Zellen und geben diesen Zellen die entsprechenden Werte und Zellenfarben. Dabei werden Sie aber eine fiese Sache merken: 100 Prozent sind nicht glatt durch acht teilbar. Nebenbei merken Sie also, dass Tabellenzellen nicht in Schritten unter einem Prozent geteilt werden können. Es gibt übrigens auch nur ganze Pixelzahlen für Tabellen. Aber mit ein paar kleinen Tricks (die äußeren Zellen machen Sie ein wenig größer=) kriegen Sie das hin.

Und noch etwas werden Sie merken, und das ist das A und O für alle Webdesigner, die mit Tabellen als Satzspiegelelement arbeiten. Sie brauchen einen Untertag im *<TABLE>*-Tag, denn sonst schließen die Tabellenzellen nicht sauber aneinander an. Eine Tabelle mit zum Beispiel zwei gefärbten Tabellenzellen ist dann sauber und ohne Zwischenraum programmiert, wenn Sie diese Tabelle etwa wie folgt aufbauen:

```
<TABLE BORDER=0 CELLSPACING=0 CELLPADDING=0 WIDTH=300
HEIGHT=400>
   <TR>
      <TD WIDTH=300 HEIGHT=400 BGCOLOR=#ffff00>
      <BR>
      </TD>
      <TD WIDTH=300 HEIGHT=400 BGCOLOR=#00ffff>
      <BR>
      </TD>
   </TR>
</TABLE>
```

Die Untertags im *<TABLE>*-Tag eliminieren nicht nur den Tabellenrand (den kennen Sie ja bereits!), sondern sie stoppen auch alle möglichen Zwischenräume, die die Browser auch für 3-D-Effekte der Zellen vorgesehen haben. Experimentieren Sie ruhig einmal mit den Werten größer als Null. Dann werden Sie auch sehr schöne Effekte und Zusatzfärbungen für das Auge erzielen. Dagegen ist auch nichts zu sagen. Sie sollten eben nur wissen, wie man diese Färbungen kontrolliert. Und das können Sie jetzt.

Nach diesem Kapitel beherrschen Sie:

- ✘ Das Einfärben von Text
- ✘ Das Einfärben von Textlinks
- ✘ Das Einfärben von Hintergründen
- ✘ Das Einbauen von Hintergrundbildern

Kapitel 5

Bilder, Videos und Töne

In diesem Kapitel lernen Sie,

- wie man Bilder und Hintergrundstrukturen in Webseiten einbaut und layoutet
- wie man Bewegtbilder erzeugt
- wie man Videos einbindet
- wie man Töne im Hintergrund platziert
- wie man Töne als Download platziert

5.1 BACKGROUND-Bilder

Mit dem Handwerkszeug des letzten Kapitels lassen sich Farben schon sehr sinnvoll in eigenen Webseiten einbauen. Aber das Web bietet noch eine Möglichkeit, die wir uns jetzt genauer anschauen: das Einbinden von BACKGROUND-Bildern.

Schauen wir uns zuerst einmal den einfachen Tag dazu an:

```
<BODY BACKGROUND=bild.gif>
```

So binden wir in HTML eine Bilddatei »bild.gif« ein, die sich im gleichen Verzeichnis wie das HTML-File befindet.

Wir können dieses Bild im HTML-Dokument nicht sehen, da nur der Pfad verzeichnet ist, in dem diese Bilddatei zu finden ist. Wir schreiben also eine Art von Link auf dieses Bild als Untertag in den Code. Deshalb ist hier noch einmal ein kleiner Exkurs angebracht.

Wie würde also dieser obige Tag lauten, wenn das obige Bild-File »bild.gif« im Verzeichnis über dem HTML-Dokument oder sogar auf dem Server »http://taglinger.de« im Unterverzeichnis »bilder« liegen würde?

```
<BODY BACKGROUND=../bild.gif>
<BODY BACKGROUND=http://taglinger.de/bilder/bild.gif>
```

Wie wir das schon im Kapitel über Links gesehen haben, kann der relative Link auf dieses Bild auch in ein anderes Verzeichnis führen, das nicht einmal auf dem eigenen Server liegen muss. Diese Anwendung des Webs ist die faszinierende Möglichkeit, auf einem Bildschirm Daten aus verschiedenen Teilen der Welt zu laden. Sie müssen also nicht immer nur auf dem eigenen Server Bilder besitzen, um sie in Ihre Website einzubauen. Allerdings muss hier vor zwei Dingen entschieden gewarnt werden:

Zum einen bedenken Sie bitte das Copyright. Nicht jeder mag es, dass seine Daten frei im Web weiterverarbeitet werden. Zum anderen kann das Bild, auf das Sie verweisen, eines Tages von dem betreffenden Server verschwunden sein, und dann ist Ihre Website mitbetroffen.

Und noch ein wichtiges Kriterium ist die steigende Ladezeit. Die Bilder müssen ja im Extremfall aus allen Erteilen dieser Welt per Internet zusammengesammelt werden, bevor sie dargestellt werden können. Das wird die Geschwindigkeit des Bildaufbaus bei mehr als zwei Bildern bremsen (Sie werden gleich lernen, wie man generell Bilder einbaut, und da können Sie ja ähnlich vorgehen).

Allerdings sind hier auch Vorteile zu nennen. Angesichts des immer häufiger aufkommenden Angebots von freiem Webspace könnten Sie ihren eigenen Plattenplatz bei Ihrem Provider auch ökonomisch behandeln, wenn Sie alle Bilder auf einen dieser freien Server legen. Das kann Ihnen vor allem dann helfen, wenn dieser freie Speicher auf lange Sicht hin existiert.

Generell gilt: Probieren Sie so lange, bis Sie ein schnelles Set an Webbildern für Ihre Site haben, und testen Sie das alle sechs Monate. Nichts vergeht so schnell im Web wie eine flotte Serverkombination.

Es ist auch nicht immer fair, andere Server anzuzapfen, weil viele Internet-User ihre Abrechnung anhand des Datenvolumens erhalten und bei diesem Linkverfahren so für den Abruf Ihrer Seiten indirekt mitbezahlen.

Was passiert nun, wenn wir ein BACKGROUND-Bild einbauen? Banal gesagt: Es wiederholt dieses Bild im Hintergrund unendlich in der Originalgröße. Ab der Version 1.2 des Netscape »Navigator« und 2.0 des Microsoft »Explorer« wurde es üblich, dieses Feature bereitzustellen. Ältere Browser müssen hier wieder passen. Auf diese Art und Weise erhalten Sie die redundanten Strukturen, die Sie sicher schon bei den einen oder anderen Webpages gesehen haben. Beliebt sind Motive wie Ziegelsteine oder geknittertes Papier. Die Kunst des Backgrounds besteht darin, ein möglichst kleines Bild zu finden, das bei einer Wiederholung möglichst ohne Bruch anschließt und eine angenehme Redundanz aufbaut. Sie kennen das analog zu den angebotenen Hintergründen bei WINDOWS oder beim MAC/OS. Hier wird das gleiche Prinzip angewandt.

Achten Sie unbedingt auf sehr ruhige Background-Motive, wenn über diesen Hintergrund Schrift laufen soll. Die meisten Erstversuche scheitern hier. Denn man ist so stolz auf seine schönen Hintergründe, dass man die Lesbarkeit des Textes übersieht. Und der ist auf jeden Fall immer noch wichtiger als das Bild dahinter. Mein Tipp: Vermeiden Sie soweit es geht Strukturen, auf denen Text stehen soll. Durch raffiniertes Kombinieren von Tables (Sie können ja diese Tables seit dem letzten Kapitel einfärben ... und das überdeckt natürlich ein Background-Bild) und Background-Bildern steht immer da, wo Text sein sein soll, eine freie Farbfläche als Basis. Dazwischen tummeln sich dann die Background-Motive.

Ein zweiter Exkurs ist hier noch angebracht.

Es können für diese Hintergrundbilder leider nicht alle Bildformate verwendet werden. Nur die Formate GIF und JPEG werden von Browsern dargestellt. Diese beiden sind komprimierte Bilddateien, die sich selbstständig bei der Darstellung entpacken und so oft weniger als ein Vierzigstel der Originaldatenmenge bei der Übertragung ausmachen. Generell sollten Sie sich folgende Übersicht einprägen:

GIF	**JPEG**
Pixelorientiert	Pixelorientiert
256 Farben	Millionen Farben
72 dpi und darunter	72 dpi und darunter

GIF	JPEG
Non-destruktiv	Destruktive Komprimierung
Je weniger Farbe, desto weniger Daten bei gleichem Motiv	Je weniger Farbänderungen, desto weniger Daten bei gleicher Farbzahl
Vor allem für Grafiken geeignet	Vor allem für Fotos geeignet

Als Sonderformat kann innerhalb von GIF89 eine Farbe unsichtbar gemacht werden. Und es ermöglicht auch das Ineinanderrechnen von mehreren Bildern zu einem Trickfilm. Das sind die berühmt-berüchtigten »Bewegt-GIFs«, innerhalb derer man die Zahl der Bilder, deren Abfolge, die Geschwindigkeit von Bild zu Bild und die Zahl der Wiederholungen festlegen kann. Ein neuer JPEG-Standard, PRO-JPEG, komprimiert Bilder noch weiter nach unten. Allerdings ist eine erneute Bearbeitung und ein Abspeichern dieser neuen Bilder oft nicht möglich, wenn sie in die alte Datei geschrieben werden sollen. Legen Sie einfach diese bearbeiteten Dateien unter einem neuen Namen an und benennen Sie sie dann nach dem Abspeichern notfalls um, nachdem Sie die alte Datei gelöscht haben. Umständlich, aber das Ergbnis lohnt diesen Aufwand.

Die richtige Aufbereitung von Bilddaten würde ein eigenes Buch füllen und ist stark von den genutzten Tools abhängig. Wer es sich leisten kann, der nutzt dazu »Photoshop« oder »Corel Draw«.

Aber auch viele Shareware-Programme können heute schon gute Bildbearbeitung und Grafik ermöglichen.

ACHTUNG

Generell gilt, dass Bilder so groß wie nötig und so klein wie möglich sein sollten, um die Ladezeit zu verkürzen. Als Faustregel gilt, dass in Deutschland derzeit zwei Kbyte pro Sekunde an Daten im Internet übertragen werden. (Das ist ein Durchschnittswert, der sich im neuen Jahrtausend erheblich erhöhen wird.) Behalten Sie das für die Nutzerfreundlichkeit Ihrer Seiten immer im Auge. Oder würden Sie auf ein unmotiviertes Bild zehn Minuten (600 Kbyte) warten? Eben.

Wenn Sie nun wissen, dass ein BACKGROUND-Bild unendlich oft nebeneinander wiederholt wird, bis der rechte Fensterrand erreicht ist, und dann genauso in der Zeile darunter verfährt, sollten Ihnen folgende Aufgaben keine Schwierigkeiten bereiten:

Wie sieht das kleinste denkbare BACKGROUND-Bild aus?

1 Pixel hoch und 1 Pixel breit.

Da es unendlich oft wiederholt wird, füllt sich auch auf diese Weise, wenn auch wegen der Rechenzeit ziemlich langsam, der Hintergrund.

Wie stelle ich das kleinste denkbare BACKGROUND-Bild her, um alle 100 Pixel einen senkrechten weißen Strich auf schwarzem Hintergrund erscheinen zu lassen?

99 Pixel schwarz und 1 Pixel weiß, bei 1 Pixel Höhe.

Da die Bilder unendlich oft nebeneinander wiederholt werden, setzen Sie rechts vom Bild wieder neu an und erzeugen so Reihen.

Wenn Sie nur einen Strich im Bild haben möchten, fahren Sie nach dem 100. Pixel in der Datei schwarz fort und dehnen diesen schwarzen 1 Pixel hohen Strich insgesamt 1200 Pixel weit aus. Derzeit gibt es – abgesehen von Grafiksystemen – so gut wie keinen Bildschirm, der mehr als 1200 Pixel auf einmal in der Breite darstellt. So verhindern Sie, dass noch ein BACKGROUND-Bild rechts ansetzen kann, und lassen nur einen Strich bei 100 Pixel erscheinen.

Wie erzeugen Sie diagonale Linien im Abstand von 10 Pixeln?

Sie bauen ein BACKGROUND-Bild, 10 Pixel auf 10 Pixel, das in den Farben Ihrer Wahl eine Linie oben links ansetzt und unten rechts abschließt.

Die Variationen sind hier unendlich. Damit Sie noch ein wenig mehr Sicherheit in diesem Thema bekommen, kann ich Ihnen nur empfehlen, möglichst viele Webseiten daraufhin durchzusehen. Wenn Sie eine spannende Anwendung dieser Background-Bilder finden, dann sollten Sie sich den Source-Code der Seite ansehen (jeder Browser lässt es zu, den Quelltext durchzuschauen), den Link auf das Background-Bild im <*BODY*>-Tag heraussuchen und nur dieses Bild im Browser ansehen. Sie werden oft verblüfft sein, wie klein diese Bilder sind und wie raffiniert sie mit den optischen Erwartungen des menschlichen Auges spielen, um Muster zu variieren, die in einer sehr kleinen Datei versteckt sind.

Bitte beachten Sie aber auch hier, dass es schon der gute Ton verbietet, diese Bilder aus Gründen des Copyrights einfach weiterzunutzen. Ich kann Ihnen nur empfehlen, zumindest dem Webmaster dieser Site eine Mail mit der Bitte zu schreiben, Sie würden das Bild gerne nutzen. Erst wenn Sie die

Erlaubnis mit der Bemerkung haben, dass das Hintergrundbild wirklich von ihm/ihr stammt, sind Sie rechtlich auf trockenem Land. Das sollte es Ihnen wert sein!!!

Zum Abschluss dieses Kapitels eine kleine Aufgabe, die Ihnen eine verblüffende neue Bildebene eröffnen kann, seit es Browser der vierten Generation gibt.

Wie muss der Source-Code aussehen, wenn Sie »bild1.gif« als Hintergrundbild für die Datei »index.htm« nutzen wollen, wenn Sie aber auch in einer Tabellenzelle mit »bild2.gif« einen eigenen Hintergrund platzieren möchten?

```
A       <HTML>
          <HEAD>
            <TITLE>Versuch mit zwei Backgrounds</TITLE>
          </HEAD>
B       <BODY BACKGROUND=bild1.gif BGCOLOR=ff0000>
C         <TABLE BORDER=0 CELLSPACING=0 CELLPADDING=0>
            <TR>
D             <TD BACKGROUND=bild2.gif HEIGHT=100 WIDTH=100>
              <BR>
              </TD>
E             <TD>
              Dies ist ein Text auf dem ersten Background
              </TD>
            </TR>
        </TABLE>
F       Und hier geht es ohne Tabelle weiter.
</BODY>
</HTML>
```

Diesen Source-Code schauen wir uns genauer an.

```
A       <HTML>
          <HEAD>
            <TITLE>Versuch mit zwei Backgrounds</TITLE>
          </HEAD>
```

Wir beginnen mit einem ganz normalen HTML-Header. Nix Aufregendes. Das können Sie sich inzwischen schon im Schlaf notieren, gell?

```
B       <BODY BACKGROUND=bild1.gif BGCOLOR=ff0000>
```

Das Hintergrundbild wird wie bereits gelernt eingebaut. Sie müssen nicht unbedingt eine Hintergrundfarbe angeben, aber es macht sich sicher besser, wenn Sie den Farbton dazu nehmen, der im Hintergrundbild am meisten vorkommt. Wenn das Bild dann geladen wird und erscheint, ist das für das Auge der angenehmste Effekt. Ich habe hier die Definitionen für Schrift- und Linkfarbe rausgelassen. Die können Sie natürlich ganz nach Ihrem Geschmack wählen und einbauen.

```
C         <TABLE BORDER=0 CELLSPACING=0 CELLPADDING=0>
             <TR>
```

Jetzt bauen wir die Tabelle auf. Es empfiehlt sich hier, alle Tabellenwerte wie im letzten Kapitel gelernt auf Null zu stellen, damit wir im Layout nicht die bereits beschriebenen Anschlussfehler bekommen, weil die Tabellenzellen nicht plan aneinanderschließen.

```
D                  <TD BACKGROUND=bild2.gif HEIGHT=100 WIDTH=100>
                   <BR>
                   </TD>
```

Jetzt kommen wir zum Beef des Quelltextes. Banalerweise wird das zweite Bild mit dem gleichen Untertag eingebaut. Ich habe hier die Höhe und die Weite so angegeben, wie das Background-Bild in unserem Beispiel dimensioniert sein soll. Das hat einen wichtigen Grund. Background-Bilder werden ja immer so lange aneinandergesetzt, wie das entsprechende Fenster für sie hoch und breit ist. Ist dieser Platz nun kleiner als das Bild, sieht man nur sehr wenig davon, ist er größer, wird das Bild kachelartig wiederholt. Hier soll das Bild genau einmal in voller Größe zu sehen sein, deshalb reicht der *
*-Tag nicht aus und ich habe eine sehr dominante Größenangabe in die Tabelle eingebaut.

```
E                  <TD>
                   Dies ist ein Text auf dem ersten Background
                   </TD>
             </TR>
</TABLE>
```

Zur Sicherheit soll hier noch einmal eine andere Zelle zeigen, dass es eben nicht überall zum zweiten Hintergrund kommen muss, nur weil dieser in einer Zelle aufgerufen wurde. Sie brauchen aber natürlich keine zweite Zelle, wenn Sie das nicht wollen. Der Effekt funktioniert in einer beliebigen Zelle mit je einem neuen Bild Ihrer Wahl.

```
F      Und hier geht es ohne Tabelle weiter.
</BODY>
</HTML>
```

Hier schließen wir den HTML-Code und zeigen, dass außerhalb der Tabelle alles wie gehabt verläuft.

Wenn Sie hier sehr schlau und ausgefuchst sind, werden Sie mit dem Wissen, das Sie im nächsten Kapitel bekommen, insgesamt drei Bildebenen erzeugen können. Was das für Möglichkeiten beinhaltet, will ich Ihnen an einem Beispiel verdeutlichen.

Stellen Sie sich vor, Sie haben als Hintergrundbild eine Meerlandschaft mit Horizont genommen. Das lässt sich leicht herstellen, weil diese Landschaftsform sehr redundant ist ... vor allem bei spiegelglatter See. Und jetzt ziehen Sie darüber eine Tabelle auf, in deren Zellen Sie passgenau immer wieder je nach Lust und Laune das Bild einer Insel platzieren. Sie haben die Insel als GIF 89 angelegt, damit Sie nur einen Berg und eine Palme darstellen, und der Bildplatz darum herum ist eine unsichtbare Farbe. So wirkt es für das Auge schon, als würden Sie ein riesengroßes Motiv mit einer Inselgruppe erzeugen (und in Wirklichkeit haben Sie nur zwei Bilder, die sehr klein sind, auf verschiedenen Ebenen kombiniert). Wenn Sie jetzt noch auf die Inseln, die ja als BACKGROUND eingebaut sind, mal einen winkenden Seemann, mal eine zweite Palme oder die Kombination daraus setzen, dann haben Sie eine dritte Ebene gewonnen, und das bildschirmfüllende Motiv verblüfft ihre User mit ungewohnt geringen Ladezeiten und einer prächtigen Gesamtgrafik.

Na? Ahnen Sie die tollen Möglichkeiten dieser Anwendungen? Haben Sie richtig Lust bekommen, jetzt auch den Einbau von Grafiken zu erlernen? Dann nichts wie ab ins nächste Kapitel.

5.2 Einbinden von Bildern

Es gibt in HTML auch die Möglichkeit, Bilder nicht nur unendlich oft im Hintergrund zu wiederholen. Auch die Einbindung eines einmalig angezeigten Vordergrundbildes ist denkbar einfach. Hier hat HTML einen Tag vorgesehen, der auch nur das tut, was wir schon kennen. Er erzeugt einen Link auf die Bilddatei, die wiederum auf dem eigenen oder auf einem fremden Server in einem beliebigen Verzeichnis liegen kann:

```
<IMG SRC=bild.gif>
```

Das war es schon, wenn Sie einfach nur ein Bild in einem gleichen Verzeichnis des eigenen Servers ohne weiteres Layout in eine Seite einfügen wollen. Sollte das Bild auf einem anderen Server liegen, dann schreiben Sie:

```
<IMG SRC=http://taglinger.de/bilder/bild.gif>
```

So geben Sie die »Source« des Bildes (»Image«) an. Der Tag ist also wieder eine Art von Abkürzung.

Wir wollen ein Beispiel aufbauen, das den Einsatz solcher Bilder in Webseiten ein wenig durchspielt. Stellen Sie sich vor, Sie möchten eine Reihe von Bildern als digitales Fotoalbum mit Ihren Freunden in eine Webpage einfügen. Das könnte etwa so aussehen:

```
   <HTML>
      <HEAD>
         </TITLE>
         Meine Freunde
         </TITLE>
      </HEAD>


A   <BODY BACKGROUND=pappe.gif BGCOLOR=#ffffff TEXT=#000000
    LINK=#0000ff VLINK=#0000ff ALINK=#0000ff>

   <CENTER>
B   <TABLE BGCOLOR=#708090 WIDTH=380>
      <TR>
C        <TD WIDTH=100>
         </TD>

D        <TD WIDTH=180>
         <IMG SRC=bild1.jpg>
         </TD>

         <TD WITDH=100>
         </TD>
      </TR>
      <TR>
         <TD WIDTH=100>
         </TD>

         <TD WIDTH=180>
         <IMG SRC=bild2.jpg>
         </TD>

         <TD WITDH=100>
         </TD>
      </TR>
   </TABLE>
   </CENTER>
   </BODY>
   </HTML>
```

Bild 5.1: Schon haben wir ein Fotoalbum als grafische Seite geschaffen.

```
A    <BODY BACKGROUND=pappe.gif BGCOLOR=#ffffff TEXT=#000000
     LINK=#0000ff VLINK=#0000ff ALINK=#0000ff>
```

Wir haben mit dem Bild »pappe.gif« einen Hintergrund gewählt, der einen Karton simuliert. Da dieses Bild im Background als letztes auf der Seite lädt, haben wir die Hintergrundfarbe Weiß gewählt. So entsteht bereits nach der ersten Sekunde ein ähnlicher Eindruck von der Gesamtseite. Die Textfarbe soll Schwarz, die Linkfarben sollen Blau sein.

```
B    <TABLE BGCOLOR=#708090 WIDTH=380>
```

Die Tabelle soll einen kleinen Grauschleier haben und zentriert in der Mitte der Page stehen.

```
C         <TD WIDTH=100>
          </TD>
```

Links und rechts lassen wir einen Abstand von 100 Pixeln.

```
D         <TD WIDTH=180>
          <IMG SRC=bild1.jpg>
          </TD>
```

Hier soll das Bild geladen werden, das schmaler als 180 Pixel sein sollte, um nicht über die Tabellenzelle zu laufen. Dieses Verfahren können wir Reihe für Reihe anwenden. Allerdings sollte die Gesamtgröße der Daten nicht über

50 Kbyte steigen. Erfahrungsgemäß sind das in deutschen Webseiten Obergrenzen, die noch erträglich sind. Aber das wird sich auch ändern, wenn schnellere und billigere Verbindungen überall zu haben sind.

Sie werden feststellen, dass manche Browser hier mit dem Anzeigen der Page warten, bis sie alle Daten geladen haben. Das ist nicht schön. Es wäre besser, wenn sich die Bilder nach und nach aufbauen würden. Es gibt eine Abhilfe dazu. Wenn Sie zum Beispiel ein Bild »bild.jpg« mit 100 Pixeln Breite und 200 Pixeln Breite erstellt haben, dann sollten Sie dieses Bild mit folgendem Tag einbauen:

```
<IMG SRC=bild.jpg WIDTH=100 HEIGHT=200>
```

Diese Höhen- und Breitenangaben kennen wir ja schon länger. Hier sind sie eine praktische Sache. Der Browser würde das Bild auch ohne diese Angaben in der richtigen Größe laden, aber so weiß er schon, wie groß dieses Bild sein kann, und kümmert sich zuerst um den Aufbau der anderen Daten, um am Schluss das Bild nachzuladen. Es empfiehlt sich deshalb, diese Daten immer gleich mit anzugeben. Das macht das Laden der Seiten scheinbar schneller, da sofort etwas auf dem Bildschirm passiert.

Einen Exkurs gibt es noch:

Bilder, die der Browser lädt, legt er in einem sogenannten »Cache« ab. Das ist ein Pufferspeicher, den Sie in seiner Größe und Haltbarkeit in den Optionen Ihres Browsers definieren können. Das hat Vorteile, denn wenn das Bild noch einmal in einem anderen File oder auch mehrmals im gleichen File aufgerufen wird, dann hat es der Browser schon »auf Lager« und kann es sofort anzeigen. Das erhöht die Ladegeschwindigkeit noch weiter, wenn Ihre User den Cache für diese Bilder nicht abgestellt haben. Aber da kann man diesen Damen und Herren auch nicht helfen, wenn Sie ihren Browser nicht optimal und zeitsparend eingestellt haben.

Ein Tipp noch: Wenn Sie mehrere Bilder nebeneinander stellen wollen, ohne dass Sie eine Lücke zwischen diesen Bildern wünschen, dann meiden Sie im Source-Code zwischen den <*IMG SRC*>-Tags unbedingt (!) feste Zeilenumbrüche; vor allem Netscape-Browser reagieren auf diese Source-Code-Formatierungen mit einer kleinen Lücke zwischen den Bildern, obwohl das eigentlich laut Definition von HTML nicht sein dürfte ... naja, auch Software-Programmierer sind nur Menschen.

5.3 Verlinken von Bildern

Diese Bilder können auch wie Text mit einem Link versehen werden. Und in der Syntax besteht hier eigentlich auch kein Unterschied:

```
<A HREF=link.htm><IMG SCR=bild.gif WIDTH=100 HEIGHT=100>
</A>
```

Einem Bild der Größe 100 x 100 Pixel wird hier der interne Link »link.htm« zugeordnet. Es wäre auch wieder ein externer Link denkbar. Die bekannteste Anwendung dieses Tags ist mit Sicherheit der berühmte Button, den viele auf ihrer Site haben, um per Mausklick eine andere Page anzuwählen. Aber die Verwendungszwecke gehen noch weiter. Zurück zu unserem Beispiel eines Fotoalbums.

Schöner wäre es, wenn Sie in unserem Fotoalbum mit einem Mausklick gleich das Mail-Formular aufpoppen lassen könnten, um der betreffenden Person eine Mail zu schicken.

Wie würden Sie das lösen?

```
<A HREF=mailto:juergen@mut.de>
<IMG SRC=bild1.jpg WIDTH=100 HEIGHT=150></A>
```

(Restlicher Code: siehe 5.2)

Wir rufen durch den Mail-Tag einen Link zum Mail-Formular auf. Wenn Sie das so bei jedem der Bilder Ihrer Freunde tun, sind alle per Mausklick in Ihrem Fotoalbum direkt anmailbar. Sie könnten aber auch direkt auf deren Homepages linken. Der Phantasie sind hier keine Grenzen gesetzt.

Sie werden schnell gesehen haben, dass ein Rahmen in der Linkfarbe um das Bild herum entstanden ist. Das soll zeigen, dass das Bild verlinkt ist. Wenn Sie dieser Rahmen stört, dann können Sie ihn durch einen Untertag abstellen, den Sie schon kennen:

```
<A HREF=mailto:juergen@mut.de><IMG BORDER=0 SRC=bild1.jpg
WIDTH=100 HEIGHT=150>
```

Der *BORDER=0*-Tag löscht den Rahmen. Mit einer anderen Zahl könnten Sie diesen Rahmen noch dicker machen. Sollten Sie hier keinen *<BORDER>*-Tag angeben, wird der Rand immer ein Pixel Breite betragen. Verfahren Sie hier ganz nach Belieben. Sie können übrigens diesen Rand auch stärker als Null stellen, wenn Sie einfach nur umrahmen, aber nicht verlinken wollen. Ein netter Effekt, allerdings kann er User auch schnell verwirren. Gehen Sie sorgsam mit solchen Abwandlungen um.

Weil es immer wieder vergessen wird, aber für den guten Eindruck einer Seite wichtig ist, hier noch ein Tag am Schluss, den Sie immer einfügen sollten:

```
<IMG SRC=bild.gif ALT=Hier kommt das Bild. WIDTH=100
HEIGHT=100>
```

Der *ALT*-Tag ermöglicht es Ihnen, eine Bildbeschreibung zu platzieren, bis das Bild an der gleichen Stelle geladen ist. Aus zwei Gründen sollten Sie dieses Feature nutzen.

- ✘ Der User weiß, worauf er wartet, wenn das Bild noch lädt.
- ✘ User, die das Laden von Bildern im Browser ausgeschaltet haben, lassen sich aus Neugierde vielleicht so überzeugen, den bloßen Text doch langweilig zu finden ...

5.4 Verändern der Bildgrößen

Wie es nun einmal so ist, haben Sie nicht immer die gleich großen Bilder Ihrer Freunde bekommen. Das kann bei einem Fotoalbum, wie wir es hier programmieren, stören. Deshalb können wir uns einen Untertag nutzbar machen, der hier die Bildgrößen einheitlich gestaltet. Wir kennen ihn auch schon; eigentlich sind es zwei.

Das Bild »petra.gif« hat zum Beispiel die Größe 100 x 100 Pixel. Es hat also die Syntax

```
<IMG SRC=petra.gif WIDTH=100 HEIGHT=100>
```

Das Bild »peter.gif« ist aber 100 Pixel breit und 80 Pixel hoch. Wir können es trotzdem mit den gleichen Breiten- und Höhenwerten aufrufen:

```
<IMG SRC=peter.gif WIDTH=100 HEIGHT=100>
```

Das Bild erscheint nun in der gleichen Größe wie »petra.gif«.

Webdesigner nutzen diesen Effekt oft bewusst. Der Effekt wirkt sehr rauh und pixelt stark. Gerade für Cyberpunk-Clichés wirkt das nett. Aber Sie sollten solche Dinge sehr bewusst machen und nicht versuchen, hier ein oder zwei Kbyte zu sparen. Das lohnt sich wiederum auch nicht immer. Auch prozentuale Größendefinitionen der Bilder sind vor allem bei den Microsoft-Browsern möglich. Allerdings kann der Browser hier ebenfalls nur sehr gepixelte Skalierungen liefern, deshalb sind absolute Größenangaben immer der bessere Weg.

Der Vorteil dieses Verfahrens liegt sicher darin, dass Sie kleinere oder größere Bilder angleichen können, allerdings muss Ihnen klar sein, dass die Bildqualität beim Skalieren deutlich abnimmt, sogar mehr, als es das in einem Grafikprogramm täte, weil die Browser das gröbere Pixelraster nun nicht ausgleichen können. Beachten Sie auch, dass Sie durch nicht proportionale Änderung der Größen Verzerrungen erzielen, die nicht immer wünschenswert sind.

Bedenken Sie auch, dass Sie nun ein Bild mehrmals in verschiedenen Größen aufrufen können. So erzielen Sie zum Beispiel bei Bäumen eine perspektivische Wirkung, obwohl Sie nur ein einziges Bild herunterladen mussten. Die Seite wird zudem sehr schnell laden. Die optischen Effekte habe ich aber nun wirklich warnend genug erwähnt. Wägen Sie ab. Sie sind der Designer und damit auch für die Qualität der Abbildungen zuständig.

5.5 Textstand um die Bilder herum

Oft genug kommt es vor, dass Text neben einem Bild steht. Sie könnten mit Ihrem Wissen hier schon eine elegante Lösung finden: Sie würden einfach zwei nebeneinander liegende Tabellenzellen aufbauen, in die Sie jeweils Text und Bild platzieren würden. Es geht aber eleganter, vor allem dann, wenn der Text das Bild umfließen soll. HTML hat dazu einen Untertag bereitgestellt, den Sie schon vom *<P>*-Tag kennen:

```
<IMG SRC=bild.gif ALT=Ein Bild WIDTH=100 HEIGHT=100 ALIGN=left>
```

Der *ALIGN*-Untertag sorgt hier mit der Einstellung »left« dafür, dass das Bild links steht und der Text rechts an ihm vorbeifließen kann. Die verschiedenen Möglichkeiten, das Bild hier zu platzieren, sind:

- `ALIGN=left` Text fließt rechts
- `ALIGN=right` Text fließt links
- `ALIGN=top` Erste Textzeile fließt oben, der Rest des Textes fließt unterhalb des Bildes
- `ALIGN=middle` Erste Textzeile fließt mittig, der Rest des Textes fließt unterhalb des Bildes
- `ALIGN=bottom` Text fließt rechts von unterem Bildrand

Sollten Sie diesen Tag nicht nutzen, sind die Browser standardmäßig auf »ALIGN=bottom« eingestellt.

Um hier noch feinere Einstellungen (vor allem bei »ALIGN=left/ ALIGN=right«) vorzunehmen, bietet HTML noch Abstandshalter an.

- ✘ `VSPACE=5` Hier wird zwischen Text und Bild ein vertikaler Rand von 5 Pixeln gehalten
- ✘ `HSPACE=10` Hier wird zwischen Text und Bild ein horizontaler Rand von 10 Pixeln gehalten

Die Zahlen sind wieder je nach Geschmack einsetzbar. Bedenken Sie aber, dass dieser Rand rund um das Bild vorhanden ist. Bei größeren Rändern wird das Bild also deutlich nach rechts und nach unten versetzt. Das kann im Layout leicht ein wenig windschief aussehen. Zum Beispiel rückt bei »HSPACE=10« das Bild auch 10 Pixel nach links und hält nicht nur den Text 10 Pixel von der Grafik entfernt. Genauere Positionierung ist mit Sicherheit immer durch den Einsatz von Tabellen zu erreichen.

Wenn wir also ein Bild »baum.jpg« in der Größe 100 x 200 Pixel links in einen Text setzen wollen und dieser Text soll einen vertikalen und horizontalen Abstand von fünf Pixeln haben, dann sieht die Syntax folgendermaßen aus:

```
<IMG SRC=baum.jpg ALT=Das ist ein Baum WIDTH=100 HEIGHT=200
ALIGN=left HSPACE=5 VSPACE=5>
Hier folgt der Text, hier folgt der Text.
```

Sie werden sehen, dass es nicht ganz einfach ist, den folgenden Text, der unbedingt unter das Bild soll, sauber auch dort zu platzieren. Eine einfache Möglichkeit wäre es, hier einfach eine neue Tabellenzelle aufzuziehen. Dann können Sie sicher sein. Wenn Sie allerdings nach dem Text, der das Bild umfließen soll, den <*P*>-Tag setzen, dann setzt der neue Absatz auch wirklich dort an. Ein reiner <*BR*>-Tag hilft hier nicht weiter.

Testen Sie aus, wie ein Bild in einem Text reagiert, wenn Sie den Text vor den Bild-Tag setzen oder den Bild-Tag in der Mitte des Textes platzieren. Hier lassen sich witzige Effekte erzielen. Wenn Sie aber volle Kontrolle über den Bildstand haben wollen, dann sollten Sie ein Bild immer links oben platzieren, sonst wandert Ihre Abbildung je nach Textgröße im Layout umher, da der Umbruch des Textes ja dann variabel ist.

Nehmen Sie wieder den schon geschriebenen Code unseres Fotoalbums, um rechts von jedem Bild (sie sollten alle gleich groß sein) einen Text zu platzieren, der einen Namen und eine Adresse angibt. Der Text sollte drei Pixel neben dem Bild beginnen, das mit dem Namen des Dargestellten benannt sein sollte. Zwei Bilder sollen hier genügen. Das zweite hat allerdings einen Link auf eine Phantasie-Website.

```
     <HTML>
        <HEAD>
           </TITLE>
           Meine Freunde
           </TITLE>
        </HEAD>

     <BODY BACKGROUND=pappe.gif BGCOLOR=#ffffff TEXT=#000000
     LINK=#0000ff VLINK=#0000ff ALINK=#0000ff>

     <CENTER>
     <TABLE BGCOLOR=#708090 WIDTH=380>
        <TR>
           <TD WIDTH=100>
           </TD>

           <TD WIDTH=180>
A           <IMG SRC=bild1.jpg WIDTH=100 HEIGHT=100 ALT=Peter
            ALIGN=left HSPACE=3 VSPACE=3>
B           Das ist Peter<BR>
            Meierstraße 5<BR>
            87677 Linden<P>
           </TD>

           <TD WITDH=100>
           </TD>
        </TR>
        <TR>
           <TD WIDTH=100>
           </TD>

           <TD WIDTH=180>
C           <A HREF=http://www.anna.de/HTML>
            <IMG SRC=bild2.jpg WIDTH=100 HEIGHT=100 ALT=Rudi
            ALIGN=left HSPACE=3 VSPACE=3></A>
            Das ist Rudi<BR>
```

```
        Oberallee 5<BR>
        80799 München<P>
        </TD>

        <TD WITDH=100>
        </TD>
    </TR>
</TABLE>
</CENTER>
</BODY>
</HTML>
```

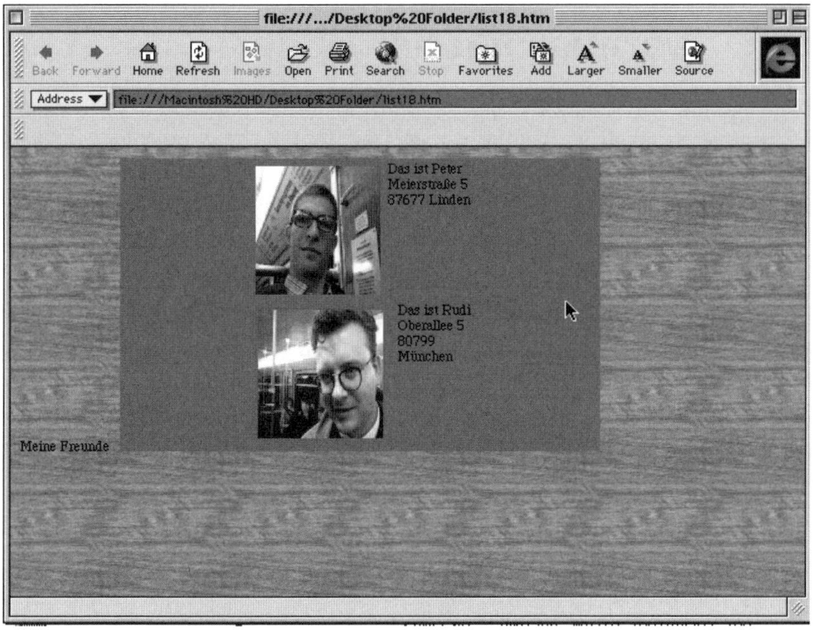

Bild 5.2: Das Fotoalbum wächst.

```
A       <IMG SRC=bild1.jpg WIDTH=100 HEIGHT=100
        ALT=Peter ALIGN=left HSPACE=3 VSPACE=3>
```

Hier werden alle Angaben zu Bildnamen, Größe, Ankündigungstext, Platzierung und Textabstand eingegeben.

```
B       Das ist Peter<BR>
        Meierstraße 5<BR>
        87677 Linden<P>
```

Weil wir eine Adresse angeben und Adressen meistens dreizeilig geschrieben werden, haben wir nach jeder Zeile einen *
*-Tag genutzt. Den Schluss bildet der *<P>*-Tag, damit eventuell später folgender Text nicht rechts neben das Bild gezogen wird.

```
C        <A HREF=http://www.anna.de/HTML>
         <IMG SRC=bild2.jpg WIDTH=100 HEIGHT=100 ALT=Rudi
         ALIGN=left HSPACE=3 VSPACE=3></A>
```

Wir haben dieses Bild mit der Phanatsie-URL »http://www.anna.de/HTML« verlinkt. Da wir keinen BORDER=0-Wert angegeben haben, wird ein Rand von einem Pixel Breite um das Bild herum erscheinen.

5.6 Vermischen der Bilder

Damit kommen wir jetzt langsam in die »Multimedia«-Ecke. Ich setze dieses (Hass-)Wort deshalb in Anführungszeichen, weil nur sehr wenig von dem über HTML machbar ist, was weithin als »Multimedia« bezeichnet wird. Ob die bisher auf dem Markt befindlichen Endverbraucherprodukte auch im CD-ROM- und Spielebereich diesen Namen überhaupt verdienen, sei einmal dahingestellt.

Ein nur für den Netscape »Navigator« tauglicher HTML-Tag kann hier ohne großen Aufwand schon die Illusion von bewegten Bildern erzeugen. Wenn wir zum Beispiel zwei Bilder von einem Baum haben, die in der gleichen Größe und aus der gleichen Kameraperspektive diesen Baum einmal im Sommer und einmal im Winter aufgenommen haben, dann können wir diese beiden Bilder sehr eindrucksvoll mit folgendem Tag überblenden:

```
<IMG SRC=baum2.jpg LOWSRC=baum1.jpg WIDTH=100 HEIGHT=100 ALT=Jahres-
zeiten>
```

Der *LOWSRC*-Tag wurde ursprünglich dazu entwickelt, Bilder mit einer geringeren Ladezeit vorzuschicken, um die eigentlichen Bilder dann nachzuladen. Aber wie Sie sehen, können Sie sich diesen Effekt gut für die Verfremdungen nutzbar machen. Allerdings gibt es eine Einschränkung: Sie können die Ladepause zwischen den Bildern nicht beeinflussen. Wenn ein User also diese Seite schon gecacht hat, weil er sie schon einmal heruntergeladen hat, wird dieser Effekt fast nicht mehr zu sehen sein, weil das zweite Bild sofort nachlädt.

Eine andere Sache lässt sich hier nicht mehr mit Tags beschreiben. Dazu bedarf es Ihrer Fähigkeiten und ein bisschen optischer Raffinesse. Ihnen stehen als Webdesigner im klassischen HTML zwei Bildebenen zur Verfügung. Das BACKGROUND-Image und eine theoretisch beliebige Anzahl von nebeneinander ladbaren Bildern. Da Sie schon gelernt haben, wie man Tabellen pixelgenau aufziehen kann, ist es Ihnen jetzt zum Beispiel ein Leichtes, einen Weg für folgenden Fall zu finden:

Sie möchten einen Gartenzaun darstellen, auf dem ein Vogel sitzt. Dabei soll sich dieser Gartenzaun über den ganzen Bildschirm erstrecken, der Vogel aber soll nur einmal zu sehen sein.

Sie erzeugen ein BACKGROUND-Bild, das nur einen oder zwei Stäbe des Gartenzauns, aber nach oben und unten noch genug Freiraum hat, um den Zaun nicht sofort zu wiederholen. Dann erzeugen Sie eine Tabelle, die den Pixelwert von der Spitze des Gartenzauns bis zum oberen Rand des BACKGROUNDs wiederholt, und machen diese Tabelle so breit, dass Sie das Bild mit einem Vogel nun an der richtigen Stelle platzieren können. Das ist eine ziemliche Friemelarbeit, und solche optischen Gags können schon einmal mehrere Tage in Anspruch nehmen.

5.7 GIF 89

Wenn wir unser Beispiel mit dem Vogel auf dem Zaun noch einmal aufnehmen, dann wäre es sehr schön, wenn der Vogel ab und zu noch mit den Flügeln schlagen würde. Das sieht lebensnaher aus.

Mit der Einführung eines besonderen GIF-Formats ist das kein Problem mehr. GIF 89 ermöglicht es, in ein Bild mehrere Bilder zu packen und deren Reihenfolge und Ablösegeschwindigkeit zu bestimmen. Sogar unendliche Schleifen sind machbar. Das Ganze erinnert zu Recht an ein Daumenkino, und ähnlich werden bewegte Bilder hier auch erzeugt.

Sie benötigen dazu ein Programm wie das »GIF Construction Set« für WINDOWS oder den »GIF Builder« für MAC/OS. Auf deren Oberfläche werden die einzelnen Bilder zusammengebunden, in ihrer Reihenfolge festgelegt und mit ihren Ablaufzeiten und dem eventuellen Loop bestimmt. Dann erfolgt eine Abspeicherung in einer einzigen Bilddatei, mit der Sie in gewohnter Art und Weise umgehen können. Das heißt, Sie können auch diese Bewegtbilder verlinken, in der Größe verändern, in einen Text einbauen und in ein *LOWSRC*-Tag einbauen.

Die Anwendungsmöglichkeiten von solchen GIF-89-Animationen sind vielfältig. Hier ein paar Vorschläge:

- Flips: Durch das ständige Überblenden von zwei Animationen entstehen zum Beispiel Propeller, Blaulichter, Augenaufschläge.

- Stories: Ein Mann spielt mit einem Ball, ein Vogel schlägt mit den Flügeln etc. Durch geschicktes Ausdehnen der einzelnen Bildzeiten kann die Bewegung sehr lebensecht werden.
- Blurs: Auf schwarzem Hintergrund setzen Sie ein schwarzes erstes Bild, das durch eine dunkle Version des Motivs abgelöst wird, das wiederum in eine hellere Version übergeht etc. So erscheint für den User das Bild vor Augen.

ACHTUNG

Allerdings gibt es einen entscheidenden Unterschied: GIF-89-Bilder sind mit Ausnahme der modernsten Browser nicht als BACKGROUND verwendbar. Da der Computer bei jeder Animation in einem solchen GIF 89 rechnen muss, wäre die Gefahr von Abstürzen einfach zu groß, wenn solche Bewegtbilder im Hintergrund zu sehen wären. Also wurde hier ein Riegel vorgeschoben. Davon einmal abgesehen: Wer kann noch einen Text lesen, wenn der ganze Bildschirm plötzlich das Wuseln anfängt?

Hier sind Ihre Talente als Zeichentrickexperte gefragt. Es gibt aber für MAC-User hier noch ein Feinchen. Wenn Sie ein Quicktime-Movie auf den GIF Builder ziehen, wird das Programm diesen Film automatisch in ein GIF 89 umwandeln. Dabei werden die Daten noch einmal entscheidend reduziert. Allerdings verliert der Film seinen Ton und bringt das Programm zum Absturz, wenn es sich um eine zu große Datei für Ihren Arbeitsspeicher handelt.

5.8 Videos mit/ohne Controller

Mit der Einführung der Browserversionen 3.0 durch Microsoft und Netscape hat sich ein Tag durchgesetzt, der nicht nur für Videos verwertbar ist, denn damit lassen sich – die richtigen Erweiterungen des Browsers vorausgesetzt – auch andere Dateiformate einbinden. Das englische Wort für »einbinden« ist »to embed«. Und genauso lautet auch der Befehl für die Integration von Videofilmen:

```
<EMBED SRC=video.mov>
```

Wenn Sie das Zusatzprogramm, also das Plug-in für Quicktime, in Ihrem Browser geladen haben, werden Sie jetzt in Ihr HTML-Dokument ein Video einbauen können. Es kann ja sein, dass Ihnen einer Ihrer Freunde für das Fotoalbum sogar Bewegtbilder überlassen hat.

Seien Sie aber vor den Bytezahlen gewarnt. Eine Minute Video hat auch bei Briefmarkengröße oft schon 5 Mbyte Daten als Ladevolumen. Ihre Freunde in Ehren, aber kaum ein Surfer wartet bis zu einer Stunde auf dieses Video. Seien Sie hier also datenökonomisch.

Für ein Video gibt es eine Reihe von Untertags, die das genaue Verhalten der Filmchen steuern.

- `SRC=` (Pfad, der zum Video führt)
- `WIDTH=` (Breite der Pixel)
- `HEIGHT=` (Höhe der Pixel)
- `AUTOPLAY=` true/false

Das Video beginnt automatisch zu spielen oder wartet auf einen Startklick.

`LOOP=true/false/palindrome`

Das Video startet eine unendliche Schleife, die auch vor- und zurückgespult werden kann.

`CONTROLLER=true/false`

Die Kontroll-Buttons werden gezeigt oder versteckt.

`PLAYEVERYFRAME=true/false`

Jedes Bild des Videos wird gespielt (das kann zu Verzögerungen führen), oder die Abspielqualität wird der Hardware des abspielenden Computers angepasst.

`HREF=(Link zu einer anderen Page)`

Ähnlich, wie Sie das schon vom IMG-Tag kennen, sind alle diese Untertags in den Tag einfügbar, sollten hier aber möglichst nicht weggelassen werden. Es scheint, dass die Browser hier empfindlicher reagieren und mehr Informationen brauchen, um mit dem Video korrekt umgehen zu können.

Gehen wir die Vorbereitung und die Einbindung Schritt für Schritt am Beispiel eines Quicktime-Movies durch.

Sie werden den Film über die Digitalisierung von analogem Material oder über die Exportfunktion einer Video- oder 3-D-Rendering-Software erhalten haben. Achten Sie bitte darauf, dass Sie dieses Movie plattformübergreifend abspeichern. Das ist wichtig, weil sonst die Browser von Netscape und Microsoft nicht darauf reagieren. Jetzt können Sie schon einmal den Untertag *SRC* definieren, denn Sie wissen ja, wo das Video in der Verzeichnisstruktur liegt.

Dieses Filmchen wird eine Größe und Breite der Leinwand haben, die Sie in WIDTH und HEIGHT übernehmen können. Sollten Sie kleinere Werte angeben, wird der Bildausschnitt beschnitten, bei größeren Werten vergrößert sich nicht das Bild, sondern nur der Abstand des Videos von den anderen Elementen auf der HTML-Seite.

Wenn Sie möchten, dass das Video möglichst schon mit den ersten Teilen des Downloads zu spielen beginnt, dann geben Sie im Untertag AUTOPLAY den Wert »true« an, sonst steht dort »false«.

Ähnliches gilt für LOOP (unendliche Wiederholung), CONTROLLER (Start- und Stop-Tasten) und PLAYEVERYFRAME (das gesamte Video wird abgespielt, es dürfen keine Bilder im Film aus Gründen der Synchronisation übersprungen werden). Der Wert »palindrome« bedeutet, dass das Video vor- und zurückgespielt wird.

Sollten Sie noch einen Link einbauen wollen, so geben Sie mit dem HREF-Untertag ohne Abschluss-Tag (!) den passenden internen oder externen Link an.

Das ist nicht ganz unkompliziert. Deshalb noch einmal ein Beispiel: Wenn Sie ein Video eines singenden Vogels, das die Größe von 100 x 200 Pixel besitzt, in Originalgröße unendlich oft ohne Controller so einbinden wollen, dass jedes Bild zu sehen ist, dann schreiben Sie zum Beispiel:

```
<EMBED SRC=vogel.mov WIDTH=100 HEIGHT=200 LOOP=true
CONTROLLER=true PLAYEVERYFRAME=true>
```

Nun können aber manche Browser diese Einbindung nicht leisten. Für diese Programme hat HTML einen besonderen Tag vorgesehen, der den gleichen Film als Download bereitstellt:

```
<NOEMBED><A HREF=vogel.mov>Singender Vogel</A></NOEMBED>
```

An der Stelle des Videos entsteht nun nur (!) bei diesen Browsern ein Textlink an dieser Stelle.

5.9 Töne im Hintergrund und als Download

Ein wenig komplizierter stellt es sich dar, wenn man seine Seiten zum Sprechen bringen will. Nicht wegen der Syntax, denn die ist derjenigen ziemlich ähnlich, die wir im letzten Kapitel kennengelernt haben. Wir müssen vor der Verwendung von Tondokumenten eine Entscheidung darüber treffen, wen wir erreichen wollen.

Das kennen wir schon ein wenig aus dem Bereich der Videos: Ohne einen Quicktime- oder AVI-Player (Quicktime scheint sich ein wenig mehr durchzusetzen) wird ein User diese Videos nicht sehen können. Noch besser sind Plug-ins, die das Video direkt im Browser sichtbar machen. Gerade bei WINDOWS-Geräten kommt im Bereich Ton aber noch das Problem der Soundkarten dazu. Das sind Hardware-Erweiterungen, die nicht jeder User geleistet hat. MAC/OS-User haben es hier ein wenig leichter: Kein Computer ohne Lautsprecher und Ton-System. Allerdings kann der MAC nicht ohne weiteres die Weitverbreiteten WAV-Dateien abspielen.

Um es kurz und schmerzlos zu machen, hier ist die Aufstellung der möglichen Tonformate und deren notwendige Erweiterungen:

Format	**Tonqualität**	**Erweiterungen**
Quicktime	div. Auflösungen	ab Quicktime 2.5
MIDI	feste Klänge in der Soundkarte oder feste Klänge aus Quicktime 2.5	MIDI-fähige Soundkarte oder ab Quicktime 2.5
WAV	div. Auflösungen	Soundkarte MAC: Brians Soundtool oder ab Netscape Navigator 3.0 bzw. Microsoft Explorer 3.0
AU	11 kHz, 8 bit, µ.law	
AIFF	div. Auflösungen	MAC/OS und WINDOWS
SND	div. Auflösungen	nur WINDOWS und externer Player

Im Wesentlichen geht es also darum zu entscheiden, ob ein Soundsystem genommen werden soll, das Erweiterungen braucht, dafür aber übergreifend einsetzbar ist (Quicktime), oder ob ein eingeschränktes Format genügt, das dafür schon auf den meisten Geräten vorhanden ist (AU, WAV).

Um CD-Qualität zu erreichen, müssen Sie den Sound in einer Qualität von 44,1 kHz und einer Auflösung von 16 Bit sampeln. Bei Stereophonie kommen Sie dabei allerdings leicht auf zehn Mbyte pro Minute. Eindeutig zu hoher Datenaufwand. Da ein Grafiken und Video ähnliches Komprimierungsprogramm im Soundbereich fehlt, bleibt Ihnen nur die Aufzeichnung in schlechterer Qualität übrig. Aber das ist nicht allzu tragisch. Die wenigsten Computernutzer haben an ihren Geräten Boxen, die einen besseren Sound als den bei 11 kHz und 8 Bit Auflösung benötigen. So können Sie schon ab 150 Kbyte pro Minute arbeiten.

Einen Sonderfall stellt Quicktime dar, da es eigentlich als Video-Format erfunden wurde, aber plattformübergreifend auch sehr gut Sound verarbeitet. Zudem sind ab Quicktime 2.5 die 128-General-MIDI-(GM)Sounds vorhanden, die sich ähnlich einem Synthesizer abrufen lassen. Der Vorteil: Nur die Steuerdaten müssen übertragen werden, und so kann selbst ein langes Musikstück mit minimalem Datenaufwand realisiert werden. Der Nachteil: Die Sounds sind festgelegt und nicht nachbearbeitbar. Sie klingen außer bei den Schlaginstrumenten auch nicht gerade sehr realistisch.

Die Einbindung der Sounds erfolgt für gewöhnlich in der schon bekannten Art. Ein einfacher Link löst hier einen Download in einer eigenen Dialogbox aus. Wenn Sie den Sound im Hintergrund aufbauen wollen, steht Ihnen hier wieder ab den Browserversionen 3.0 der Firmen Microsoft und Netscape der *<EMBED>*-Tag zur Verfügung. Im Fall eines Quicktime-Tons sieht die Syntax also genauso aus wie im letzten Kapitel, z.B.:

```
<EMBED SRC=vogel.mov WIDTH=100 HEIGHT=200 LOOP=true
CONTROLLER=true PLAYEVERYFRAME=true>
```

Wenn es sich aber zum Beispiel um ein AU-File oder ein MIDI-File handelt, können noch zwei Zusatz-Untertags eingebaut werden:

`VOLUME=1` (leisester Ton. 10 ist die lauteste Stufe)
`HIDDEN` (die Controller werden versteckt)

Der Microsoft Explorer hat sich des Problems in einer anderen Art und Weise angenommen. Ausschließlich für ihn existiert der Tag

```
<BGSOUND SRC=vogel.mid LOOP=infinite>
```

Hier also die unendliche Wiederholung des MIDI-Sounds »vogel.mid« im Hintergrund. Wenn Sie statt des »infinite« eine Zahl eingeben, legt diese die Häufigkeit der Wiederholungen fest.

Leider nie durchgesetzt hat sich der Tag, den die aktuelle Version des Browsers »Mosaic« unterstützt:

```
<SOUND SRC=vogel.wav LOOP=3 DELAY=23>
```

Hier wird der WAV-Klang »vogel.wav« insgesamt dreimal wiederholt. Zwischen den Schleifen existiert aber eine Pause von 23 Sekunden. Gerade bei Ambients, deren Schleifen nicht immer zu hören sein sollten, wäre ein solcher Untertag für alle Browser sehr nützlich – leider bisher ohne Erfolg. Seufz.

Damit Sie solche Effekte nutzen können, müssen Sie auf Zusatztechniken wie FLASH umsteigen. Dort können Sie nicht nur bewegte Typographie erzeugen, sondern auch den Einsatz und die Pausen von Tönen sehr genau festlegen. Das ist allerdings ein anderes Thema und eine andere Technik, zu der es in Deutschland inzwischen auch schon eine Reihe von Büchern gibt. Fragen Sie Ihren Fachhändler nach optimaler Lektüre, wenn Sie dieses Thema sehr stark interessiert. Seien Sie sich aber auch im Klaren darüber, dass Ton auch in FLASH oder gar in SHOCKWAVE nicht wesentlich kleiner als MP3 komprimiert werden kann. Ganze Hörspiele sind immer noch ein Problem.

Nach diesem Kapitel beherrschen Sie:

- ✘ die Einbindung und Skalierung von Bildern
- ✘ die Einbindung von Video und Ton
- ✘ die Einbindung von Hintergrundmusik

Kapitel 6

Frames

Frames sind, einfach erklärt, Teile des Bildschirmaufbaus, die unabhängig von den anderen Teilen in einem WWW-Browser nachgeladen werden können. Ein Feature, das seit Ende 1995 das Web stark beeinflusst. In diesem Kapitel lernen Sie:

- ✘ Den Grundaufbau von Frame-Dateien
- ✘ Senkrechte und waagerechte Frames
- ✘ Frames nebeneinander und ineinander
- ✘ Unsichtbare und gefärbte Frames

6.1 Grundfunktionen

Seit Herbst 1995 bietet sich dem Webdesigner eine neue Form von Seitenaufteilung an, die den Bildschirm in einzeln nachladbare Elemente teilt: die sogenannten »Frames«. Dieser neue Tag, der mit klassischem HTML eigentlich schon nichts mehr zu tun hatte, wurde mit dem Browser Navigator 2.0 von Netscape eingeführt und kann jetzt auch – mit ein paar geringfügigen Modifikationen – vom Explorer 3.0 und höher wiedergegeben werden.

Um das Grundprinzip der Frames zu verstehen, reicht es schon, wenn Sie sich ein Sprossenfenster vorstellen. Da gibt es zum einen die Rahmen und Sprossen. Diese Funktion enthält das eigentliche Frame-File. Es stellt nur die Definition auf, welche Unterteilungen des Bildschirms in welcher Größe stattfinden. Und dann gibt es hier noch die Fensterscheiben. Diese »Füllungen« mit ihrem Pfadnamen sind herkömmliche HTML-Files, die in diese unterteilten Bildschirme eingefügt werden können. Dabei ist es auch möglich, dasselbe File in verschiedenen Frames immer wieder aufzurufen. Wir werden sehen, dass das nicht ohne Reiz ist. Und um noch einmal auf unser Bild zurückzukommen: Es gibt sogar Schiebefenster und Rolläden. Sie können in der Frame-Datei definieren, ob die einzelnen Frames mit der Maus vergrößerbar sein sollen oder nicht. Und die automatische Generierung eines Rollbalkens kann eine Füllung auch länger und breiter sein lassen, als es der Frame eigentlich vorsieht. Das ist besonders bei Texten wichtig. Sonst schneidet der Rahmen mitten im Satz ab. Das wäre peinlich.

Wozu dienen diese Frames?

Erfunden wurden sie schwerpunktmäßig, da macht man keinen Hehl daraus, um an den Bildschirmrand Werbung zu platzieren, die unabhängig zum geklickten Link immer stehenbleibt und nicht jedes Mal neu nachgeladen werden muss. Durchgesetzt hat sich diese Programmiertechnik aber vor allem in Index-Files, deren Einträge meistens am linken Rand stehen und im rechten Frame den gewünschten Content nachladen. Findige Webdesigner nutzen Frames auch gerne als Spacer, indem Sie Bilder pixelgenau zerschneiden und dann in die entsprechenden Frames via BACKGROUND-Tag einbauen. Ein Frame kann also auch dann sehr gut angewendet werden, wenn ein klar definierter Teil des Bildschirms unabhängig von den anderen Teilen eine bestimmte optische oder inhaltliche Aufgabe erfüllen soll. Gerade die Art-Direktoren von Webagenturen wie Pixelpark nutzen diese Textnik gerne. Sie hat allerdings einen Nachteil. Suchmaschinen finden diese Teile nicht und werden deshalb immer nur eben teilweise aufführen, was sie finden. Will ein User dann diese Inhalte lesen und klickt auf die aufgeführten Links, lädt er gewisse Teile des Bilschirms nicht mit und findet z.B. die Navigation nicht oder bekommt ein zerschlagenes Layout. Schwierige Sache ...

Ein Frame kann auch so programmiert werden, dass er von einem Frame in einen nächsten lädt. Übrigens kann er sich auch selbst auflösen. Und er kann weitere Frames in sich aufnehmen, also wie eine Babuschka-Puppe, in der eine weitere Puppe steckt.

Das klingt in der trockenen Theorie alles ein wenig nebulös. Schauen wir uns deshalb die konkrete Programmierung an.

Wir haben es, wenn Sie sich das Fensterbeispiel noch einmal vergegenwärtigen, nun plötzlich nicht mehr mit einem File zu tun, in dem der ASCII-Text, die Links auf Bilder und andere Seiten sowie die Formatierungsangaben vorhanden sind. Deshalb muss klar in ein Frame-Dokument und mehrere Füll-Dokumente unterschieden werden. Letztere sind – wie bereits angedeutet – herkömmliche HTML-Files.

Also würde ein Füll-File wie

```
<HTML>
  <HEAD>
     <TITLE>
     Das ist eine F&uuml;llung
     </TITLE>
  </HEAD>

<BODY>
Hallo, ich sitze in einem Frame!
</BODY>
</HTML>
```

schon vollkommen genügen (sehen wir einmal von der Optik und dem Inhalt des Files ab ...).

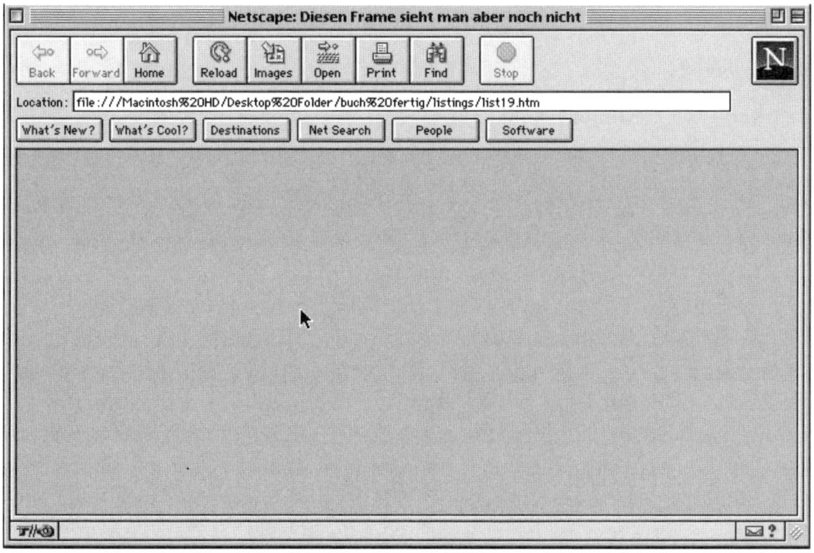

Bild 6.1: Ohne Füll-File und genauere Definitionen sieht man hier nichts im Browser.

Das eigentliche Frame-File besitzt nun einen anderen Aufbau und ist das zentrale Dokument, auf das später auch verlinkt wird, um alle Files zusammen aufzurufen. Das Grundgerüst lautet:

```
<HTML>
     <HEAD>
        <TITLE>
        Dieses Frame sieht man aber noch nicht.
        </TITLE>
```

```
    </HEAD>

A <FRAMESET>
    </FRAMESET>

B <NOFRAMES>
        Hier kann ein Ersatztext einfließen.
  </NOFRAMES>
</HTML>
```

```
A <FRAMESET>
  </FRAMESET>
```

Der *<BODY>*-Tag ist also verschwunden. An seiner Stelle wird dem Browser signalisiert, dass eine Reihe von Frame-Definitionen folgen werden. Dieser Tag besitzt allerdings wieder eine strenge HTML-Syntax mit Anfangs- und Schluss-Tag, auf die Sie unbedingt achten müssen, sonst bleibt der Bildschirm leer.

```
B <NOFRAMES>
```

Hier kann ein Ersatztext einfließen.

```
  </NOFRAMES>
```

Da es Browser gibt, die diese Frames nicht verstehen und umsetzen können, hat Netscape einen *<NOFRAME>*-Tag vorgesehen, in den Sie für diese User (April 1996 waren das etwa fünf Prozent der Websurfer, heute sind es noch weniger, allerdings sollten Sie nicht die Spezialbrowser vergessen, die z.B. für Blinde den Internet-Inhalt vorlesen; diese Browser tun sich nicht nur bei Grafiken schwer, wenn der ALT-Tag nicht ausgefüllt ist, sondern sie werden auch mit Frames nur schwer hantieren können) einen Ersatztext einfügen können. Dabei sind Ihrer Phantasie keine Grenzen gesetzt. Die meisten Webdesigner platzieren hier nur einen wenig gestalteten Satz mit einem Link zu kostenlosen Browser-Downloads. Allerdings können Sie hier auch aufwendige Designs und Bilder unterbringen. Dabei dürfen Sie nie vergessen: User sehen entweder die Frames oder dieses Ersatz-File, nie beides gleichzeitig.

Soviel zum Grundaufbau, der so noch nicht verwendet werden kann, weil alle wichtigen Definitionen bis jetzt darin fehlen. Nach diesem Grundaufbau geht es dann daran, die Frame-Größen und deren Anzahl zu definieren. Dazu spielen wir in den folgenden Kapiteln wieder ein Beispiel durch.

6.2 Senkrechte und waagerechte Frames

Sie erinnern sich sicher daran, dass wir in den ersten Kapiteln dieses Buches ein Index-File programmiert haben, das auf verschiedene Texte linkt. Allerdings mussten wir jedes Mal alle Texte laden, um hier den einen lesen zu können, und wenn wir wieder zum Index wollten, blieb uns auch nichts anderes übrig, als wieder zum kompletten Ausgangs-File zurückzuspringen.

Es wäre viel schöner, wenn wir hier einen Textindex am Bildschirmrand stehen hätten, der vorhanden bleibt, während sich daneben die einzelnen Texte laden lassen. Wir möchten also ein Frame-Dokument erstellen, das im Verhältnis 1:3 zwei Frames erzeugt, die das Indexdokument und die einzelnen Textdokumente beinhalten.

Der erste Schritt soll das Frame-File sein. Wir nehmen noch einmal unseren Kernaufbau aus dem vorangegangenen Kapitel und bauen dort einen senkrechten Frame ein, der den Bildschirm in zwei Hälften teilt:

```
   <HTML>
       <HEAD>
           <TITLE>
           Textverzeichnis
           </TITLE>
       </HEAD>

A    <FRAMESET COLS=25%,75%>
B       <FRAME NAME=links SRC=index.htm SCROLLING=auto
         NORESIZE>
C       <FRAME NAME=rechts SRC=text1.htm SCROLLING=auto
         NORESIZE>
   </FRAMESET>

   <NOFRAMES>
D       <BODY BGCOLOR=#ffffff>
        Bitte laden Sie <A HREF=http://home.netscape.com>
        Netscape Navigator</A> oder
        <A HREF=http://www.microsoft.com/germany/ie/>
         Microsoft Explorer</A>,
        um dieses Dokument sauber angezeigt zu sehen.
        </BODY>
   </NOFRAMES>
</HTML>
```

Bild 6.2: So sieht das File im »Explorer« aus, wenn Sie die Füll-Files noch nicht dazuprogrammiert haben.

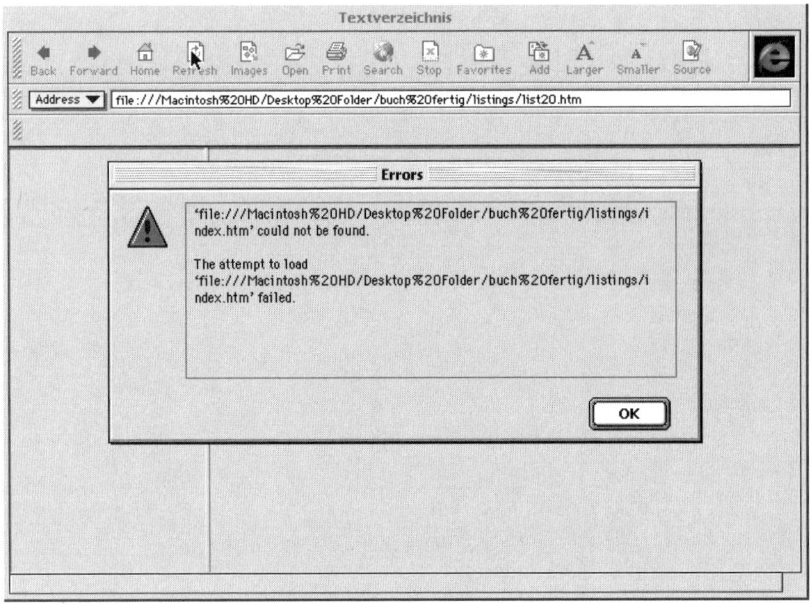

Bild 6.3: Allerdings bekommen Sie Fehlermeldungen. Hier die erste, weil »index.htm« nicht gefunden werden kann.

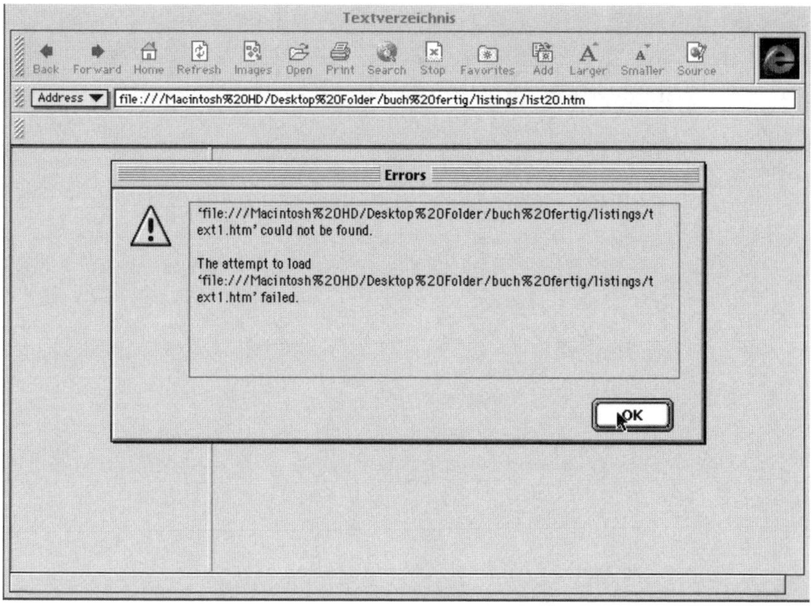

Bild 6.4: Und hier die zweite, weil »text1.htm« noch fehlt.

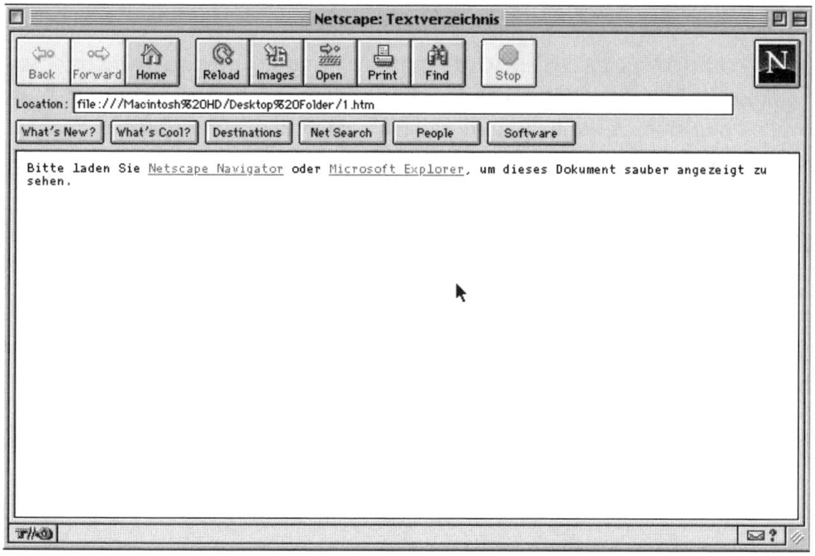

Bild 6.5: Und das sehen Browser, die Frames nicht darstellen können.

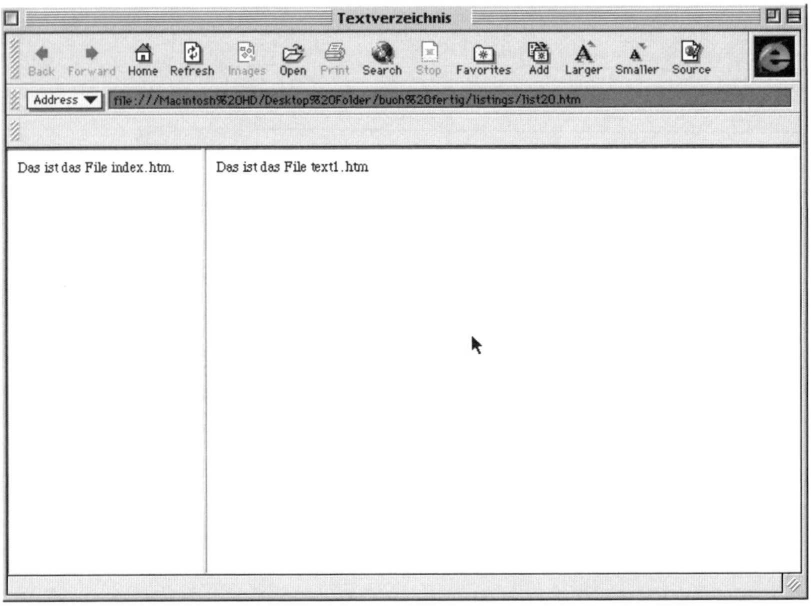

Bild 6.6: So sieht schließlich das File aus, wenn »index.htm« und »text1.htm« vorhanden sind.

```
A    <FRAMESET COLS=25%,75%>
```

In den *<FRAMESET>*-Tag wird nun ein Untertag geschrieben, der zwei Funktionen hat: Zum einen legt er durch seinen Namen fest, dass es sich um senkrechte Frames handelt, zum anderen geben die Werte (hier in Prozent) an, wie viel Fläche der Frame jeweils bedecken darf.

```
B      <FRAME NAME=links SRC=index.htm
SCROLLING=auto NORESIZE>
```

Da im *<FRAMESET>*-Tag zwei Flächen definiert wurden (25 Prozent und 75 Prozent), muss dem Browser jetzt auch angegeben werden, was er in diese Flächen laden soll. Deshalb öffnet hier ein *<FRAME>*-Tag, der alle relevanten Angaben als Untertag enthält.

NAME=links	Der Name des Frames ist »links«. Sie können diese Namen frei vergeben. Es empfehlen sich logische Benennungen, die Ihnen später auch noch einsichtig sind. Auf jeden Fall muss der Frame aber einen Namen haben! Dazu später.
SRC=index.htm	Hier wird der Pfadname des Files angegeben, das diesen Frame füllen soll. Sie wissen aus den vorangegangenen Kapiteln bereits, was Sie tun müssen, wenn diese Files in anderen Verzeichnisebenen oder sogar auf anderen Servern im WWW liegen.

NORESIZE	Dieser Untertag ohne weiteren Wert definiert, dass der Frame-Rand nicht durch die Maus verschoben werden kann. Wenn Sie diesen optionalen Befehl nicht angeben, kann der User einen Frame mit der Maus »wegziehen« wie einen Rolladen.
SCROLLING=auto	Hier wird dem Browser erlaubt, immer dann einen Rollbalken darzustellen, wenn das Füll-File nicht im Frame Platz hat. Stellen Sie diesen Untertag auf »no«, dann wird das File gnadenlos vom Frame abgeschnitten. Allerdings entstehen dann auch keine unschönen Rollbalken, die manchmal stören können. Mit SCROLLING=yes wird immer ein Rollbalken angelegt, egal, wie groß das Füll-File ist.

```
C       <FRAME NAME=rechts
        SRC=text1.htm SCROLLING=auto>
        </FRAMESET>
```

Hier haben wir den Frame »rechts« benannt, weil er auch rechts vom ersten Frame liegen wird. Hier wird das File »text1.htm« zugeordnet, denn jeder Frame sollte von Anfang an gefüllt sein, um eine Fehlermeldung des Browsers zu verhindern. Auch hier haben wir automatische Rollbalken. Einen Resize-Befehl brauchen wir nicht, weil sich schon der andere Frame nicht bewegen lässt und die Größenverhältnisse so konstant bleiben. Nach dieser Definition schließen wir den *<FRAMESET>*-Tag ab, denn es sind alle notwendigen Files angegeben worden.

```
D       <BODY BGCOLOR=#ffffff>
```

Im *<NOFRAMES>*-Tag taucht nun plötzlich der *<BODY>*-Tag doch wieder auf. Warum? Da es sich hier um den Bereich für Browser handelt, die nicht Frame-fähig sind, kann in klassischer HTML-Syntax verfahren werden. Der *<BODY>*-Tag ist aber nur dann notwendig, wenn man zum Beispiel eine eigene Hintergrundfarbe definieren will.

Wir haben nun ein Frame-File geschaffen, das »links« unseren Index enthält und »rechts« unsere Texte. Wenn Sie nun zwei beliebige HTML-Files nehmen, die aufeinander verlinkt sind, diesen entsprechende File-Namen zuweisen, wie hier zum Beispiel »index.htm« und »text1.htm«, dann ein Frame-File programmieren, das diese Files aufruft, haben Sie bereits eine fertige Frame-Programmierung.

Mit zwei kleinen Schönheitsfehlern:

- ✗ Die Größe der Files scheint die Frames zu sprengen, wenn Tabellen darin vorkommen, die sich weiter als der Frame-Platz ausdehnen. Überall entstehen Scrollbalken, was sehr unschön aussehen kann.
- ✗ Wenn Sie einen Link anwählen, lädt das gewünschte File zwar, aber es lädt wieder in den gleichen Rahmen. Ab dem zweiten Klick haben Sie dadurch plötzlich zwei gleiche Files auf dem Bildschirm, wenn Sie wieder ein Frame-File anklicken. Und das kann auch noch ein drittes Mal so passieren und ein viertes Mal. Wer soll sich da noch auskennen?

Das erste Problem lösen Sie nur, wenn Sie eine entsprechende File-Breite vorsehen. Hier würde es schon helfen, die Table-Breite auch in Prozent anzugeben, da der Browser so zuerst den Frame aufspannt und dann den Table in der passenden Größe anlegt. Also müssen Sie sich merken:

Das ist eher eine Sache der Füll-Files.

Und für das zweite Problem müssen wir noch einen Untertag lernen.

Wir bauen uns deshalb ein passendes Index-File, das beide Probleme löst. »index.htm« heißt deshalb zum Beispiel:

```
  <HTML>
     <HEAD>
        <TITLE>
        Index
        </TITLE>
     </HEAD>
  <BODY BGCOLOR=#ffffff TEXT=#000000 LINK=#000099
  ALINK=#000099 VLINK=#000099>

A  <TABLE WIDTH=90%>
     <TR>
B       <TD WIDTH=10%>
        </TD>

C       <TD WIDTH=70%>
D       <A HREF=text2.htm TARGET=rechts>
        Text 2</A><BR>
        <A HREF=text3.htm TARGET=rechts>
        Text 3</A><BR>
        <A HREF=text4.htm TARGET=rechts>
        Text 4</A><BR>
        <A HREF=text1.htm TARGET=rechts>
```

```
        zurück</A><P>
        </TD>

        </TD WIDTH=10%>
        </TD>
    </TR>
</TABLE>
</BODY>
</HTML>
```

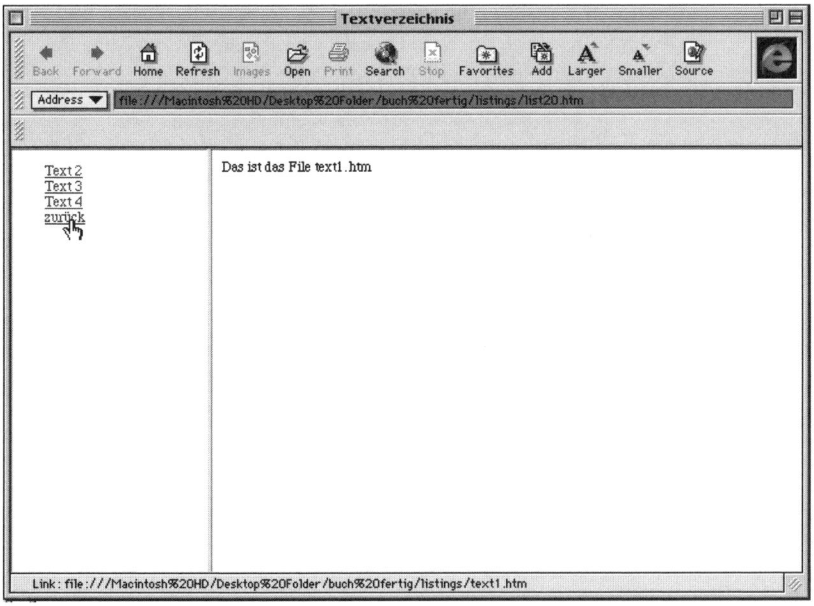

Bild 6.7: Äußerlich gibt es scheinbar keinen Unterschied, aber jetzt lädt der Link des Index in den rechten Frame.

```
A    <TABLE WIDTH=90%>
```

Der Table des Files soll nur 90 Prozent des Frames ausfüllen. So kann kein Querrollbalken entstehen.

```
B           <TD WIDTH=10%>
             </TD>
```

Zehn Prozent des Tables sollen vor und nach der Zelle mit den Links leer sein und den Abstand vom Frame vergrößern.

```
C           <TD WIDTH=70%>
```

In diese Zelle kommen alle Links.

```
D       <A HREF=text2.htm TARGET=rechts>Text 2</A><BR>
```

Im Untertag TARGET (= »Ziel«) steckt das Geheimnis. Da ich dem Link jetzt einen Zielframe zuweise, lädt das betreffende File auch im richtigen Bereich nach. Es gibt neben den freien Namen auch feste TARGET-Namen:

`TARGET=_top`	Alle Frames werden gelöscht, das File wird freistehend aufgerufen.
`TARGET=_self`	Das File wird in denselben Frame geladen. Diese Angabe ist die Standardeinstellung, wenn Sie den TARGET-Tag weglassen.
`TARGET=_parent`	Wir werden noch lernen, wie man Frames verschachtelt. Hier lädt das Dokument in die erste obere Ebene. Allerdings kann dieser Untertag durch die Nennung des betreffenden Frame-Namens erübrigt und besser erledigt werden.

Ich habe hier fünf Links aufgeführt. Den letzten habe ich mit einem <P>-Tag etwas abgesetzt. Er verweist wieder auf das File, das man am Anfang gesehen hat. Sie sollten nie vergessen, dass man sonst bei manchen Browsern nur schwer nach der ersten Auswahl wieder dorthin gelangt (bei vielen Browsern führt der BACK-Button ganz zurück an das File vor dem Frame-File).

Versuchen Sie nun, das File »text2.htm« so zu programmieren, dass kein Querrollbalken entstehen kann und ein Link auf »text1.htm« so zurückweist, dass es im gleichen Frame nachgeladen wird. Variieren Sie auch farblich ein wenig. Kann nie schaden.

```
   <HTML>
      <HEAD>
         <TITLE>
         Index
         </TITLE>
      </HEAD>
A   <BODY BGCOLOR=#000000 TEXT=#ffffff LINK=#000099
    ALINK=#000099 VLINK=#000099>

   <TABLE WIDTH=90%>
      <TR>
         <TD WIDTH=10%>
         </TD>

         <TD WIDTH=70%>
B          <FONT FACE=Arial SIZE=3>
           Hier kommt beliebiger Text hinein.<P>
C       <A HREF=text1.htm TARGET=rechts>Text 1</A><BR>
         </TD>
         </TD WIDTH=10%>
```

```
            </TD>
        </TR>
    </TABLE>
    </BODY>
    </HEAD>
```

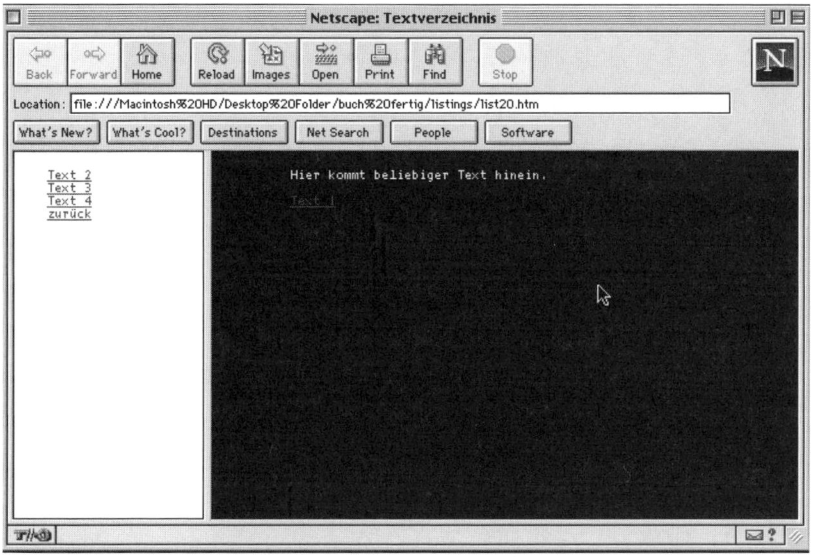

Bild 6.8: Jetzt haben wir Text 2 angeklickt.

```
A   <BODY BGCOLOR=#000000 TEXT=#ffffff LINK=#000099
    ALINK=#000099 VLINK=#000099>
```

Hier wurde der Hintergrund auf »Schwarz« und die Schrift auf »Weiß« gesetzt. So treten die einzelnen Frames stärker hervor.

```
B           <FONT FACE=Arial SIZE=3>
             Hier kommt beliebiger Text hinein.<P>
```

Hier folgt der Text in Normalgröße und in einer Sans-Serifen-Schrift.

```
C       <A HREF=text1.htm TARGET=rechts>Text 1</A><BR>
            </TD>
```

Der Link besitzt als TARGET den Frame, in dem er sich selbst befindet. Wir haben jetzt also drei Möglichkeiten, ein im gleichen Frame ladendes File aufzurufen:

- ✘ ohne TARGET-Nennung
- ✘ mit TARGET=_self
- ✘ mit TARGET=(Name des Frames)

Es bleibt Ihrem Geschmack überlassen, welche Möglichkeit Sie wählen wollen.

Wir hätten diesen Index auch anders programmieren können. Es gibt auch die Möglichkeit, waagerechte Frames aufzubauen. Schauen wir uns deshalb unseren Index-Frame noch einmal genauer an und ändern wir das mit einem neuen Tag:

```
<HTML>
      <HEAD>
          <TITLE>
          Textverzeichnis
          </TITLE>
      </HEAD>

A   <FRAMESET ROWS=110,*>
B       <FRAME NAME=links SRC=index.htm SCROLLING=auto
         NORESIZE>
        <FRAME NAME=rechts SRC=text1.htm SCROLLING=auto
         NORESIZE>
    </FRAMESET>

    <NOFRAMES>
       <BODY BGCOLOR=#ffffff>
       Bitte laden Sie <A HREF=http://home.netscape.com>
       Netscape Navigator</A> oder
       <A HREF=http://microsoft.co>Microsoft
       Explorer</A>, um dieses Dokument sauber angezeigt
       zu sehen.
       </BODY>
    </NOFRAMES>
</HTML>
```

```
A   <FRAMESET ROWS=110,*>
```

Statt der senkrechten Trennung haben wir jetzt eine waagerechte Aufteilung des Bildschirms eingezogen. Und weiterhin stehen hier plötzlich keine Prozentzahlen mehr, sondern eine Pixelzahl. Wie Sie vielleicht schon vermutet haben, kann man Frames so auch pixelgenau justieren. Hier haben wir einen Abstand von 110 Pixeln zur Browserfenster-Oberkante gewählt. Der Stern bedeutet dabei, dass die restlichen Pixel dem zweiten Frame gehören.

```
B       <FRAME NAME=links SRC=index.htm SCROLLING=auto
        NORESIZE>
```

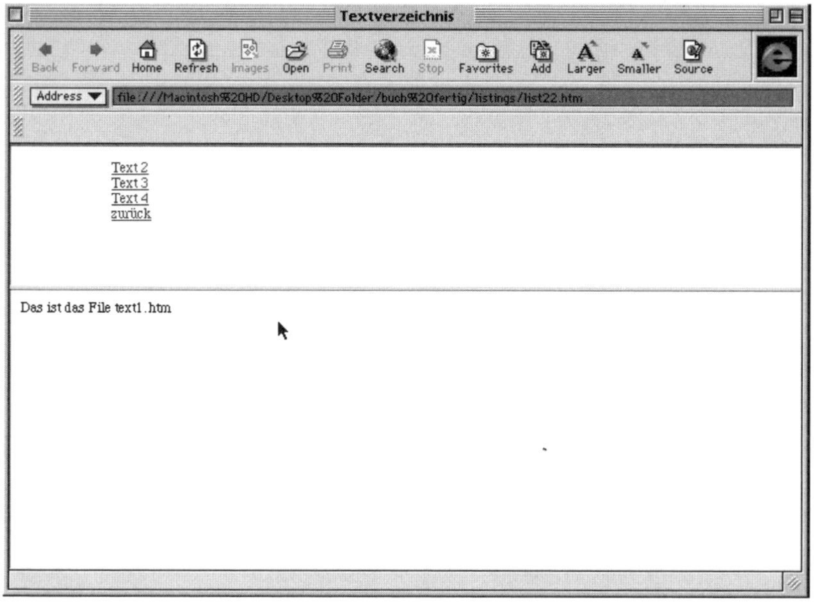

Bild 6.9: So entsteht ein waagerechter Frame.

Ab hier ist wieder der identische Source-Code von vorhin möglich. Die Elemente bleiben ja auch die gleichen.

Jetzt ist die ganze Anpassung vor allem von »index.htm« wieder unpassend. Hier wäre es vielleicht angebracht, das File in eine mehrspaltige Variante zu ändern. Beachten Sie aber, dass nicht jede Frame-Aufteilung immer geeignet ist. Waagerechte Abtrennungen eignen sich schon eher für Abbildungen oder eine Ansammlung von Buttons, also von verlinkten Grafiken.

Versuchen Sie nun die Programmierung dieses Files so, dass zwei senkrecht getrennte Bildschirmbereiche beliebig groß sein können und sich am Inhalt Ihrer Files und an der Bildschirmgröße orientieren.

```
<HTML>
      <HEAD>
          <TITLE>
          Textverzeichnis
          </TITLE>
      </HEAD>
A   <FRAMESET COLS=*,*>
B     <FRAME NAME=links SRC=index.htm SCROLLING=auto
       NORESIZE>
```

```
      <FRAME NAME=rechts SRC=text1.htm SCROLLING=auto
       NORESIZE>
  </FRAMESET>

  <NOFRAMES>
      <BODY BGCOLOR=#ffffff>
     Bitte laden Sie <A HREF=http://home.netscape.com>
     Netscape Navigator</A> oder
     <A HREF=http://microsoft.com>Microsoft
     Explorer</A>, um dieses Dokument sauber angezeigt
     zu sehen.
      </BODY>
  </NOFRAMES>
</HTML>
```

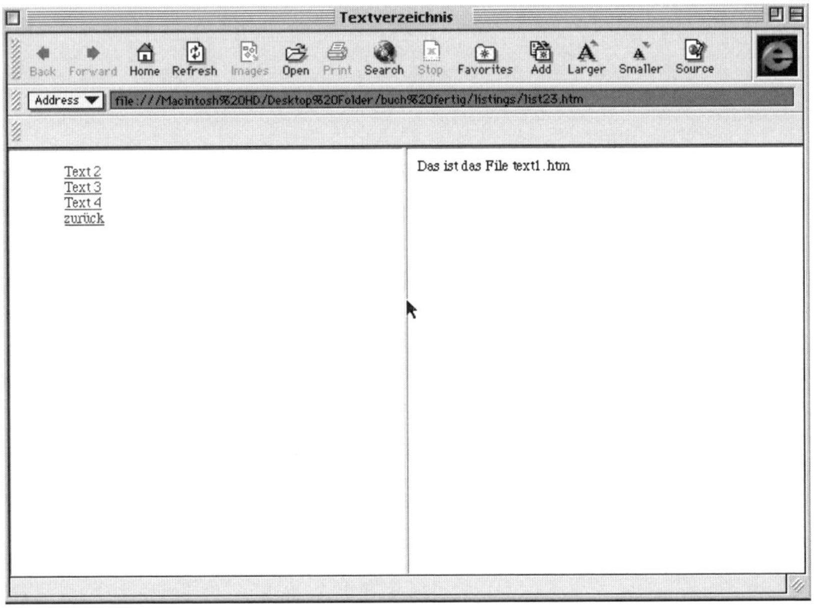

Bild 6.10: Der Browser setzt den senkrechten Frame gleichmäßig für beide Füll-Files.

```
A        <FRAMESET COLS=*,*>
```

Durch den *COL*-Tag wird eine senkrechte Unterteilung eingeführt. Die beiden Sterne legen die Größenverhältnisse der Frames zueinander nun auf keinen Fall fest. Wenn in den Fülldateien keine Hinweise zum Platzvolumen zu finden sind, wird der Browser diese Frames wahrscheinlich 50 Prozent zu 50 Prozent aufteilen und keine Scrollingbalken anlegen.

Bild 6.11: Das ändert sich auch nicht, wenn man das Browserfenster verkleinert.

```
B       <FRAME NAME=links SRC=index.htm SCROLLING=auto
         NORESIZE>
```

Ab hier bleibt der Code wieder vollkommen identisch. Versuchen Sie einmal den Unterschied, den verschiedene Files hier ausmachen können.

Zwei Untertags können wir noch brauchen, wenn wir den Abstand der Texte von den Frames nicht immer mit Tables festlegen wollen.

```
<FRAMESET ROWS=110,* MARGINWIDTH=2
MARGINHEIGHT=5>
```

sagt, dass die Inhalte der Frames in der Breite zwei Pixel und in der Höhe fünf Pixel vom Rand der Frames verschoben werden sollen. Das erhöht die Lesbarkeit und ist daher mehr als ein Gestaltungsmittel. Allerdings empfehle ich Ihnen die Randeinstellung über Tabellen in den Füll-Files.

Auch eine Einstellung der Werte auf 0 wird es Ihnen nicht ermöglichen, Bilder ganz an den Rand der Frames heranzurücken. HTML-Files generieren immer einen minimalen Rand. Allerdings gibt es dazu einen ganz einfachen Trick: Sie bauen dieses Bild als BACKGROUND-Image ein. Dann können Sie ohne Rand arbeiten.

6.3 Frames nebeneinander

Es gibt keinen ersichtlichen Grund, warum Frames immer nur eine Aufteilung des Bildschirms vornehmen sollen. Seien Sie gewarnt, dass Sie hier mit dem Feuer der Unübersichtlichkeit spielen, aber in der Theorie können Sie hier eine Menge an Unterteilungen vornehmen.

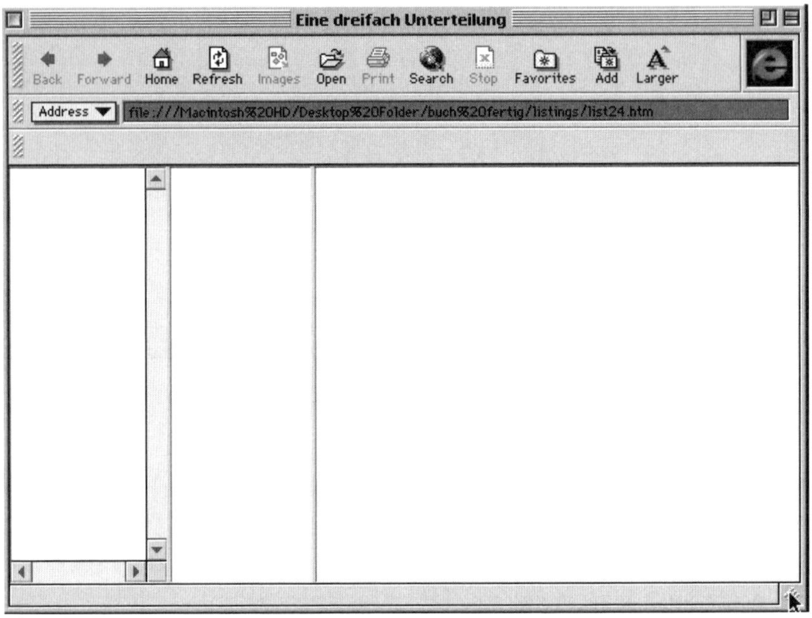

Bild 6.12: Hier hat der erste Frame automatische Scrollbalken, und der rechte orientiert sich an der Breite des Browserfensters und gleicht die angegebenen Breiten aus.

So kann etwa das Beispiel mit den senkrechten Frames im letzten Kapitel folgendermaßen aussehen:

```
   <HTML>
      <HEAD>
         <TITLE>Eine dreifach Unterteilung</TITLE>
      </HEAD>
A  <FRAMESET COLS=25%,100,*>
B  <FRAME NAME=eins SRC=1.htm SCROLLING=yes NORESIZE>
   <FRAME NAME=zwei SRC=2.htm SCROLLING=no NORESIZE>
   <FRAME NAME=drei SRC=3.htm SCROLLING=auto>
   </FRAMESET>
   <NOFRAMES>
      <BODY >
      Hier steht etwas, weil Sie sonst mit einem alten
      Browser nichts sehen,
      </BODY>
   </NOFRAMES>
</HTML>
```

```
A   <FRAMESET COLS=25%,100,*>
```

Hier werden die drei Frames in der Senkrechten angelegt. Zur Verdeutlichung, dass alle drei möglichen Zählweisen auch nebeneinander existieren können, habe ich nach einer Prozentangabe eine genaue Pixelzahl für den mittleren Frame gewählt und dem dritten Frame am rechten Rand mit dem »*«-Zeichen den Rest der vorhandenen Bildschirmpixel überlassen.

```
B  <FRAME NAME=eins SRC=1.htm SCROLLING=yes NORESIZE>
   <FRAME NAME=zwei SRC=2.htm SCROLLING=no NORESIZE>
   <FRAME NAME=drei SRC=3.htm SCROLLING=auto>
```

Auch hier hat eine logische Benennung wieder Sinn. Auch die drei verschiedenen SCROLLING-Typen sind in einem File verwendbar. Auch der NORESIZE-Tag kann einmal dazugefügt und einmal weggelassen werden.

Diese theoretisch unendliche Wiederholung ist auch horizontal denkbar.

Erstellen Sie ein File mit vier horizonalen Frames, das analog zum vorherigen Beispiel sein soll. Allerdings sollen die ersten beiden Frames je 100 Pixel hoch sein, und der unterste soll 15 Prozent des Bildschirms füllen.

```
   <HTML>
       <HEAD>
           <TITLE>Eine dreifach Unterteilung</TITLE>
       </HEAD>
A   <FRAMESET ROWS=100,100,*,15%>
B   <FRAME NAME=eins SRC=1.htm SCROLLING=no NORESIZE>
   <FRAME NAME=zwei SRC=2.htm SCROLLING=no NORESIZE>
   <FRAME NAME=drei SRC=3.htm SCROLLING=no NORESIZE>
   <FRAME NAME=drei SRC=4.htm SCROLLING=no NORESIZE>
   </FRAMESET>
   <NOFRAMES>

       <BODY >
       Hier steht etwas, weil Sie sonst mit einem alten
       Browser nichts sehen,
       </BODY>
   </NOFRAMES>
</HTML>
```

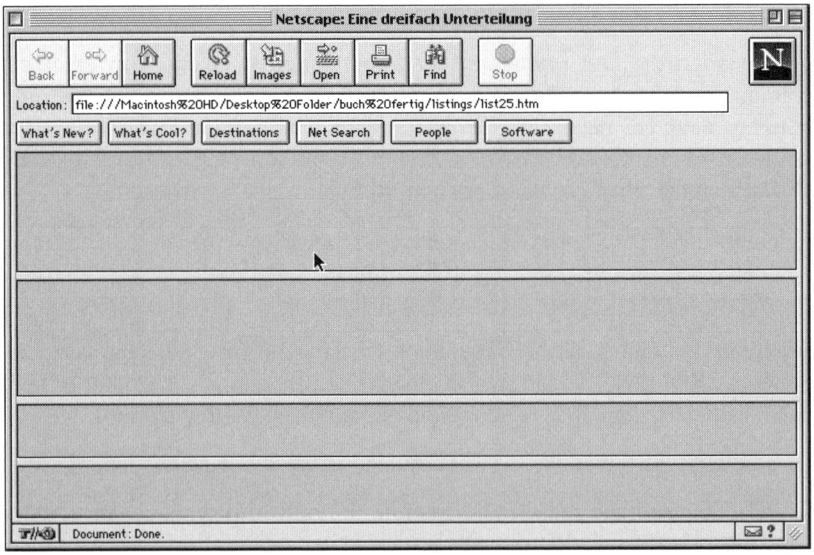

Bild 6.13: Fertig. Der Bildschirm ist vierfach waagerecht unterteilt.

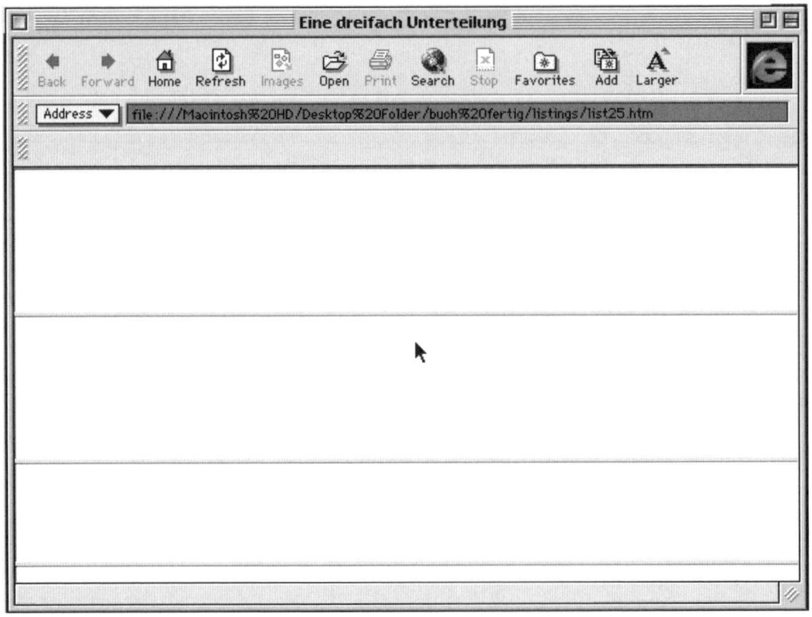

Bild 6.14: Wenn Sie noch die vier Files dazuprogrammieren, füllt sich das Frame-Gebilde auch.

```
A    <FRAMESET ROWS=100,100,*,15%>
```

Die vier Frames werden so aufgebaut, dass die oberen beiden feste Pixelzahlen erhalten und der unterste Frame 15 Prozent des Bildschirms füllt. Der verbleibende Frame wird mit einem »*« variabel in seiner Ausdehnung gehalten.

```
B       <FRAME NAME=eins SRC=1.htm SCROLLING=no
        NORESIZE>
        <FRAME NAME=zwei SRC=2.htm SCROLLING=no
        NORESIZE>
        <FRAME NAME=drei SRC=3.htm SCROLLING=no
        NORESIZE>
        <FRAME NAME=drei SRC=4.htm SCROLLING=no
        NORESIZE>
    </FRAMESET>
```

Jetzt muss ein File mehr vorhanden sein, das diesen vierten Frame füllt. Ich habe hier alle Rollbalken ausgestellt und kein Aufziehen mit der Maus erlaubt. Aber das können Sie halten, wie Sie wollen. Es empfiehlt sich nur, möglichst nie mehr als einen Rollbalken im Bild entstehen zu lassen.

Noch einmal die Warnung an Sie: Frames können eine Krankheit werden, wenn sie zu oft und auch sinnlos verwendet werden. Nutzen Sie Frames möglichst nur, wenn auch wirklich ein Bedarf an ihnen besteht.

6.4 Frames ineinander

Nur senkrechte oder waagerechte Frames zu bauen, wäre nun doch etwas langweilig. Es ist aber auch jederzeit denkbar, in einen senkrechten Frame noch einen waagerechten und umgekehrt einen senkrechten in einen waagerechten Frame zu platzieren. Das ist dann sehr sinnvoll, wenn Sie über oder unter dem Index-Frame vielleicht noch einen Frame mit dem Logo der Seite platzieren wollen.

Versuchen wir es mit einer – nicht sehr einfachen – Aufgabe:

Nehmen Sie das Beipsiel aus dem vorletzten Kapitel, und platzieren Sie zusätzlich in den linken Frame noch einen waagerechten Frame, der das File mit dem Logo enthalten soll. Dieses File braucht die Höhe von 100 Pixeln.

```
<HTML>
   <HEAD>
      <TITLE>
      Textverzeichnis
      </TITLE>
   </HEAD>

A  <FRAMESET COLS=25%,75%>
B     <FRAMESET ROWS=100,*>
C     <FRAME NAME=oben SRC=logo.htm SCROLLING=auto
       NORESIZE>
      <FRAME NAME=links SRC=index.htm SCROLLING=auto
       NORESIZE>
D  </FRAMESET>
      <FRAME NAME=rechts SRC=text1.htm SCROLLING=auto
       NORESIZE>
   </FRAMESET>

   <NOFRAMES>
      <BODY BGCOLOR=#ffffff>
     Bitte laden Sie <A HREF=http://home.netscape.com>
     Netscape Navigator</A> oder
     <A HREF=http://microsoft.com>Microsoft
     Explorer</A>, um dieses Dokument sauber angezeigt
     zu sehen.

      </BODY>
   </NOFRAMES>
</HTML>
```

```
A  <FRAMESET COLS=25%,75%>
```

Geschafft. Der Trick besteht darin, dass Sie sich das Aufziehen dieser Frames wie den Gang durch ein Haus vorstellen. Wenn Sie nur einen Frame aufziehen wollen, dann ist das wie an die Türe eines Zimmers klopfen. Eine Zeile mit der Source reicht. Wenn sich ein Frame aber weiter verschachteln soll, müssen Sie in dieses Zimmer hineingehen, dort an allen Seitentüren, die Sie brauchen, anklopfen und dann erst wieder aus dem Zimmer hinausgehen. Das Fiese an dieser Programmierung ist, dass man im Browser nicht immer sofort sieht, wie und wo ein Webdesigner hier seine Verschachtelungen vorgenommen hat. Der Browser zeigt keine Hierarchie der Verschachtelungen an. Das sieht man nur im Code.

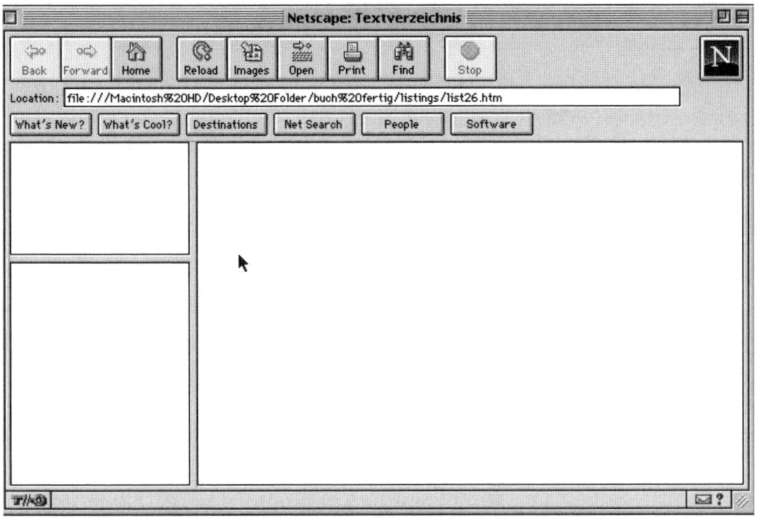

Bild 6.15: Frames zeigen nicht unbedingt, wie sie verschachtelt wurden.

```
B       <FRAMESET ROWS=100,*>
```

So wie hier: Da sich diese Spalte mit 25 Prozent noch einmal unterteilen soll, wird zuerst die Unterteilung begonnen, hier in 100 Pixel und einen variablen Rest.

```
C       <FRAME NAME=oben SRC=logo.htm SCROLLING=auto
         NORESIZE>
        <FRAME NAME=links SRC=index.htm SCROLLING=auto
         NORESIZE>
```

Jetzt wird in dieser untersten Ebene die Zuteilung der Füll-Files vorgenommen und die Benennung der Frames mit ihren Eigenschaften. In diesem Beispiel sind es zwei Files, die den linken Frame mit seinen beiden Unterframes ausmachen.

```
D    </FRAMESET>
```

Jetzt muss diese Unterteilung erst geschlossen werden, bevor Sie mit dem zweiten oberen Frame anfangen können, und auch diesen definieren und dann schließen.

Das Verschachteln von Frames gehört zugegebenermaßen zu den schwersten Übungen im Bereich von HTML. Es fragt sich aber nicht nur deshalb, ob diese Schachtelungen immer sein müssen. Ab der dritten Ebene stellt sich wirklich die Frage, ob hier ein bewusst komplizierter Aufbau gewählt werden soll oder ob es in diesem Fall nicht doch besser wäre, eine leichtere Umsetzung zu designen.

6.5 Unsichtbare Frames

Mit den Versionen 3.0 der Browser Netscape Navigator und Microsoft Explorer haben Webdesigner jetzt auch die Möglichkeit, die störende Gitteroptik der Frames zu verstecken. Analog den Table-Befehlen lässt sich das mit einem einfachen Untertag bewerkstelligen.

```
<FRAMESET BORDER=0 ROWS=100,*>
```

lässt den 3-D-Rand zwischen den beiden waagerecht angelegten Frames verschwinden, jedenfalls beim Netscape Navigator 3.0. Beim Microsoft »Internet Explorer« müssen zusätzlich noch zwei weitere Tags eingefügt werden:

```
<FRAMESET BORDER=0 FRAMEBORDER=no FRAMESPACING=no ROWS=100,*>
```

Nur so werden bei beiden Browsern die Frames unsichtbar. Sie vermuten richtig: Durch eine andere Zahl kann in Netscape die Dicke der Frames auch eingestellt werden. Das ergibt nur selten einen Sinn, ist aber denkbar. Die Frames haben aber leider auch durch dieses Feature eine andere Dicke bekommen, wenn Sie bisher keinen Wert eingestellt haben. Die Stärke der Frames im »Explorer« bleibt dabei im Vergleich zwischen der Version 2.0 und 3.0 gleich, aber innerhalb des »Navigator« hat sich eine klare Änderung ergeben. Wollen Sie die Stärke der Frames, die im »Navigator 2.0« standardmäßig eingestellt sind, auch in der Version 3.0 erhalten, dann müssen Sie an dieser Stelle BORDER=1 eingeben.

ACHTUNG

Noch einmal, auch für zukünftige Versionen: Da bei Netscape das fröhliche Ändern von Standards in den neuen Versionen leider immer wieder vorkommt, empfiehlt es sich, bei jedem Frame einen BORDER=1-Tag einzufügen, damit der Frame, wenn er sichtbar sein soll, bei allen Versionen gleich aussieht. Ein fehlender Eintrag löst bei der Version 3.0 im Navigator einen fetten, unschönen Balken aus.

Eine besonders knifflige, aber auch sehr spannende Anwendung ist die eines Passepartouts mit Hintergrundbildern, in dem ein Index-File und ein Content-File stecken sollen. Das Index-File besitzt dabei keinen Scrollbalken, die Passepartout-Files ebenfalls nicht. Und dann muss noch der Fall bedacht werden, dass User verschiedengroße Bildschirme haben, bei denen die Frames auseinander gezogen werden könnten, was den BACKGROUND-Bildern des Passepartouts nicht gut täte, denn plötzlich würden sie nicht mehr nahtlos passen.

Das würde schematisch wie folgt aussehen:

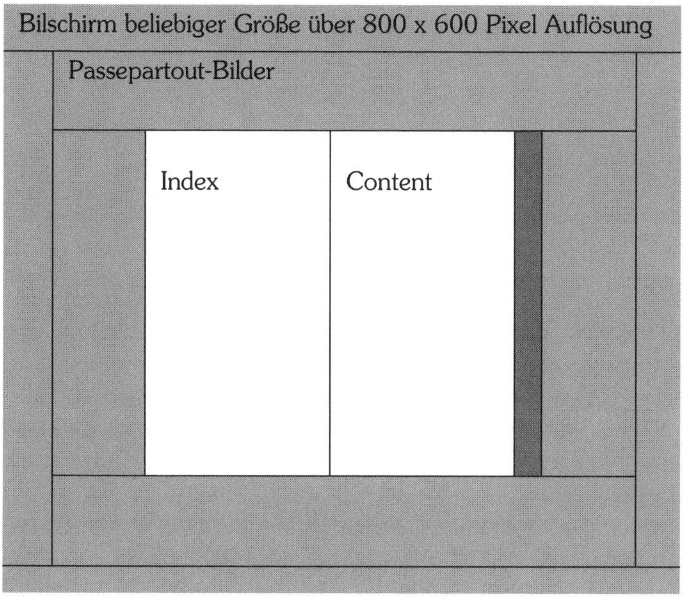

Index

Bitte verzweifeln Sie jetzt nicht, wenn gleich ein Source-Code auf Sie einprasselt, den man am liebsten nicht nach einem anstrengenden Tag anschaut. Achtung...Sie tun mir jetzt wirklich ein wenig leid...

```
A   <HTML>
    <HEAD>
    <TITLE>Eine Passepartout mit Bildern</TITLE>
    </HEAD>
    <FRAMESET ROWS=*,425,* BORDER=0 FRAMEBORDER=no FRAMESPACING=0 NORESIZE>
B   <FRAME SRC=bild.htm NAME=bild_oben SCROLLING=no FRAMEBORDER=no FRAMESPACING=0>
C   <FRAMESET COLS=*,770,* BORDER=0 FRAMEBORDER=no FRAMESPACING=no NORESIZE>
D   <FRAME src=bild.htm NAME=bild_links BORDER=0 FRAMEBORDER=no FRAMESPACING=0 SCROLLING=no>
E   <FRAMESET  ROWS=80,265,80 BORDER=0 FRAMEBORDER=no FRAMESPACING=0 NORESIZE>
F   <FRAME SRC=i_oben.htm NAME=i_oben BORDER=0 FRAMEBORDER=no FRAMESPACING=0>
G   <FRAMESET COLS=100,570,100 BORDER=0 FRAMEBORDER=no FRAMESPACING=0 NORESIZE>
H   <FRAME SRC=i_links.htm NAME=i_links BORDER=0 FRAMEBORDER=no FRAMESPACING=0 >
    <FRAME SRC=i_mitte.htm NAME=i_links BORDER=0 FRAMEBORDER=no FRAMESPACING=0 >
    <FRAME SRC=i_rechts.htm NAME=i_links BORDER=0 FRAMEBORDER=no FRAMESPACING=0 >
I   </FRAMESET>
    <FRAME SRC=i_unten.htm  NAME=i_unten BORDER=0 FRAMEBORDER=no FRAMESPACING=0 >
    </FRAMESET>
    <FRAME SRC=bild.htm NAME=bild_rechts BORDER=0 FRAMEBORDER=no FRAMESPACING=0 SCROLLING=no>
    </FRAMESET>
K   <FRAME SRC=bild.htm NAME=bild_unten BORDER=0 FRAMEBORDER=no FRAMESPACING=0 SCROLLING=no>
    </FRAMESET>
    </HTML>
```

Fertig. Hier ist eine ganze Menge an spannenden Code-Überlegungen enthalten. Wenn Sie sich noch ein wenig die Mühe machen, das alles nachzuvollziehen, dann werden Sie sehen, dass es doch nicht so schlimm ist ... hoffe ich zumindest.

```
A       <HTML>
        <HEAD>
        <TITLE>Eine Passepartout mit Bildern</TITLE>
        </HEAD>
        <FRAMESET ROWS=*,425,* BORDER=0 FRAMEBORDER=no FRAMESPACING=0
NORESIZE>
```

Bis hierher ist das alles nicht schwer. Wir haben einen HEAD hergestellt, wie wir ihn bereits aus allen Dateien kennen. Dann teilen wir den Bilschirm erst einmal in drei waagrechte Frame-Bereiche, die nur die Mitte mit 425 Pixeln genau definieren. Und diese Einteilung soll nicht zu verändern sein, deshalb-der NORESIZE-Tag. Warum 425 Pixel? Nun, bei einer Auflösung von 800 * 600 Pixeln, die ungefähr 50 Prozent aller Menschen im Netz heute nutzen (beim MAC sind es merkwürdigerweise 832 Pixel ... mhm ... Marketing? Steve Jobs? Lustig? Keine Ahnung ...), ist das die Höhe der Arbeitsfläche, auf der Sie in einem Browser nach Abzug der ganzen Menuflächen der Software arbeiten können. Das ist eigentlich nicht viel. Können wir aber jetzt auch nicht ändern.

```
B       <FRAME SRC=bild.htm NAME=bild_oben SCROLLING=no FRAMEBORDER=no
FRAMESPACING=0>
```

Die erste Reihe dieser Dreiteilung füllen wir mit der Datei »bild.htm«, die einfach nur dazu da ist, den Rand auszugleichen, der bei der Nutzung von Bildschirmauflösungen von 1024 * 768 und weiter (hier ist der MAC wieder identisch mit WINDOWS) entstehen kann. Dieses Files sollte einfach nur den Grundton des Passepartouts enthalten. Wichtig ist hier: Wir werden immer das gleiche File nutzen, denn »bild.htm« können wir theoretisch beliebig oft in ein Frame-File einbinden. Allerdings muss jede Einbindung einen eigenen Namen erhalten, deshalb haben wir hier den NAME auf »bild_oben« festgelegt. Denn so wissen wir gleich, auf welchen Bereich sich dieser Tag bezieht.

```
C       <FRAMESET COLS=*,770,* BORDER=0 FRAMEBORDER=no FRAMESPACING=no
NORESIZE>
```

Jetzt wird es trickreich. Wir kommen in die zweite Reihe der Dreiteilung und füllen diese nun nicht einfach aus, sondern eröffnen einen Frame im Frame. Wir teilen diese zweite Reihe in drei vertikal getrennte Bereiche, deren mittlerer wegen der 800*600-Auflösung eine feste Größe von 770 hat.

```
D       <FRAME src=bild.htm NAME=bild_links BORDER=0 FRAMEBORDER=no
FRAMESPACING=0 SCROLLING=no>
```

Jetzt schön der Reihe nach. Zuerst füllen wir in dieser zweiten Reihe das erste Feld ganz links wieder mit »bild.htm« und benennen es mit »bild_links«, um für größere Bildschirme auszugleichen.

```
E       <FRAMESET  ROWS=80,265,80 BORDER=0 FRAMEBORDER=no FRAMESPA-
CING=0 NORESIZE>
```

Durchatmen, und in der Mitte bauen wir wieder eine waagrechte Dreiteilung auf, denn hier beginnt erst das Passepartout mit den Background-Bildern. Um die größeren Bildschirmaufteilungen auszugleichen, programmieren wir also ein Passepartout in einem Passepartout, und das alles nur, damit sich bei diesen Aufteilungen nicht die Hintergrundbilder verschieben, die im eigentlichen Passepartout liegen.

```
F       <FRAME SRC=i_oben.htm NAME=i_oben BORDER=0 FRAMEBORDER=no FRA-
MESPACING=0>
```

Jetzt setzen wir das obere Passepartout-File ein, ein beliebig benanntes File, möglichst mit sprechendem Namen (hier habe ich ein »i« für »Innen« gesetzt). Sie können zu Übungszwecken einfach eine andere BGCOLOR-Färbung als in »bild.htm« verwenden. Dann sehen Sie den Effekt auch sehr schön. Allerdings treten Sie erst in die höheren Weihen ein, wenn Sie ein genau geschnittenes Hintergrundbild als BACKGROUND über »i_oben_htm« einpassen. Achtung: Natürlich müssen Sie hier sehr pixelgenau schneiden und bedenken, dass Sie nur die Ränder des Bildes brauchen werden, denn die Mitte wird ja den Content und den Index tragen.

```
G       <FRAMESET COLS=100,570,100 BORDER=0 FRAMEBORDER=no FRAMESPA-
CING=0 NORESIZE>
```

Nicht böse sein, aber die zweite Reihe dieser Dreiteilung, die ja an sich schon in einer zweiten Reihe der ursprünglichen Dreiteilung des Screens sitzt, braucht jetzt, damit das Passepartout links und rechts laufen kann und in der Mitte der eigentliche Inhalte steht, noch einmal eine pixelgenaue senkrechte Abtrennung.

```
H       <FRAME SRC=i_links.htm NAME=i_links BORDER=0 FRAMEBORDER=no
FRAMESPACING=0 >
        <FRAME SRC=i_mitte.htm NAME=i_links BORDER=0 FRAMEBORDER=no
FRAMESPACING=0 >
        <FRAME SRC=i_rechts.htm NAME=i_links BORDER=0 FRAMEBORDER=no
FRAMESPACING=0 >
```

Jetzt setzen wir darin das linke Passepartoutbild ein. Und das rechte Passepartoutbild setzen wir auch dazu. In der Mitte allerdings rufen wir ein neues Frame-Dokument auf, das einfach nur 50 Prozent des Platzes dem einen Füll-File zugesteht und 50 Prozent des Platzes dem anderen. Warum machen wir das? Falls im Passepartout mal kein Index benötigt wird, sollte der gesamte Mittelbereich auch zu nutzen sein, ohne dass wir gleich ein neues Passepartoutbild laden müssen. Außerdem zeigt dieses Beispiel, dass wir auch von einem Frame-File aus ein anderes Frame-File hineinladen können, das wiederum erst Füll-Files aufruft. Das geht auch in einer dritten und vierten Ebene. Irgendwann rechnet sich Ihr Computer allerdings zu Tode ... und Sie können das auch gar nicht mehr sinnvoll nutzen. Hier ergibt die zweite Ebene aber aus den genannten Gründen einen Sinn.

```
I       </FRAMESET>
        <FRAME SRC=i_unten.htm  NAME=i_unten BORDER=0 FRAMEBORDER=no
FRAMESPACING=0 >
        </FRAMESET>
        <FRAME SRC=bild.htm NAME=bild_rechts BORDER=0 FRAMEBORDER=no
FRAMESPACING=0 SCROLLING=no>
        </FRAMESET>
```

Jetzt schließen wir diesen innersten Bereich mit </FRAMESET>, fügen noch das Passepartoutbild unten an und schließen diesen Bereich ebenfalls. Wohlgemerkt befinden wir uns immer noch in der zweiten Reihe der ursprünglichen Dreiteilung des Screens. Deshalb können wir jetzt erst die rechte Datei einfügen, die wieder größere Bildschirmdarstellungen ausgleicht. Und dann schließen wir auch diesen Schachtelbereich.

```
K       <FRAME SRC=bild.htm NAME=bild_unten BORDER=0 FRAMEBORDER=no
FRAMESPACING=0 SCROLLING=no>
        </FRAMESET>
        </HTML>
```

Und ganz am Schluss, bevor uns das Hirn völlig abraucht, schließen wir auch noch mit dem unteren Ausgleich für die Bildschirmgrößen die dritte Reihe der ursprünglichen Dreiteilung. Und wir beenden die HTML-Datei.

Bevor Sie nun diese Programmierung sauber testen können, sollten Sie auf keinen Fall vergessen, alle notwendigen Files dazu anzulegen, sonst wird Ihnen der Browser einen Fehler anzeigen und sagen, dass er die noch nicht erstellten Files nicht finden kann. Vergessen Sie auch auf keinen Fall, das zweite Frame-File, das hier aufgerufen wird, zu programmieren und mit den entsprechenden Füll-Files z.B. mit weißer BGCOLOR zu erstellen. So. Rufen Sie jetzt das Frame-File, das wir eben geschrieben haben, auf. Klappt's?

6.6 Gefärbte Frames

Eine letzte Modifikation erlaubt es auch, allerdings nur im Netscape Navigator 3.0, die Frame-Grids zu färben.

```
<FRAMESET BORDER=2 BORDERCOLOR=#000099 ROWS=100,*>
```

erzeugt hier einen dicken, blauen Rand um die Frames herum. Das kann dann sehr interessant sein, wenn man die Frames in einer Abwandlung der Hintergrundfarben in den Füll-Files einfärbt. Durch den Farbkontrast lassen sich interessante optische Varianten gestalten. Hier kommt es allein auf Ihren Geschmack an.

Zur Verfügung stehen Ihnen dazu wieder die Farben aus der Hexadezimalumwandlung und deren Benennungen.

Frames sind nach dem ersten Hype im Winter 1995/96 gerade im Winter 1996/97 in der Nutzung und Programmierung wieder zurückgegangen. Warum, das erklären zwei Phänomene. Zum einen sind Programmierung und Nutzung von Frame-Seiten nicht immer ganz einfach. Vor allem User, die jetzt erst mit dem Web beginnen, haben mit dieser Aufteilung der Bildschirme große Schwierigkeiten. Zum anderen ist das Bookmarken dieser Seiten nicht leicht, da das elektronische Lesezeichen hier immer auf den Frame und nicht auf den ausgewählten Inhalt verweist. Entscheiden Sie am besten den Einsatz von Frames anhand der Fragen:

- ✘ Macht das meine Site schneller?
- ✘ Macht das meine Site einfacher?
- ✘ Macht das meine Site schöner?

Wenn Sie alle drei Fragen bedingungslos mit »Ja« beantworten können, dann sollten Sie Frames einsetzen, wenn nicht, lassen Sie im Zweifelsfall lieber die Finger davon.

Nach diesem Kapitel können Sie:

- ✘ Frame-Dokumente anlegen
- ✘ darin verlinken
- ✘ mehrere Frames in einem Dokument aufbauen
- ✘ Frames färben

Kapitel 7

Forms

In diesem Kapitel lernen Sie:

- ✘ Das Anlegen von Formularbereichen
- ✘ Die Verwendung von Textboxen
- ✘ Die Verwendung von Zahlenfeldern
- ✘ Die Verwendung von Klickbuttons
- ✘ Die Verwendung von Pull-ups
- ✘ Das Versenden von Formularen

7.1 Formulare

Bisher haben wir uns immer darum gekümmert, wie unser Webpublishing aussehen sollte. Auf Interaktion haben wir nur insofern geachtet, als eine Anzahl von Links zur Verfügung stehen sollte. Und wenn ein User einmal die Möglichkeit hatte, uns zu antworten, dann war bisher immer ein einfaches Mail-Formular vorgesehen, das gerade einmal unsere Empfänger-Adresse vorformatiert hat. Mehr nicht.

Das soll sich hier noch ein wenig ändern. Wir haben bisher im Wesentlichen ein Index-File und den dazu passenden Inhalt generiert. Jetzt wollen wir ein Antwort-File aufbauen, das es dem User ermöglicht, differenzierter auf Ihre Seiten einzugehen. Und im Gegenzug können Sie dem User mehr Hilfen dazu beisteuern, was alles an Anfragen und Antworten noch möglich wäre. Wir lösen das über ein Formular, das wir schrittweise im gesamten Kapitel aufbauen.

Noch ein paar Worte zu Formularen allgemein. Achten Sie bitte darauf, Ihre vorgeschlagenen Differenzierungen nicht allzu stark aufzusplitten. Fragebögen, die sich über ein ganzes Panorama an Bildschirmen ziehen, können sehr schnell frustrieren. Meistens kommen Sie mit maximal sieben Datenfeldern abseits der Felder für Adresse und Ansprechpartner aus. Wenn Sie wirklich einmal mehr brauchen, fragt es sich, ob Sie nicht doch lieber mehrere Formulare per Link zur Auswahl stellen.

Sobald ein User diese Formulare ausfüllt und versendet, erhalten Sie nur seine Angaben ohne die Maske in einem etwas seltsamen Code per E-Mail. Die Benennung der ausgefüllten Felder wird in dieser Mail an der Stelle von leeren Feldern erscheinen, und zwischen den Feldern werden Sie viele Sonderzeichen finden. Und außerdem wird es kaum einen festen Zeilenumbruch in dieser Mail geben. Das ist auf den ersten Blick etwas mühselig, aber Sie geben auf der anderen Seite dem User eine bequemere Art, Mails an Sie zu richten, die auch wirklich die Information beinhalten, die beide Seiten benötigen. Und auf den User kommt es ja an.

Ein Formular kann jeder ausfüllen. Alle gängigen Browser haben auf dem HTML-Standard ihre Formular-Tags aufgebaut. Allerdings kann nur derjenige das Formular auch per Mausklick losschicken, der in seinem eigenen Browser eine Identifikation seiner eigenen E-Mail eingegegeben hat. Das kennen wir ja schon vom mailto:-Tag. Auch hier ist es möglich, dass sich die Angaben im Browser und im Absender-Datenfeld widersprechen. Sie sollten darauf achten. Vielleicht sagt das schon etwas über die Art der Anfrage aus, wenn Sie eine Mail mit »zwei verschiedenen Absendern« erhalten.

Generell ist ein Formular immer vom Öffnen und Schließen eines bestimmten Tags abhängig. Ohne ihn geht nichts:

```
<FORM>
</FORM>
```

Da wir hier ein Formular aufbauen wollen, das am Ende als E-Mail an Sie geschickt werden soll, benötigen wir in diesem Tag noch zwei Untertags:

```
<FORM METHOD=post ACTION=ihre_mail@ihre_URL>
</FORM>
```

Sie haben jetzt also dem Browser gesagt, was er mit den Daten tun soll, wenn der User per Mausklick das ausgefüllte Formular losschikken will. Den Befehl für den Button, der alles losschickt, schauen wir uns allerdings erst am Ende des Kapitels an. Sozusagen als Belohnung für unser erstes eigenes Formular.

Bauen Sie nun ein HTML-File auf, das diesen Grundtag schon integriert und weiterhin folgende Features aufweist: Eine zweispaltige, unsichtbare Tabelle, die das Layout im Formular beinhalten soll und deren erste Spalte 100 Pixel, deren zweite Spalte 400 Pixel der Seite in der Breite ausfüllt.

```
   <HTML>
       <HEAD>
           <TITLE>
           Antwortformular
           </TITLE>
       </HEAD>

A   <BODY BGCOLOR#ffffff TEXT=#000000>

B   <FORM METHOD=post ACTION=mailto:100130.1333@compuserve.com>
C       <TABLE BORDER=0 WIDTH=500>
            <TR>
                <TD WIDTH=100>
                </TD>
                <TD WIDTH=400>
                </TD>
            </TR>
        <TABLE>
D   </FORM>

   </BODY>
   </HTML>
```

```
A   <BODY BGCOLOR#ffffff TEXT=#000000>
```

Der Optik wegen sind Hintergrundfarbe und Text mit Weiß und Schwarz belegt. Ich habe keine Linkfarbe angegeben, weil es hier in diesem File keinen Link geben wird. Verfahren Sie hier nach Belieben.

```
B   <FORM METHOD=post ACTION=mailto:100130.1333@compuserve.com>
```

Hier wird angegeben, dass es sich um ein Formular handelt, das per E-Mail verschickt wird. Die angegebene E-Mail-Adresse ist die des Buchautors. Nehmen Sie Ihre eigene, um das File später auch zu testen.

```
C       <TABLE BORDER=0 WIDTH=500
            <TR>
                <TD WIDTH=100
                </TD>

                <TD WIDTH=400
                </TD>
            </TR>
        <TABLE>
```

Die Tabelle wird in der gewohnten Form in den Formular-Tag geschrieben. Sie können also auch innerhalb des Formulars in Ihrer gewohnten Art und Weise ein HTML-File generieren.

```
D    </FORM>
```

Hier wird das Formular wieder geschlossen. Bitte achten Sie darauf, dass Formulare nicht ineinander verschachtelt werden können.

So hat unser Formular aber noch keinen Sinn. In den nächsten Kapiteln werden wir deshalb die Felder definieren, die wir zu einem richtig schön ausfüllbaren File brauchen.

7.2 Textfelder

Die häufigste Anwendung von Feldern in einem Formular ist sicher die der Adressenangaben. Das löst sich gut über ein Textfeld. Der Tag dazu lautet:

```
<INPUT TYPE=text NAME=bezeichnung SIZE=40>
```

Hier wird definiert, dass durch den User ein Input erfolgen kann, der aus Text besteht, in der Mail die Benennung »bezeichnung« hat (damit der Leser der Mail weiß, auf was sich diese Angaben dann beziehen) und ein Textfeld von 40 Zeichen zur Verfügung haben soll.

Wenn Sie dieses Feld so in das HTML-File eingeben, werden Sie sehen, dass es voll funktionsfähig ist. Allerdings kann der User nicht erkennen, was er darin eingeben soll. Deshalb müssen Sie bei jedem Textfeld, das Sie so aufbauen, noch daneben eine klare Benennung einfügen.

Bauen Sie Standardaddressfelder (Name, Straße, Ort) in die rechte Spalte unseres Files ein. In die linke bauen Sie die Benennung der Felder per üblichem HTML in Arial, Helvetica und einer Formgröße von 4 ein.

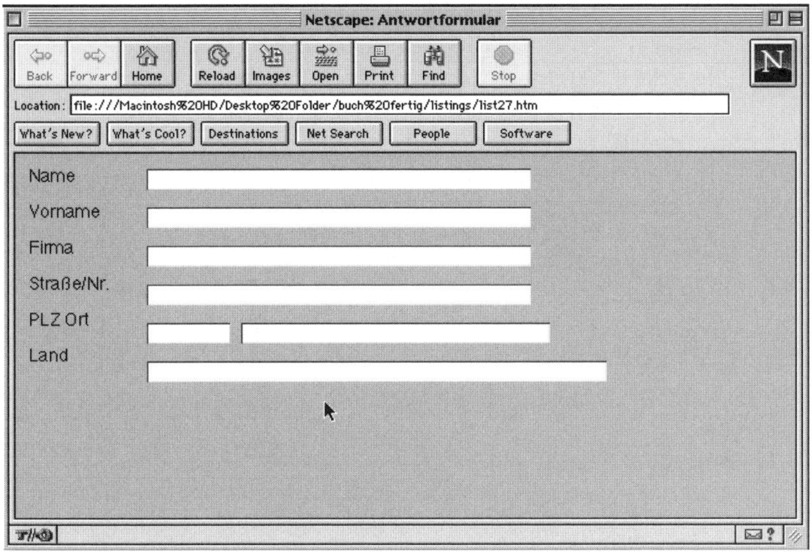

Bild 7.1: Und schon haben wir ein erstes Adressenformular gebaut.

```
<HTML>
   <HEAD>
      <TITLE>
      Antwortformular
      </TITLE>
   </HEAD>

<BODY BGCOLOR=#ffffff TEXT=#000000>

<FORM METHOD=post ACTION=mailto:100130.1333@compuserve.com>
   <TABLE BORDER=0 WIDTH=500>
      <TR>
         <TD WIDTH=100 VALIGN=top>
A          <FONT FACE=Arial,Helvetica SIZE=4>
           Name<P>
           Vorname<P>
           Firma<P>
           Straße/Nr.<P>
           PLZ
           Ort<P>
           Land<P>
           </FONT>
           </TD>
```

```
            <TD WIDTH=400 VALIGN=top>
B       <INPUT TYPE=text NAME=Name SIZE=50><P>
         <INPUT TYPE=text NAME=Vorname SIZE=50><P>
         <INPUT TYPE=text NAME=Firma SIZE=50><P>
         <INPUT TYPE=text NAME=Straße SIZE=50><P>
         <INPUT TYPE=text NAME=PLZ SIZE=10>
         <INPUT TYPE=text NAME=Ort SIZE=40><P>
         <INPUT TYPE=text NAME=Land SIZE=60><P>
            </TD>
         </TR>
      </TABLE>
   </FORM>

   </BODY>
   </HTML>
```

```
A            <FONT FACE=Arial,Helvetica SIZE=4>
              Name<P>
              Vorname<P>
              Firma<P>
              Straße/Nr.<P>
              PLZ/
              Ort<P>
              Land<P>
              </FONT>
              </TD>
```

Nach der Definition der Schrift schreibe ich die Benennung der Zahlenfelder hier einfach mit der Trennung durch einen <P>-Tag herunter. Wie Sie sehen, fehlt dieser Tag zwischen PLZ und Ort. Diese Felder werden also in einer Zeile stehen und sind durch ein »/«-Zeichen voneinander getrennt.

```
        <TD WIDTH=400 VALIGN=top>
B       <INPUT TYPE=text NAME=Name SIZE=50><P>
        <INPUT TYPE=text NAME=Vorname SIZE=50><P>
        <INPUT TYPE=text NAME=Firma SIZE=50><P>
        <INPUT TYPE=text NAME=Straße SIZE=50><P>
        <INPUT TYPE=text NAME=PLZ SIZE=9>/
        <INPUT TYPE=text NAME=Ort SIZE=40><P>
        <INPUT TYPE=text NAME=Land SIZE=50><P>
```

In der nächsten Spalte baue ich diese Reihenfolge parellel mit den Textfeldern auf. Pro Textfeld habe ich einen Platz von 50 Zeichen vorgesehen. Da ich im Bereich der Postleitzahlen sicher nicht mehr als neun Zeichen brauche, habe ich diese auch so eingestellt. In Addition mit dem Ortsfeld und dem trennenden »/«-Zeichen komme ich dann für diese Zeile wieder auf die gleiche Zeichenzahl.

Zeichenzahl ist hier etwas verwirrend, weil wir sonst immer nur in Pixeln und Prozentzahlen gearbeitet haben. Aber das darf hier nicht verwirren. Ebenfalls verwirrend kann die Benennung der Felder sein. Hier habe ich sie analog zur Benennung in Spalte 1 gewählt. Das muss aber nicht sein; es empfiehlt sich nur, um keine Verwirrung zu stiften. Sie könnten aber auch andere Benennungen wählen. Wichtig ist nur, dass Sie die Angaben dann noch verstehen, wenn diese mit den Benennungen der Textfelder an Sie gemailt werden.

Eine weitere Möglichkeit, Text unformatiert durch den User eingeben zu lassen, ist die einer Textarea. Am besten versteht man das Prinzip, wenn man sich hier ein Datenfeld »Bemerkungen« vorstellt. Die Syntax dafür lautet:

```
<TEXTAREA NAME=Bemerkungen ROWS=5 COLS=50>
Hier können Sie Ihre Bemerkungen hineinschreiben
</TEXTAREA>
```

Dieser Tag baut einen Kasten von fünf Zeilen Höhe und 50 Anschlägen Breite auf, der »Bemerkungen heißt«. Der folgende – auch formatierbare – Satz wird dann in diesen Kasten geschrieben, kann aber beim Ausfüllen überschrieben werden. Danach wird der Tag wieder geschlossen.

Bauen Sie jetzt in einer eigenen Reihe ein Bemerkungsfeld dieser Größe in unsere Formulartabelle ein.

```
<HTML>
    <HEAD>
        <TITLE>
        Antwortformular
        </TITLE>
    </HEAD>

<BODY BGCOLOR=#ffffff TEXT=#000000>

<FORM METHOD=post ACTION=mailto:100130.1333@compuserve.com>
    <TABLE BORDER=0 WIDTH=500>
        <TR>
            <TD WIDTH=100 VALIGN=top>
            <FONT FACE=Arial,Helvetica SIZE=4>
```

```
            Name<P>
            Vorname<P>
            Firma<P>
            Straße/Nr.<P>
            PLZ
            Ort<P>
            Land<P>
            </FONT>
            </TD>

            <TD WIDTH=400 VALIGN=top>
        <INPUT TYPE=text NAME=Name SIZE=50><P>
        <INPUT TYPE=text NAME=Vorname SIZE=50><P>
        <INPUT TYPE=text NAME=Firma SIZE=50><P>
        <INPUT TYPE=text NAME=Straße SIZE=50><P>
        <INPUT TYPE=text NAME=PLZ SIZE=10>
        <INPUT TYPE=text NAME=Ort SIZE=40><P>
        <INPUT TYPE=text NAME=Land SIZE=60><P>
            </TD>
        </TR>
        <TR>
A         <TD WIDTH=100 VALIGN=top>
            <FONT FACE=Arial,Helvetica SIZE=4>
            Bemerkungen:<P>
            </FONT>
            </TD>

        <TD WIDTH=400 VALIGN=top>

B      <TEXTAREA NAME=Bemerkungen ROWS=5 COLS=50>
            Sagen Sie uns Ihre Meinung.
            </TEXTAREA>
            </TD>
        </TR>
    </TABLE>
  </FORM>

  </BODY>
</HTML>
```

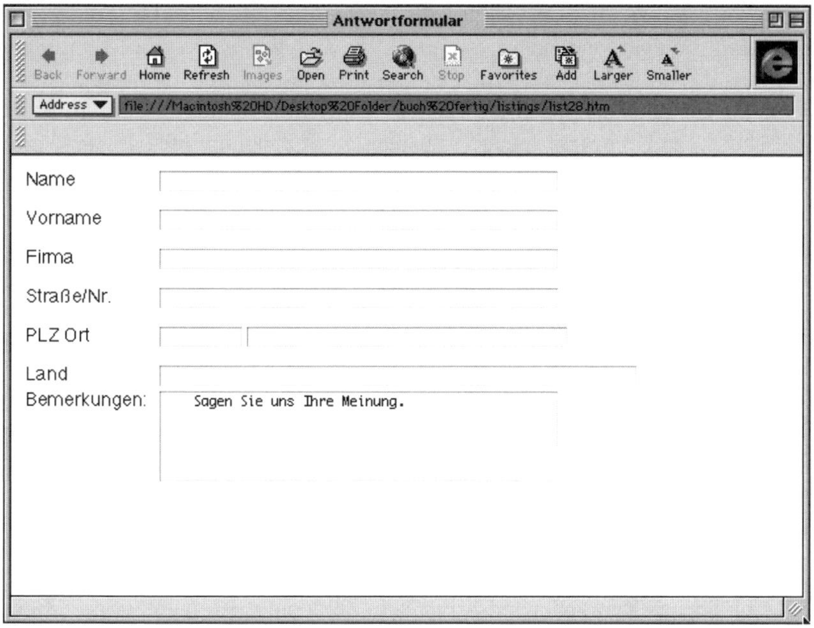

Bild 7.2: Jetzt haben wir auch ein Bemerkungsfeld integriert.

```
A            <TD WIDTH=100 VALIGN=top>
             <FONT FACE=Arial,Helvetica SIZE=4>
             Bemerkungen:<P>
             </FONT>
             </TD>
```

Alles wie gehabt. Durch den *VALIGN=top*-Tag wird die Benennung am oberen Rand des Kastens gehalten, sonst würde sie ja in die Mitte abrutschen.

```
        <TD WIDTH=400 VALIGN=top>
B       <TEXTAREA NAME=Bemerkungen ROWS=5 COLS=50>
         Sagen Sie uns Ihre Meinung.
        </TEXTAREA>
```

Durch die angegebenen Werte entsteht ein fünfzeiliger Kasten mit passender Breite. Hier ist der Bemerkungskasten schon ein wenig vorausgefüllt. Sie müssen den Satz »Sagen Sie uns Ihre Meinung.« hier nicht einfüllen. Dieses Feld kann auch leer bleiben.

Sie fragen sich vielleicht schon länger: »Was ist, wenn ich aber in einem Feld mehr als diese 50 Zeichen brauche?« Das ist kein Problem. Es sind nur nicht mehr als 50 Zeichen pro Zeile sichtbar. Bei einer Textarea muss der User deshalb seinen Kommentar auch selbständig mit Zeilenumbrüchen versehen.

7.3 Zahlenfelder

Sie ahnen, dass die ganze Art des Formularaufbaus auf eine Datenbank hin ausgerichtet ist, sonst bräuchten wir ja nicht die Unterscheidung zwischen Textdatensätzen und unstrukturierten Textdatensätzen. Um so mehr käme dieses Problem jetzt auf Sie zu, wenn Sie die ausgefüllten Formulare wirklich in einer Datenbank bearbeiten wollten und dazu auch noch Zahlenfelder einrichten möchten. Die Syntax bleibt im Wesentlichen gleich, allerdings sollte dann die Definition der Daten anders sein.

Es folgt eine große Enttäuschung. Wir werden in der Folge noch andere Type-Untertags kennenlernen, aber ein Zahlenfeld ist nicht vorgesehen. Wenn es Ihnen irgendwie weiterhilft, darf ich Ihnen versichern, dass somit niemand Zahlenfelder in Formularen einrichten kann. Deshalb haben wir die PLZ-Zahl auch als Textfeld aufgenommen. Leben Sie damit.

7.4 Klickbuttons

Allerdings haben Sie auch die Möglichkeit, dem User die Verwendung seiner Maus noch schmackhafter zu machen. Klickbuttons können als Auswahl-Buttons oder als Radio-Buttons eingestellt werden.

Das heißt, dass entweder mehrere Buttons gleichzeitig angeklickt werden können oder nur jeweils einer. Die Syntax für Auswahl-Buttons lautet:

```
<INPUT TYPE=checkbox  NAME=bezeichnung>
```

Hier wird logischerweise keine Größe angegeben. Wenn ein User auf diesen Auswahl-Button, also auf diese Checkbox, klickt, dann erscheint ein Häkchen in dieser Box. Durch erneutes Klicken verschwindet dieses Häkchen wieder.

Damit ein Radio-Button sauber arbeitet, muss es mindestens zwei von seiner Sorte in einem Formular geben, denn sonst kann die Auswahl nicht eindeutig stattfinden:

```
<INPUT TYPE=radio  NAME=bezeichnung 1>
<INPUT TYPE=radio NAME=bezeichnung 2>
```

Das hört sich alles ein wenig schwierig an, ist allerdings anhand der denkbaren Einsatzmöglichkeiten schnell klar. Auswahlbuttons können zum Beispiel eingesetzt werden, wenn ein User aus einer Fülle von Angeboten eines oder mehrere (!) für ihn in Frage kommende anwählen will, zum Beispiel bei einer Speisekarte. Radio-Buttons dienen dazu, aus einer Fülle von Angeboten genau eines auszuwählen, zum Beispiel bei einer Altersangabe.

Fügen Sie unserem Formular ein Modul hinzu, das fünf Produkte zur Auswahl hat, die man bestellen kann, und nach der Versandart fragt, die man bevorzugt.

```
<HTML>
   <HEAD>
      <TITLE>
      Antwortformular
      </TITLE>
   </HEAD>
<BODY BGCOLOR=#ffffff TEXT=#000000>

<FORM METHOD=post ACTION=mailto:100130.1333@compuserve.com>
   <TABLE BORDER=0 WIDTH=500>
      <TR>
         <TD WIDTH=100 VALIGN=top>
         <FONT FACE=Arial,Helvetica SIZE=4>
         Name<P>
         Vorname<P>
         Firma<P>
         Straße/Nr.<P>
         PLZ
         Ort<P>
         Land<P>
         </FONT>
         </TD>

         <TD WIDTH=400 VALIGN=top>
      <INPUT TYPE=text NAME=Name SIZE=50><P>
      <INPUT TYPE=text NAME=Vorname SIZE=50><P>
      <INPUT TYPE=text NAME=Firma SIZE=50><P>
      <INPUT TYPE=text NAME=Straße SIZE=50><P>
      <INPUT TYPE=text NAME=PLZ SIZE=10>
      <INPUT TYPE=text NAME=Ort SIZE=40><P>
```

```
<INPUT TYPE=text NAME=Land SIZE=60><P>
   </TD>
</TR>
<TR>
   <TD WIDTH=100 VALIGN=top>
   <FONT FACE=Arial,Helvetica SIZE=4>
   Bemerkungen:<P>
   </FONT>
   </TD>

<TD WIDTH=400 VALIGN=top>
<TEXTAREA NAME=Bemerkungen ROWS=5 COLS=50>
   Sagen Sie uns Ihre Meinung.
   </TEXTAREA>
   </TD>
</TR>
<TR>
A  <TD WIDTH=100 VALIGN=top>
   <FONT FACE=Arial,Helvetica SIZE=4>
   Produkt 1<P>
   Produkt 2<P>
   Produkt 3<P>
   Produkt 4<P>
   Produkt 5<P>
   </FONT>
   </TD>

  <TD WIDTH=400 VALIGN=top>
B <INPUT TYPE=checkboxNAME=produkt1><P>
  <INPUT TYPE=checkbox NAME=produkt2><P>
  <INPUT TYPE=checkbox NAME=produkt3><P>
  <INPUT TYPE=checkbox NAME=produkt4><P>
  <INPUT TYPE=checkbox NAME=produkt5><P>
  </TD>
</TR>
<TR>
C <TD WIDTH=100 VALIGN=top>
   <FONT FACE=Arial,Helvetica SIZE=4>
   Deutsche Post<P>
   Fahrradkurier<P>
   UPS<P>
   andere<P>
   </FONT>
```

```
            </TD>

            <TD WIDTH=400 VALIGN=top>
D           <INPUT TYPE=radio NAME=post><P>
            <INPUT TYPE=radio NAME=kurier><P>
            <INPUT TYPE=radio NAME=UPS><P>
            <INPUT TYPE=radio NAME=andere><P>
            </TD>
        </TR>

    </TABLE>
</FORM>

</BODY>
</HTML>
```

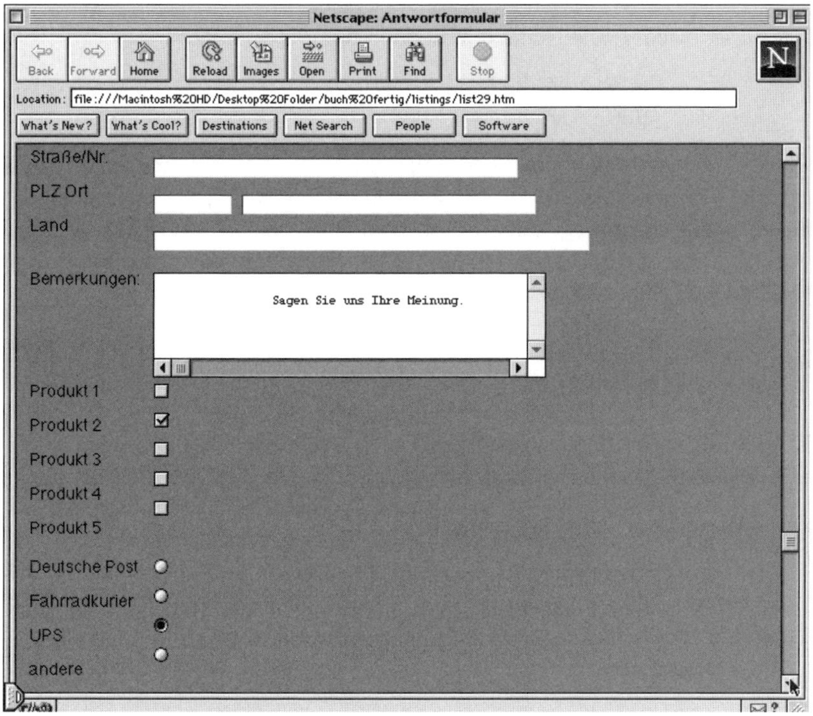

Bild 7.3: Jetzt ist unser Formular um Auswahlboxen reicher geworden.

```
        <TR>
A            <TD WIDTH=100 VALIGN=top>
             <FONT FACE=Arial,Helvetica SIZE=4>
```

Wir eröffnen eine neue Tabellenreihe und geben in der gewohnten Folge die Produkte 1 bis 5 an.

```
             <TD WIDTH=400 VALIGN=top>
B            <INPUT TYPE=checkbox NAME=produkt1>
```

Nach der Reihe werden in der zweiten Spalte die Produkte 1 bis 5 in einer Checkbox abgearbeitet, die der User gar nicht oder auch alle anklicken kann. Das ist seine freie Entscheidung. Danach schließen wir die Tabellenreihe wieder.

```
        <TR>
C            <TD WIDTH=100 VALIGN=top>
             <FONT FACE=Arial,Helvetica SIZE=4>
```

Wir öffnen wieder eine Reihe und nennen die Versandarten.

```
             <TD WIDTH=400 VALIGN=top>
D            <INPUT TYPE=radio NAME=post>
```

Die Radio-Buttons benennen wir in der zweiten Spalte. Wie Sie sehen, habe ich die Versandarten in der Benennung gegenüber der Nennung in der ersten Spalte etwas abgekürzt. So etwas geht also sehr wohl. Hier kann nur eine Art ausgewählt werden. Es wäre ja auch schwer möglich, ein Paket über verschiedene Kanäle zu schicken.

7.5 Pull-ups

Es gibt noch eine bequemere Art, sich die Radio-Button-Features zu erhalten, ohne den Screen mit zu vielen Buttons zuzukleistern. Ein Pop-up-Menü.

Die Tags sind ein wenig komplizierter:

```
<SELECT NAME=bezeichnung>
   <OPTION SELECTED VALUE=1>1
  <OPTION VALUE=2>2
  <OPTION VALUE=3>3
</SELECT>
```

Hier wird dem Browser in einem Formular gesagt, dass ein Select-Feld, also ein Pop-up-Menü, kommen wird. Den Inhalt des Feldes definieren die *<OPTION>*-Tags, die einen bestimmten Wert in der Mail weitergeben, wenn es der User losschickt. Nun wird die Benennung des Feldes eingefügt.

Allerdings findet die Benennung jetzt im Feld statt, was den Vorteil hat, dass sie auch nicht so leicht beim Programmieren vergessen wird. Danach wird der *<SELECT>*-Tag wieder geschlossen.

Probieren wir es aus.

Schreiben Sie das Modul der Versandarten in ein Pop-up-Menü um, und löschen Sie die Produktaufstellung wieder aus dem Aufgabencode.

```
<HTML>
   <HEAD>
      <TITLE>
      Antwortformular
      </TITLE>
   </HEAD>

<BODY BGCOLOR=#ffffff TEXT=#000000>

<FORM METHOD=post ACTION=mailto:100130.1333@compuserve.com>
   <TABLE BORDER=0 WIDTH=500>
      <TR>
         <TD WIDTH=100 VALIGN=top>
         <FONT FACE=Arial,Helvetica SIZE=4>
         Name<P>
         Vorname<P>
         Firma<P>
         Straße/Nr.<P>
         PLZ
         Ort<P>
         Land<P>
         </FONT>
         </TD>

         <TD WIDTH=400 VALIGN=top>
      <INPUT TYPE=text NAME=Name SIZE=50><P>
      <INPUT TYPE=text NAME=Vorname SIZE=50><P>
      <INPUT TYPE=text NAME=Firma SIZE=50><P>
      <INPUT TYPE=text NAME=Straße SIZE=50><P>
      <INPUT TYPE=text NAME=PLZ SIZE=10>
      <INPUT TYPE=text NAME=Ort SIZE=40><P>
      <INPUT TYPE=text NAME=Land SIZE=60><P>
         </TD>
      </TR>
```

```
          <TR>
             <TD WIDTH=100 VALIGN=top>
             <FONT FACE=Arial,Helvetica SIZE=4>
             Bemerkungen:<P>
             </FONT>
             </TD>

          <TD WIDTH=400 VALIGN=top>
          <TEXTAREA NAME=Bemerkungen ROWS=5 COLS=50>
             Sagen Sie uns Ihre Meinung.
             </TEXTAREA>
             </TD>
          </TR>

          <TR>
A           <TD WIDTH=100 VALIGN=top>
             </TD>

             <TD WIDTH=400 VALIGN=top>
B           <SELECT NAME=Versandarten>
C              <OPTION SELECTED VALUE=post>
D              Deutsche Post
                 <OPTION VALUE=kurier>
                 Fahrradkurier
                 <OPTION VALUE=ups>
                 UPS und andere
                 <OPTION VALUE=egal>
                 egal
E           </SELECT>
             </TD>
          </TR>

       </TABLE>
    </FORM>

    </BODY>
    </HTML>
```

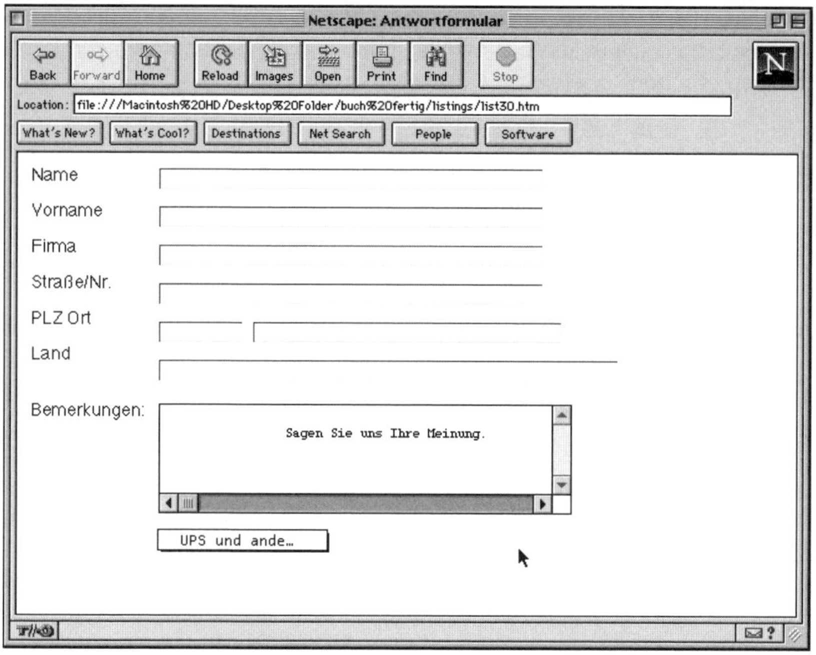

Bild 7.4: Jetzt haben wir die Buttons in ein Pull-up-Menü verändert.

A
```
<TD WIDTH=100 VALIGN=top>
 </TD>
```

Richtig. Dieses Feld muss jetzt vollkommen leer sein, denn die Benennung findet in der zweiten Spalte statt. Sie könnten jetzt den Platz noch für ein Firmenlogo oder einen Kommentar nutzen.

B
```
<SELECT NAME=Versandarten>
```

Wir beginnen die Definition des Pop-up-Menüs mit dem Eröffnungs-Tag und der Namensgebung.

C
```
<OPTION SELECTED VALUE=post>
 Deutsche Post
```

Hier entsteht das erste Auswahlfeld. Wenn der User nichts anderes anklickt, geht diese Auswahl später per Mail an Sie.

D
```
<OPTION VALUE=kurier>
 Fahrradkurier
```

Hier stehen die restlichen Auswahlmöglichkeiten. Je nachdem, auf welcher der Möglichkeiten sich der Mauszeiger des Users vor dem Loslassen befand, stellt sich diese Auswahl nun ein. Nebenbei: Ein wenig habe ich den Text geändert, damit sich die einzelnen Paketdienste nicht übervorteilt vorkommen. Auch Sie sollten diese Beispiele immer wieder variieren, um den Lerneffekt zu erhöhen.

```
E            </SELECT>
```

Hier schließen wir den Tag wieder.

7.6 Submit

Jetzt ist in diesem Kapitel so oft von dem Fall zu lesen, dass ein User dieses Formular endlich losschickt, und wir haben immer noch nicht den Befehl dazu gelernt. Als Belohnung für dieses Kapitel folgt der Tag nun:

```
<INPUT TYPE=submit Value=Losschicken>
```

Das war es. Enttäuscht? HTML generiert jetzt automatisch einen Button, der hier mit dem Wort »Losschicken« beschriftet wird. Dieser Button, wie auch der Pop-up-Button, orientiert sich automatisch an der Breite der Beschriftung, und die wiederum orientiert sich an den Systemeinstellungen des Computers. Das gilt bei Windows auch für die Farben. Sollten Sie Ihr System so belassen haben, dass die Fensterränder grau eingestellt sind, dann werden Sie auch einen grauen Button erhalten. Die Farbe entscheidet also der User.

Wenn Sie jetzt noch den Submit-Button in unser Formular, also noch vor dem *</FORM>*-Tag, einbauen, können Sie probeweise auch ein ausgefülltes Formular an Ihre eigene E-Mail-Adresse schicken. Sobald Sie auf den Button klicken, wird Ihr Browser versuchen, einen Online-Connect zu erzeugen und Ihnen diese Mail zu schicken. Seien Sie, wie bereits gewarnt, nicht entsetzt über den Datenwust, der in der Mail mitkommt. Es gibt übrigens Programme auf dem Shareware-Markt, die solche Programme wieder in eine schöne Mail mit Zeilenumbrüchen und Absätzen verwandeln.

Nach diesem Kapitel können Sie:

- ✘ Formulare anlegen
- ✘ Datenfelder aufbauen
- ✘ Auswahlfelder aufbauen
- ✘ einen SEND-Button integrieren

Kapitel 8

HTML 4.0 und Cascading Style Sheets

Mit diesem Kapitel verlassen wir die klassischen HTML-3.2-Definitionen und damit auch ein wenig den Grundgedanken, den Tim Berners-Lee ursprünglich verfolgt hat. Sie erinnern sich: Der CERN-Standard sollte die Inhalte im World Wide Web nicht zu starr formatieren, damit jeder User sich an seinem Gerät die Darstellung vor allem von Text selbst optimieren und eine Kompatibilität über die Betriebssysteme hinweg erreicht werden kann. Die Ironie des Schicksals wollte es, dass gerade durch fehlende genaue typographische und Satzspiegel-Specs eine Firma wie Netscape angeleitet war, eigene Tags zu entwickeln und so das Rennen mit Microsoft eröffnete. Inzwischen haben sich die beiden Wettstreiter wieder ein wenig in den Standards angeglichen, aber immer noch sind ähnliche Daten nicht einmal in einem Betriebssystem von einem Browser zum anderen kompatibel. Das kann so weit gehen, dass sogar verschiedene Browserversionen einer Firma Verschiedenes anstellen. Und hier ist leider auch wieder Netscape so weit, dass es sogar bei einzelnen Release-Kandidaten mit dem gleichen Code vollkommen verschiedene Ergebnisse in der Darstellung gibt.

Die folgenden Seiten widmen sich nun einem Thema, das durch das W3C, also das Konsortium, das sich zusammen mit Tim Berners-Lee um die HTML-Standards kümmert, inzwischen klar definiert ist: Es geht um die Fixierung von Typographie mittels Style Sheets. Webdesigner wie David Siegel, die ebenfalls in diesem Konsortium mitarbeiten, haben ihr ganzes Herzblut in dieses Thema hineingelegt, um den Layoutern in HTML möglichst optimale Bedingungen zu ermöglichen. In einem Interview mit mir (Winter 1996) hat sich Siegel extrem euphorisch darüber geäußert, dass jetzt eigentlich nichts mehr dem Zufall überlassen sei. Der Standard würde sauber funktionieren und optimale Lösungen für Schrift im Web erzeugen.

Pustekuchen!

Sie werden in den folgenden Artikeln sehen, dass leider überhaupt nicht davon gesprochen werden kann, eine eindeutige Lösung für alle kompatiblen Browser vor sich zu haben. Die implementierten Specs (moderne Browser können immer noch nicht alles, was das W3C definiert hat ...) ermöglichen vier verschiedene Arten, die Cascading Style Sheets anzuwenden; es können auch weiterhin nur die Fonts genutzt werden, die das System für die Browser bereitsstellt, und leider reagiert auch wieder Netscape nicht immer sauber auf klassischen Code, der über CSS (Cascading Style Sheets) Formatierungen herstellt.

Damit Sie sehen, dass es auch anders gehen könnte, wird in Kapitel 8.3 eine andere Art der Positionierung via Layers gezeigt. Diese Technik ist eigentlich auch mit Cascading Style Sheets zu lösen, denn Sie können darüber nicht nur Buchstaben formatieren, sondern auch die genaue Position der Elemente bestimmen ... allerdings hat Netscape mit seinen Browsern ... ärgern wir uns nicht darüber. Schauen wir uns in Ruhe die Basistechniken an. Sie werden schnell sehen, mit welcher Technik Sie am besten zurechtkommen, und wenn Sie sich auf das Set an Möglichkeiten beschränken, das jeder der modernen Browser besitzt, werden Sie sehr viel Spaß damit auf Ihren Webseiten haben. Vielleicht entdecken Sie dann auch, dass Sie weitaus weniger Bilder brauchen und mit reinen typographischen Möglichkeiten sehr schön gestalten können. Damit Sie ein paar kleine Anhaltspunkte bekommen, habe ich Ihnen am Ende dieses Abschnitts noch ein paar Hinweise zum Umgang mit Typographie zusammengestellt. Schließlich stehen Sie mit diesen Befehlsfolgen plötzlich am Scheideweg zwischen reiner Programmierung und spitzfinder Gestaltung. Da kann der eine oder andere Hinweis zum Umgang mit Schrift nicht schaden.

Ach ja: Sie sollten für dieses Kapitel möglichst die Browser »Internet Explorer 4.0« und »Navigator 4.0« oder besser eine höhere Browserversion besitzen. Ab dem »Internet Explorer 3.0« funktionieren die Cascading Style Sheets. Der »Navigator 3.0« muss hier draußen bleiben. Aber das ist ja kein Thema mehr, oder?

Sie lernen in diesem Kapitel:

- ✘ Das Anlegen oder Importieren von Cascading Style Sheets
- ✘ Das Layern von Grafiken in Netscape-Browsern
- ✘ Den ersten gezielten Umgang mit Typographie

8.1 Cascading Style Sheets

Mit der Einführung des »Internet Explorer 3.0« haben Webdesigner zum ersten Mal die Chance, durch sogenannte »Style Sheets« die Typographie und das Layout von Webdokumenten im Wesentlichen fix zu gestalten. Wie in einer Formatvorlage in einem Textverarbeitungsprogramm werden dazu vorab den eingesetzten Fonts generell gültige Parameter zugeordnet, die sich auf das ganze Dokument oder auch nur auf einen Paragraphen beziehen können.

Der »Navigator« kann diese Style Sheets erst ab der Version 4.0 verarbeiten. Da es sich hier nicht um eine exklusive Entwicklung der Firmen Netscape oder Microsoft handelt, sondern um einen offiziellen WWW-Standard, verarbeiten auch moderne Versionen anderer Browser diese Features. Aber wer nutzt die noch?

Das wichtigste Grundprinzip der Style Sheets erklärt schon die wesentliche Funktion dieser Tags: Durch die Trennung von Inhalt und Formatierung können diese Formatvorlagen auch von externen Servern oder anderen Verzeichnisebenen des eigenen Servers in das Dokument geladen werden. Buchstabengröße, Rand und Zeilendurchschuss können so für eine ganze Reihe von Files geändert werden, ohne dass der eigentliche Web-Content noch einmal per Hand modifiziert werden muss. Das klingt all denen unter Ihnen vertraut, die mit objektorientierter Programmierung schon einmal zu tun hatten.

Browser, die diese Style Sheets nicht anzeigen können, richten sich standardmäßig dann nach den Formatier-Tags, die sie innerhalb des Textes finden. Sie sollten immer noch ihre Layouts so ausrichten, dass eventuell gelesene oder nicht gelesene Style Sheets vielleicht einen unterschiedlichen, aber auf keinen Fall einen unvertretbaren Seitenaufbau erzeugen. Es ist nämlich möglich, in manchen Browsern die Style Sheets abzuschalten. Für diesen Fall müssen Sie ebenfalls eine schöne Textgestaltung vorsehen, auch wenn diese ein wenig dürftiger sein wird.

Für solche zweifachen Designs empfiehlt es sich, beim Aufspielen der neuen Browser zumindest einen der alten Browser noch zur Hand zu haben, um das verschiedene Aussehen der Seiten zu testen.

Am Anfang verwirrt das ein wenig, aber stellen Sie sich das Prinzip der Style Sheets am Beispiel des elektrischen Stroms in einer Wohnung vor. Ja, Sie können vor jede Lampe einen eigenen Sichtungskasten bauen, der den Strom durchlässt oder stoppt. Sie könnten auch für jedes Zimmer getrennt einen Sicherungskasten aufbauen. Oder Sie haben einen für die ganze Wohnung. Oder Sie vertrauen dem Sicherungskasten, der den Strom im ganzen Viertel regelt.

Übertragen bieten sich genau diese Möglichkeiten für Style Sheets, um Typographie und sogar Position von Elementen einer Seite zu regeln (die Positionierung per Style Sheets wird allerdings bei manchen Browsern ein Drama, ich trau mich schon gar nicht mehr zu sagen, bei welcher Firma ... es hat was mit »N« zu tun ...):

- Sie können theoretisch nur einen Buchstaben in einem HTML-File per Style-Sheet-Tags definieren und diese wie einen <*FONT*>-Tag einsetzen
- Sie können für jedes File extra eine Class definieren, die Sie dann nach Belieben fast wie einen Anker-Link im weiteren Source-Code aufrufen und nutzen können. Es ist sogar möglich, einzelnen Tags wie zum Beispiel dem <*H1*>-Tag ein eindeutiges Verhalten pro File zu definieren (z.B. stellen Sie die Pixelgröße der Fonts immer dann auf 35 Pixel, wenn der <*H1*>-Tag genutzt wird).
- Sie können alle Definitionen für Ihre komplette Website in einem einzigen externen Style zusammenfassen.
- Dieses externe Style Sheet können Sie auch wie einen Link von jedem beliebigen Server aus einbinden. Es wäre also denkbar, dass ich Ihnen ein Style Sheet auf meiner Homepage bereitstelle, auf das Sie sich mit einem puren Link beziehen.

Was hat das nun für Vorteile? Nun zum einen können Sie sehr genau sagen, wie jeder User Ihre Pages sieht, und dabei können seine ursprünglichen Schrifteinstellungen im Browser komplett anders aussehen als die Ihren. Er wird trotzdem pixelgenau die vordefinierten Schriftarten und Schriftgrößen dargestellt bekommen – vorausgesetzt natürlich, er besitzt den Schrift-Font, den Sie gewählt haben ... aber auch da gibt es einen Trick.

Außerdem ahnen Sie vielleicht schon, warum diese Art der objektorientierten Formatierungen ungeheuer wertvoll sein kann. Stellen Sie sich zum Beispiel vor, Sie haben eine Website mit zirka 6000 Pages gebaut, die alle in klassischer Art und Weise per <*FONT*>-Tag formatiert sind. Sie sind zufrieden mit dem Schriftbild, und Ihr Chef sagt aber plötzlich: »Schmidt, ich will bis in einer Stunde alle Schriften ein bisschen größer haben. Und das soll dann sofort im Netz stehen«. Mit klassischem HTML schlucken Sie hier trokken und stürzen sich vom Kopierer. Bei Einsatz eines zentralen Style Sheets ändern Sie genau eine Einstellung pro Formatierung (z.B. Überschrift, Lauftext, Unterzeile etc.), stellen dieses EINE FILE live ins Internet, haben damit alle 6000 Seiten auf einen Schlag geändert und heiraten die Tochter vom Chef. Der Trick bei externen Style Sheets ist nämlich, dass Browser sich zuerst das HTML-File laden, dann sehen, dass es da ein externes Style Sheet gibt, sich dieses gerade einmal 1 Kbyte große File dazuladen und die gesamte Typographie des HTML-Files danach ausrichten.

Und hervorragend daran ist, dass Sie die Anwendung von internen und externen Style Sheets sogar mit einzelnen Styles in einem File kombinieren können.

Wie viele dieser Anwendungsarten können Sie also in einem einzigen File nutzen?

Alle drei, denn Sie können zum Beispiel ein importiertes Style Sheet mit eher allgemeinen Parametern durch ein eingebettetes Style Sheet konkretisieren, das innerhalb von bestimmten Paragraphen durch andere Style Sheets außer Kraft gesetzt wird.

Das sollten Sie sich vor dem Programmieren auf einem Blatt Papier genau skizzieren. Sie gehen dabei wie folgt vor. Sie fragen sich:

- Welche typographischen Einstellungen werde ich in jedem HTML-File meiner Site brauchen? Diese Einstellungen setzen Sie in ein externes Style Sheet. Seien Sie hier großzügig. Sie können auch öfters vorkommende Ausnahmefälle im externen Style Sheet verarbeiten und diese Fälle mit einem eigenen Namen versehen. Es müssen nicht immer alle Angaben eines Style Sheet in einem einzigen HTML-File vorkommen.
- Welche typographischen Einstellungen bilden einmalige Sonderfälle? Diese einmaligen Sonderfälle betten Sie als Styles in der betreffenden Datei ein, und Sie haben die typographischen Vorteile, ohne dass Sie die Flexibilität eines externen Style Sheets hier bräuchten. Ein Anwendungsbeispiel ist zum Beispiel ein typographischer Sonderfall im Impressum ihrer Website. Niemand wird zweimal ein Impressum einer Website brauchen, also integriert man die speziellen typographischen Angaben in diese Datei

Wie werden diese Style Sheets angewandt, und wie lautet ihre Basissyntax?

Beginnen wir mit dem Einbetten einer für das ganze File gültigen Vorlage, denn dieser Fall wird Ihnen am Anfang am einsichtigsten sein.

Wenn eine dieser Formatvorlagen sich zum Beispiel auf jeden *<H1>*-Tag im File beziehen soll, um alle Zeichen darin in einer Größe von 18 bis 20 Punkt und fett in der Schrift »Arial« und der Farbe »maroon« (Braun) darzustellen, wenn der restliche Text aber in 10 Punkt Größe lesbar sein soll, dann lauten die Tags dafür:

```
  <HTML>
      <HEAD>
         <TITLE>Titel</TITLE>
      </HEAD>
A   <STYLE TYPE=text/css>
B         <!--
C         BODY {font: 10pt Arial}
D         H1 {font: 18pt/20pt Arial;
E         font-weight: bold;
F         color: maroon}
G         -->
H       </STYLE>
I <BODY>
...
</BODY>
</HTML>
```

```
A       <STYLE TYPE=text/css>
```

Mit diesem Tag, der nach der Definition des Style Sheet einen Abschluss-Tag besitzt, eröffnen wir den Definitionsbereich. Ältere Browser werden diesen Tag und die folgenden Containerangaben, die wir noch lernen müssen, dann nicht verstehen und auch nicht als seltsame Zeichen im Text darstellen wenn Sie sich penibel an die hier gezeigte Syntax halten. Damit der Browser sich sofort auf die Definition einer Formatierung einrichtet, existiert hier bereits ein Hinweis, dass es sich bei den folgenden Zeilen um ein »CSS«, ein Cascading Style Sheet, handelt.

```
B         <!--
```

Erst einmal etwas ungewöhnlich. Hier öffnet plötzlich eine Kommentarzeile. Wir wissen, dass HTML diese Kommentarzeilen nutzt, um im klassischen Fall Kommentare oder andere Angaben für den User unsichtbar im Source-Code mitzutransportieren. Diese Sicherung muss aber hier mitgeführt werden, um den folgenden Code, den ältere Browser nicht verstehen und damit wie einen Text im Web publizieren würden, von der Darstellung abzuhalten. Browser, die diese Style Sheets verstehen, werden die Kommentarzeichen fallen lassen, sobald sie die erste Codezeile in Folge erhalten.

```
C          BODY {font: 10pt Arial}
```

Das ist auch hier schon der Fall. Dem Browser wird mitgeteilt, dass der Lauftext im *<BODY>*-Bereich 10 Punkt groß und in der Schrift »Arial« dargestellt werden soll. Wir haben hier stillschweigend einen Fehler eingebaut, denn wenn ein APPLE-Computer, der im Normalfall eher die Helvetica- als die Arial-Schrift installiert hat, diese Styles liest, wird er den Font trotzdem nicht darstellen können. Er hat keine Alternative angegeben, also wird er den default-Font nutzen, ihm aber die Größe von 10 Punkt geben. Wir merken uns: Im Unterschied zum FACE-Tag kann jetzt nicht nur die Schriftart, sondern auch die Schriftgröße unabhängig von den Voreinstellungen des Browsers bestimmt werden.

Auch hier gilt, dass nur Schriften genutzt werden können, die auch tatsächlich auf den Computern vorhanden sind. Meiden Sie also weiterhin exotische Schriften.

```
D        H1 {font: 18pt/20pt Arial;
```

Jeder mit *<H1>* eingeschlossene Text soll im Dokument den Font »Arial« in einer variablen Punktgröße von 18 bis 20 Punkt dargestellt werden. Neu an dieser Syntax ist der Einsatz von geschweiften Klammern und von Strichpunkten, um die einzelnen Teildefinitionen voneinander zu trennen. Es kommt auf den »font« vor dem Doppelpunkt an, auf welchen Parameter des Style Sheets sich die Angaben beziehen. Die Zeichenkette nach dem Doppelpunkt bis zum Strichpunkt gibt die Parameterwerte an.

```
E        font-weight: bold;
```

Mit »font-weight« wird der Schriftenschnitt angegeben. In diesem Fall soll die Schrift auf »bold«, also »fett«, gestellt werden.

```
F        color: maroon}
```

Ähnlich wie COLOR im *<FONT>*-Tag können auch Farben vergeben werden. Sie erinnern sich an die Möglichkeit in HTML, die Farben auch mit festgelegten Namen und nicht mit Hexadezimalcodes zu vergeben. Es ist allerdings kein Problem, die Hexadezimalwerte von Farben zu verwenden, hier also zum Beispiel einen Wert wie #996633. Siehe dazu auch die Tabelle im Anhang.

```
G          -->
```

Hier schließt der Kommentarbereich. Die Angaben innerhalb dieser Kommentarregion sind, wie bereits gesagt, in älteren Browsern so nicht sichtbar, kommen aber als Tags in den neuen Browsern an.

```
H    </STYLE>
```

Hier endet das Style Sheet.

```
I  <BODY>
```

Der *<BODY>*-Tag beginnt hier ordnungsgemäß. Wenn Sie für ältere Browser den Fall der Fälle reservieren wollen, dann sollten Sie hier mit einer Farbenangabe den Body-Text einfärben.

Der nächste denkbare Fall ist die externe Einbindung von Style Sheets, die als eigene Datei irgendwo im WWW abgelegt sind. Die Syntax dafür ist denkbar einfach:

```
<HTML>
<HEAD>
<TITLE>Title of article</TITLE>
<LINK REL=STYLESHEET
HREF=http://fantasie-name.de/mystyles.css
TYPE=text/css>
</HEAD>
   <BODY>
   </BODY>
</HTML>
```

Das war es schon.

Wie müßte eine Einbindung des Style Sheet »cover.css« lauten, das eine Verzeichnisebene über dem HTML-File liegt?

```
<HTML>
<HEAD>
<TITLE>Title of article</TITLE>
   <LINK REL=STYLESHEET
   HREF=../cover.css
   TYPE=text/css>
</HEAD>
<BODY>
</BODY>
</HTML>
```

Wie bereits gewohnt, genügt ein »../« für den Verweis auf das höhergelegene Verzeichnis.

Wir haben noch einen Fall, der bisher nicht behandelt worden ist: die Zuordnung von Style-Sheets nur für einzelne Teile des HTML-Files. Dabei existieren zwei denkbare Fälle. Einmal kann die Einstellung des Style Sheet mit der eines global gültigen Style Sheet kollidieren, und es sind Fälle denkbar, in denen das nicht passieren kann, weil es nur dieses Style Sheet für einen Paragraphen geben soll. In beiden Fällen ändert sich nichts an der Syntax, da nach dem Grundgedanken der Cascading Style Sheets Prioritäten vergeben sind. Das Sheet für einen einzelnen Bereich dominiert das eingebundene Sheet, das wiederum das extern verlinkte Sheet dominiert. Die Syntax für eine absatzweise Zuordnung lautet deshalb in beiden Fällen:

```
<P STYLE=margin-left: 5.2in; margin-right: 5.2in>
Diese Zeile hat links und rechts 5.2 Inch Rand.
</P>
Diese Zeile läuft ohne linke oder rechte Begrenzung.
```

Mit »margin-left:« wird der linke, mit »margin-right:« wird der rechte Rand eingestellt. Da der *STYLE*-Untertag hier in den *<P>*-Tag integriert wird, benötigt er einen Abschluss-Tag. Schon ein erneuter *<P>*-Tag ohne *STYLE*-Angabe genügt allerdings, und die Style-Sheet-Angaben werden wieder abgestellt oder orientieren sich an den globalen Style Sheets.

Nun wäre es zu kompliziert, bei jedem auftretenden Tag in einem bestimmten Bereich die gesamten Formatierungen noch einmal anzugeben; deshalb sorgt eine spezielle Syntax auch dafür, dass ganze Tag-Gruppen mit einem speziellen Style Sheet belegt werden können.

```
<DIV STYLE=font-size: 10pt; color: red>
<P>
<UL>
<LI>Diese Zeile wird in 10 Punkt rot dargestellt.
<LI>Diese ebenfalls.
</UL>
</DIV>
```

Schreiben Sie diesen Code so um, dass die zweite Zeile der Aufzählung in blauer Farbe dargestellt wird.

```
<DIV STYLE=font-size: 10pt; color: red>
<P>
<UL>
<LI>Diese Zeile wird in 10 Punkt rot dargestellt.
<LI STYLE=color: blue> Diese ebenfalls.
</UL>
</DIV>
```

Nichts einfacher als das. Im *<LI>*-Tag wird als Style-Farbe noch »blue« aufgenommen.

Bauen Sie ein File auf, das einen beliebigen Text mit Überschrift, Unterüberschrift und Lauftext wie folgt formatiert:

Die Überschrift soll in Rot und 20 Punkt groß in der Schriftart »Helvetica« erscheinen.

Die Unterüberschrift soll in Blau und 15 Punkt Größe in »Arial« erscheinen.

Der Lauftext soll in Schwarz und 10 Punkt Größe in »Times« erscheinen.

Der Hintergrund ist auf Weiß gestellt, und der linke und rechte Rand soll jeweils zwei Inch betragen. Aber das stellen Sie bitte im <*BODY*>-Bereich ein.

```
<HTML>
   <HEAD>
      <TITLE>Style Sheets</TITLE>
   <HEAD>
A       <STYLE TYPE=text/css>
        <!--
B       BODY {font: 10pt Times;
        color: black}
C       H1 {font: 20pt Arial;
D       color: red}
E       H2 {font: 15pt Arial;
        color: red}
F          -->
        </STYLE>

G       <BODY BGCOLOR=#ffffff>
H    <DIV STYLE=margin-left: 2.0in; margin-right: 2.0i>
     <H1>Das ist die Überschrift</H1>
     <H2>Diese Zeile steht darunter</H2>

       Hier beginnt der normale Lauftext. Hier beginnt
       der normale Lauftext. Hier beginnt der normale
       Lauftext. Hier beginnt der normale Lauftext. Hier
       beginnt der normale Lauftext. Hier beginnt der
       normale Lauftext. Hier beginnt der normale
       Lauftext. Hier beginnt der normale Lauftext. Hier
       beginnt der normale Lauftext. Hier beginnt der
       normale Lauftext. Hier beginnt der normale
       Lauftext. Hier hört er auf.
I       </DIV>
       </BODY>
     </HTML>
```

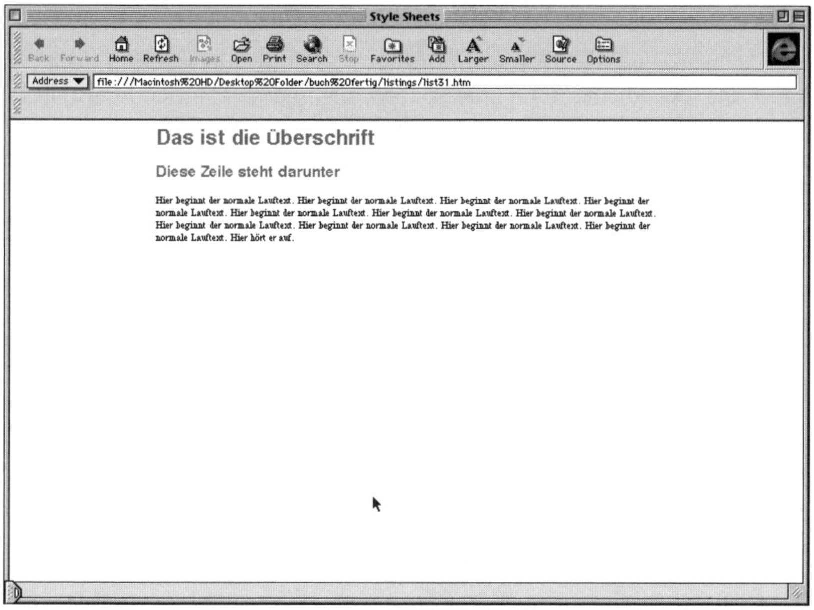

Bild 8.1: Ohne großen Programmieraufwand haben wir so einen Satzspiegel geschaffen – für die Browser »Explorer 3.0« und »Navigator 4.0«.

```
    <HEAD>
A       <STYLE TYPE=text/css>
          <!--
```

Wir beginnen das Style Sheet wie bereits gesehen, indem wir es nach dem *<HEAD>*-Tag deklarieren und in eine Kommentarzeile einbinden.

```
B       BODY {font: 10pt Times;
        color: black}
```

Den Lauftext bestimmen wir hier schon mit 10 Punkt Größe, der »Times« und der Farbe »black«. Wenn Sie pokern wollen, können Sie die Farbangabe auch weglassen, da die meisten User ihre Browser standardmäßig auf diese Schriftfarbe eingestellt haben. Aber mit dieser Angabe können Sie hier ganz sichergehen – wenn der Browser auf der Gegenseite Style Sheets lesen kann ...

Die merkwürdige Mischung aus Anführungszeichen und nicht Anführungszeichen entspricht genau der Konvention, wie sie durch Microsoft dokumentiert wird. Zur Sicherheit sollten Sie sich daran halten. Es kann sein, dass jetzige Browser wenig empfindlich auf weggelassene Anführungszeichen reagieren. Das muss aber in Zukunft nicht so bleiben. Wir haben alle keinen Einblick in die Labors von Seattle.

```
C        H1 {font: 20pt Arial;
```

Jetzt definieren wir die Überschrift als größte Schrift. Sie könnten auch mit dem Font-Tag arbeiten (ohne die spitzen Klammern). Die Schrift »Arial« ist Standard auf WINDOWS-Rechnern. Sollte sie aber nicht auf einem Gerät vorhanden sein, das Ihre Seite empfängt, dann stellt der Browser auf die Standardschrift um.

```
D        color: red}
```

Durch diese Farbeinstellung wird die Überschrift in reinem Rot (255,0,0 RGB) dargestellt.

```
E       H2 {font: 15pt Arial;
        color: blue}
```

Ebenso verfahren wir bei der Definition der Unterüberschrift. Hier stellen wir die Punktgröße auf 15 und die Farbe auf »blue« (entspricht 0,0,255 RGB).

```
F            -->
       </STYLE>
```

Durch diese beiden Tags schließen wir das eingebettete Style Sheet. Vergessen Sie vor allem nicht, die Kommentarzeile zu schließen, sonst werden Sie vom kompletten File wenig zu sehen bekommen, wenn der Browser diesen fehlerhaften Code dann verstehen soll.

```
G       <BODY BGCOLOR=#ffffff>
```

Die Hintergrundfarbe des Files stellen wir ganz normal im *<BODY>*-Tag ein.

```
H   <DIV STYLE=margin-left: 2.0in; margin-right: 2.0in>
   <H1>Das ist die Überschrift</H1>
   <H2>Diese Zeile steht darunter</H2>

        Hier beginnt der normale Lauftext.
```

Durch das abweichende Style Sheet stellen wir jetzt noch den rechten und linken Rand ein. Hier ist die Programmierung nicht sehr elegant, aber so sehen wir am besten, dass dieser Aufruf eines Style Sheet die Angaben eines eingebundenen Style Sheet dominiert. Sie könnten den Randbefehl auch in die oberen Styles aufnehmen. Durch die Angabe innerhalb jeder einzelnen Abstufung sind auch pro Schriftart verschiedene Randeinstellungen denkbar. Probieren Sie es aus, und vergessen Sie nicht, diese Befehle durch einen Strichpunkt von den anderen innerhalb der geschweiften Klammer zu trennen.

```
I      </DIV>
       </BODY>
   </HTML>
```

Hier schließen wir das differenzierende Style Sheet und das gesamte HTML-File. Fertig.

Rufen Sie dieses File auch auf einem Browser wie dem »Navigator 3.0« auf, und Sie werden sehen, dass keine der Formatierungen hier angezeigt wird. Trotzdem ist das Layout nicht zerschossen, weil die »normalen« HTML-Tags Wirkung zeigen. Sie sollten also Ihr Layout mit diesen Style Sheets immer auch im Hinblick auf diese Browser anlegen, die diese Features noch nicht verarbeiten können.

Nehmen wir jetzt folgenden Fall:

```
H1 {font-size: 15pt;
   font-weight: bold;
   color: maroon}
H2 {font-size: 15pt;
   font-weight: bold;
   color: maroon}
 H3 {font-size: 15pt;
   font-weight: bold;
   color: maroon}
```

Alle drei Definitionen erzeugen ähnliche Formatierungen. Dadurch ist diese Schreibweise natürlich sehr umständlich. Es geht deshalb auch leichter:

```
H1, H2, H3 {font-size: 15pt;
    font-weight: bold;
    color: maroon}
```

Es sind auch Formatierungsangaben leichter möglich, wie hier:

```
H1 {font-size: 15pt;
 line-height: 17pt;
 font-weight: bold;
 font-family: Arial
 font-style: normal}
```

Es ist zwar auf jeden Fall besser, die Formatierungen sauber hinzuschreiben, aber wenn es kompakt sein soll, können Sie die gleichen Angaben auch wie folgt definieren:

```
H1 {font: 15pt/17pt bold Arial normal}
```

Achten Sie aber unbedingt darauf, dass Sie die Reihenfolge der Angaben einhalten. Selbst wenn der Browser eine andere Angabenreihe verstehen sollte, müssen Sie immer noch davon ausgehen, dass Sie als Programmierer vielleicht irgendwann den Überblick verlieren.

Nun kann es aber vorkommen, dass Sie – aus welchen Gründen auch immer – eine bestimmte Buchstabengröße im Text mit verschiedenen Farben benötigen. Auch hier haben Style Sheets durch die Definition von »Classes« einiges zu bieten. Schauen Sie sich zum Beispiel diesen Code an:

```
<STYLE>
  H1.red {font: 15pt/17pt;
         color: red}
  H1.green {font: 15pt/17pt;
           color: green}
  H1.blue {font: 15pt/17pt;
          color: blue}
</STYLE>
```

Drei verschiedene Definitionen für einen *<H1>*-Tag haben Sie auf diese Weise angelegt. Der Unterschied liegt in der Farbe der Schrift. Größe und Zeilendurchschuss sind gleich geblieben. Wenn Sie nun diese Definitionen im File benutzen wollen, reicht die bloße Angabe des *<H1>*-Tags nicht mehr. Sie schreiben stattdessen:

```
<H1 CLASS=red>Das ist die rote Überschrift</H1>
...
<H1 CLASS=blue>Das ist die blaue Überschrift</H1>
...
<H1 CLASS=green>Das ist die grüne Überschrift</H1>
```

Ähnlich verhält es sich mit den Link-Farben. Hier lautet die korrekte Syntax (mit Beispielfarben):

```
A:link {color: red}
A:visited {color: blue}
A:active {color: orange}
```

Dabei können Sie sogar den Unterstrich bei Links ausschalten, indem Sie den Parameter »text-decoration« auf »none« stellen. Allerdings würde ich Ihnen das aus den schon im Buch genannten Gründen der Übersichtlichkeit nicht empfehlen. Die korrekte Syntax sieht wie folgt aus:

```
A:visited {color: blue; text-decoration: none}
```

Es gibt hier auch eine Möglichkeit, Kommentare zu setzen, obwohl die übliche HTML-Syntax schon belegt ist. Innerhalb (!) eines Style Sheet bietet sich eine spezielle Art der Kommentare an:

```
H1 {font: 20pt/22pt bold; color=#00FF00}
/* Green for heading 1 */
```

Alles, was zwischen den Zeichen »/*« und »/*« steht, ist reiner Kommentar und wird im Browser nicht dargestellt. Dabei ist es irrelevant, ob Sie pro neuer Kommentarzeile diese Zeichensequenz verwenden oder vor dem ersten und nach dem letzten Buchstaben des Kommentars diese Syntax einsetzen.

Der Class-Container-Tag kann noch in einer anderen Art und Weise genutzt werden. Hier ein Beispiel der Definitionen, die ich in der Website *http://www.dumontverlag.de/null* eingesetzt habe:

```
<STYLE TYPE=text/css>
   .TITEL {font-size: 20px; line-height: 20px; text-decoration:none;
font-family: Verdana, Arial, Helvetica, sans-serif; color: #ffffff;}
.AUTOR {font-size: 11px; line-height: 11px; text-decoration:none;
font-family: Verdana, Arial, Helvetica, sans-serif; color: #ffffff;}
.SEITE {font-size: 11px; line-height: 11px; text-decoration:none;
font-family: Verdana, Arial, Helvetica, sans-serif; color: #ffffff;}
.AUSGABE {font-size:11px; line-height:11px; text-decoration:none;
font-family: Verdana, Arial, Helvetica, sans-serif; color: #111111;}
.TEXT {font-size: 13px; line-height: 20px; text-decoration:none;
font-family: Verdana, Arial, Helvetica, sans-serif; color: #111111;}
.ZWISCHEN {font-size: 15px; line-height: 20px; text-decoration:none;
font-family: Verdana, Arial, Helvetica, sans-serif; color: #000000;}
.LINK {font-size: 11px; line-height: 18px;  font-family: Verdana,
Arial, Helvetica, sans-serif; color: #666666;}
.ABSATZ {font-size: 11px; line-height: 11px; text-decoration:none;
font-family: Verdana, Arial, Helvetica, sans-serif;}
.ABSATZ2 {font-size: 20px; line-height: 20px; text-decoration:none;
font-family: Verdana, Arial, Helvetica, sans-serif, helvetica;}
</STYLE>
```

Diese sehr umfangreiche Liste, die sich anscheinend nur jeweils um minimale Parameter verändert, ist durch reifliche Überlegung von mehreren Tagen entstanden. Warum?

Zum einen ist es so, dass nur diese Definitionen gelten. Andere Definitionen waren ausgeschlossen. Das heißt, der bearbeitende Redakteur der insgesamt 1000 HTML-Files hat nur diese Formatierungsmöglichkeiten. Deshalb durfte keine einzige vergessen werden, die man vielleicht brauchen könnte. Und in

90 Prozent der Fälle werden auch nur ein paar von den jeweils aufgeführten Styles benötigt. Aber zur Sicherheit stehen dem Redakteur immer alle Möglichkeiten als Liste zur Verfügung. Die Ladezeiten werden dadurch nicht wesentlich verringert, und auf der anderen Seite kann man davon ausgehen, dass der Standard immer gehalten wird.

Sicher haben Sie sich schon gefragt, warum dann aber nicht auf ein externes Style Sheet gewechselt wurde, weil schließlich 1000-mal die gleichen Angaben im Header stehen ... Nun, das ist ganz einfach: Wir wußten bei der Erstellung nicht, bei welcher Datei aus einer künstlerischen Entscheidung heraus die Typogrößen verändert werden sollten und welche Texte vielleicht doch wieder nach einer gewissen Zeit zusammengeführt werden. Deshalb war es auf jeden Fall wichtig, immer die Benennungen der Styles gleich zu lassen, aber die Möglichkeit zu eröffnen, im Falle eines Falles noch mit den gleichen Style-Definitionen auch nur in einer Datei sehr variabel zu sein. Übrigens hat diese Definition kein einziges Mal versagt. Und das Projekt lief ein Jahr lang mit insgesamt 52 Updates.

Sie sehen also, wie wichtig es ist, hier auf jeden Fall sehr, sehr genau zu überlegen, warum welche Formatierung wann und wie per Style Sheet realisiert werden soll. Ich kann Ihnen auch hier nur raten, sehr stark vorab zu planen und Ihre Website nicht einfach organisch und nach dem Prinzip Zufall zu erzeugen. Das hilft Ihnen nicht weiter.

Sie haben nun gesehen, wie man erst einmal CLASSES definiert, die später im File benutzt werden. Es ist aber noch nicht gezeigt worden, wie diese genau aufgerufen werden. Wenn Sie die letzten Seiten aufmerksam gelesen haben, dann können Sie sich das aber schon vorstellen. Nehmen wir an, Sie möchten die CLASS ».zwischen« auf einen neuen Absatz anwenden. Wie lautet der saubere Source-Code dazu?

```
A  </P>
B  <P class=zwischen><FONT size=5 color=#000000 face=arial,helvetica>
C  Dies ist eine Zwischen&uuml;berschrift</FONT>
D  </P>
E  <P class=text>< FONT size=5 color=#000000 face=arial,helvetica>
   Hier l&auml;ft der Text weiter.
```

So, das war ja nicht allzu schwer. Sie hätten natürlich auch einen eigenen Style einsetzen können, so wie wir das weiter oben im Text gelernt haben. Der Vorteil dieser Class ist auch Effizienz. Wenn Sie das gesamte File noch einmal überarbeiten müssen oder wollen, dann stellen Sie nur an einer Stelle die neue Typographie ein. Ich kann Ihnen nur empfehlen, genau das auch zu tun.

Wenn Sie eine Datei mit einer solchen Anwendung gebaut haben, dann spielen Sie doch einmal mit den verschiedenen Style-Angaben. Es kann auch eine gute Methode sein, so die ideale Fontgröße für die einzelnen Formatierungen erst NACH der Fertigstellung des HTML-Files zu definieren.

So, jetzt aber zur Kommentierung der Lösung:

```
A  </P>
```

Hier nehme ich an, dass Sie diesen Aufruf der Class mitten in einem Text versuchen, da es sich ja um eine Zwischenüberschrift handelt. Darauf weisen der Titel »zwischen« und die Fontgröße hin. Also schließe ich mit einem *</P>*-Tag den vorherigen Absatz ab, da solche Classes meist mit einem *<P>*-Tag zusammen eingesetzt werden.

```
B  <P class=zwischen><FONT size=5 color=#000000 face=arial,helvetica>
```

Jetzt starten wir mit einem neuen *<P>*-Tag die eigentliche Class. Damit könnten wir es eigentlich auch schon bewenden lassen, allerdings sollten wir die Browser nicht vergessen, die Style Sheets nicht lesen können (soll es ja geben ...), oder die Style Sheets abhalten (das hat dann jeder User für sich so eingestellt, und das müssen wir so auch akzeptieren). Deshalb habe ich hier noch einmal einen *FONT*-Tag zur Sicherheit eingefügt. Dieser *<FONT>*-Tag wird durch das stärkere Verhalten der CLASS außer Kraft gesetzt. Probieren Sie das einfach einmal, indem Sie hergehen und bewusst sehr unterschiedliche Einstellungen in der Class und dem *<FONT>*-Tag wählen. In der Regel wird der *<FONT>*-Tag »überstimmt«.

```
C  Dies ist eine Zwischen&uuml;berschrift</FONT>
```

Hier folgt dann der ganz normale Text beliebiger Länge. Ich schließe vorbildlich den <FONT>-Tag, denn im neuen Absatz werde ich diese Definitionen neu belegen.

```
D  </P>
```

Hier schließt der Absatz-Tag. Und damit endet die integrierte Definition der Class.

```
E  <P class=text>< FONT size=5 color=#000000 face=arial,helvetica>
   Hier l&auml;ft der Text weiter.
```

Mit einem neuen Absatz nehmen wir jetzt die Class »text« wieder auf und führen zur Sicherheit auch einen neuen *<FONT>*-Tag an. Der Text »abschnitt« kann nun wieder beliebig lang sein. Allerdings sollten Sie sehr darauf achten, dass mit dem ersten neuen *<P>*-Tag – egal ob sie den vorherigen mit einem Abschluss-Tag versehen haben oder nicht – die Class auch überschrieben wird. Das muss bei manchen Browsern nicht auffallen oder Sie haben vielleicht sogar eine ähnliche Default-Einstellung in Ihrem Browser festgelegt. Also achten Sie auf solche fiesen kleinen Fallen.

Was aber nun, wenn Sie nur für ein paar kleine Buchstaben, zum Beispiel für einen Link, die Class kurz verlassen möchten? Wie verschachtelt man am Beispiel eines Links eine Class mit einer anderen? Nehmen Sie das Beispiel von vorhin.

```
A  </P>
B  <P class=zwischen><FONT size=5 color=#000000 face=arial,helvetica>
C  Dies ist eine Zwischen&uuml;berschrift. Und hier ist ein <a
href=link.htm class=link>Link</A> integriert.</FONT>
D  </P>
E  <P class=text>< FONT size=5 color=#000000 face=arial,helvetica>
   Hier l&auml;ft der Text weiter.
```

Sieht verblüffend einfach aus. Wenn Sie aber diese Lösung nicht anwenden, wird Ihnen das Style Sheet bei Links immer wieder ein wenig Ärger machen. Interessant sind solche Lösungen vor allem, weil Sie mit

decoration:none

ein Verhalten des Links definieren können, das sich immer mehr durchsetzt: der fehlende Unterstrich.

```
A  </P>
```

Hier ändert sich nichts. Aber prägen Sie sich unbedingt den sauberen Einsatz der *</P>*-Tags ein, wenn Sie mit solchen Classes arbeiten wollen.

```
B  <P class=zwischen><FONT size=5 color=#000000 face=arial,helvetica>
```

Wir öffnen wieder sauber die Class »zwischen« und sehen den Fall für die Browser ohne Style-Darstellung vor.

```
C  Dies ist eine Zwischen&uuml;berschrift. Und hier ist ein <a
href=link.htm class=link>Link</A> integriert.</FONT>
```

Eigentlich sehr einfach: Die Class wird innerhalb des *<A HREF>*-Tags aufgerufen und endet auch wieder mit dem *</A>*-Tag. Immer also, wenn wir zwei verschiedene Classes verschachteln wollen, brauchen wir auch zwei verschiedene Tags. Allerdings gibt es hier einen Wermutstropfen. So viele HTML-Tags gibt es gar nicht, um das sauber zu machen, denn der *<FONT>*-Tag oder andere Formatierungs-Tags reagieren hier nicht. Deshalb können Sie das auch mit einem *<DIV>*- oder *<SPAN>*-Tag erzeugen. Allerdings funktionieren manche Browser hier nicht sauber ... seufz. Auf Nummer Sicher gehen Sie immer, wenn Sie zuerst die eine Class sauber zumachen und dann die andere erst öffnen ...

```
D  </P>
```

An dieser Stelle schließen wir die Class wieder wie vorhin.

```
E  <P class=text>< FONT size=5 color=#000000 face=arial,helvetica>
   Hier l&auml;ft der Text weiter.
```

Hier hat sich auch nichts verändert. Einen wichtigen Hinweis sollte ich Ihnen aber noch geben. Wenn hier nun plötzlich ein <TABLE>-*Tag öffnet, dann werden Sie Ihre Style-Definitionen vergessen* können, auch wenn Sie keinen *</P>*-Tag genutzt haben.

Jetzt haben Sie schon eine ganze Menge gelernt, und Sie fragen sich sicher noch die Fragen aller Fragen:

Wie sieht eine externe Cascading-Style-Sheet-Datei eigentlich genau aus?

Nun, das ist keine Hexerei. Eines wissen Sie ja schon: Diese Datei hat die Benennung NAME.CSS, wobei der Name beliebig gewählt werden kann und sich nach Möglichkeit an der 8.3-Regel entlang ableiten lassen sollte.

Sie erzeugen in ihrem Editor eine neue Datei, speichern diese Datei zum Beispiel im Unterverzeichnis /STYLES unter dem Namen STYLES.CSS ab und müssen nun nur noch die richtigen Angaben dort ablegen.

Die »richtigen Angaben« bestehen aus einem ähnlichen Prinzip, wie wir das in den vergangenen Seiten durchgespielt haben. Wollten wir also die Classes von vorhin in ein externes Stylesheet auslagern, hätten wir drei Dinge zu erledigen:

Wir würden alles, was zwischen den Tags *<STYLE>* und *</STYLE>* steht, eins zu eins in das externe Style Sheet kopieren und abspeichern. Damit ist das Style Sheet bereits fertig.

Wir würden die Tags *<STYLE>* und *</STYLE>* löschen und zwischen die Tags *<HEAD>* und *</HEAD>* folgenden Source-Code schreiben:

```
<LINK REL=STYLESHEET
   HREF=styles/styles.css
   TYPE=text/css>
```

Wir würden alle Class-Aufrufe so lassen. So einfach geht das.

Das klingt alles wunderbar, aber jetzt kommt – leider – der dicke (!) Wermutstropfen an dieser ganzen Stylesheeterei. Die Browserversionen von Microsoft und Netscape haben die Style Sheets nicht ganz sauber und vor allem nicht einheitlich implementiert, deshalb gibt es da leichte Unterschiede, die ich zeigen will, indem ich Ihnen das gleiche Style Sheet einmal für den IE

3.0, für den IE 4.0 und für alle Netscape-Browser ab der Version 4.0 (vorher ist es eh Essig mit Style Sheets) zeige.

Für den IE 3.0 lautet ein Style Sheet zum Beispiel:

```
.headline {
   font-size: 18px;
   font-weight: bold;
   color: #00cc33;
   line-height: 20px;
   font-family: univers,geneva,verdana,arial;
   }
.subline {
   font-size: 16px;
   font-weight: bold;
   color: #00cc33;
   font-family: univers,geneva,verdana,arial;
   }

.textklein {
   font-size: 11px;
   color: #000000;
   line-height: 9px;
   font-family: univers,geneva,verdana,arial;
   }
A:link {
   color: #000066;
   text-decoration: none;
   font-weight: bold;
   font-family:univers,geneva,verdana,arial;
   }
```

Für den IE 4.0 lautet das gleiche externe Style Sheet:

```
.headline {
   font-size: 18px;
   font-weight: bold;
   color: #00cc33;
   line-height: 20px;
   font-family: univers,geneva,verdana,arial;
   }
.subline {
   font-size: 16px;
   font-weight: bold;
   color: #00cc33;
```

```
   font-family: univers,geneva,verdana,arial;
   }

.textklein {
   font-size: 11px;
   color: #000000;
   line-height: 9px;
   font-family: univers,geneva,verdana,arial;
   }

A:link {
   color: #000066;
   text-decoration: none;
   font-weight: bold;
   font-family:univers,geneva,verdana,arial;
   }
A:hover {
   color: #FF9933;
   text-decoration: none;
   font-weight: bold;
   font-family:univers,geneva,verdana,arial;
   }
```

Und bei Netscape sieht das gleiche Style Sheet so aus:

```
.headline {
   font-family:univers,geneva,verdana,arial;
   font-size:18px;
   font-weight:bold;
   color:#00cc33;
   line-height:20px;
   }
.subline {
   font-family:univers,geneva,verdana,arial;
   font-size:16px;
   font-weight:bold;
   color:#00cc33;
   }
.textklein {
   font-size:11px;
   color:#000000;
   line-height:9px;
   font-family:univers,geneva,verdana,arial;
   }
```

```
A:link {
   color:#000066;
   text-decoration:none;
   font-weight:bold;
   font-family:univers,geneva,Verdana,arial;
   }
```

Sie werden sich jetzt sicher fragen: Wo soll hier der große Unterschied sein? Nun, der ist wirklich nicht groß im Sinne von Source-Code, aber er ist groß im Sinne von Wirkung. Es gibt zwei wesentliche Unterschiede. Zum einen werden Sie von IE 3.0 auf IE 4.0 sehen können, dass ein weiterer Eintrag existiert, der mit HOVER das Verhalten definiert, wenn der Mauszeiger über den Link gefahren wird. Das können weder Netscape-Browser noch der IE 3.0 darstellen.

Zum anderen, und das ist hier wichtiger, hat die »font-family« bei den IE-Style Sheets Anführungszeichen, und beim Netscape-Browser ist das nicht der Fall. Sie werden es mir vielleicht nicht glauben, aber das führt zu Problemen in der Darstellung, wenn Sie nicht exakt so verfahren, wie das hier beschrieben ist.

Jetzt werden Sie sich verzweifelt fragen, wie Sie den Browsern beibringen sollen, dass diese genau das richtige Style Sheet auch verwenden. Dazu gibt es einen Trick, der mit JavaScript zu tun hat. Im nächsten Abschnitt dieses Buches finden Sie die Lösung. Ich habe aus Übersichtsgründen alle JavaScripts zusammengefasst, damit Sie alle nützlichen Dinge hier an einem Platz finden.

Lehnen sie sich also jetzt erst einmal entspannt mit diesem Wissen zurück und genießen Sie den Rest des Buches, bis wir wieder auf diesen Fall zurückkommen.

Einen hab ich aber noch, bevor wir uns an die Referenz der CSS wagen. Wir werden uns im übernächsten Kapitel mit Layers beschäftigen, die Netscape – sinnloserweise wie ich meine – eingeführt hat, um überlappende Inhalte herzustellen. Dabei gibt es – und das hat bisher nur Microsoft in den neueren Browsern sauber implementiert – auch in den Style Sheets die Möglichkeit, Inhalte genau so zu plazieren, dass Sie absolut stehen.

```
<DIV
style=COLOR: #ffcc33; FONT-FAMILY:sans-serif; FONT-SIZE: 100px; FONT-
WEIGHT: bold; LEFT: 300px; POSITION: absolute; TOP: 5px; Z-INDEX:
1>Unterschrift</DIV>
<!-- Background Text End --><!-- Content Start -->
<DIV style=POSITION: absolute; Z-INDEX: 2>Hier beginnt der eigentli-
che Text</DIV>
```

In diesem Fall haben wir die Unterschrift in einer absoluten Position von 300 Pixeln ab dem linken Rand und fünf Pixeln ab dem oberen festgelegt. Der besondere Clou ist, dass wir durch Z-INDEX:1 definiert haben, dass diese Schrift nun ganz unten läuft und wir den restlichen Content wieder ganz oben laufen lassen können. Durch Z-INDEX: 2 wird dieser Content über der Unterschrift laufen, die jetzt wie ein Wasserzeichen wirkt.

Experimentieren Sie hier mal mit mehreren Ebenen. Das funktioniert nur, wenn Sie einen aktuellen Microsoft-Browser benutzen. Aber die Art der Nutzung ist so einfach und mit Style Sheets zu implementieren, dass ich die Lösung an sich sehr schön finde.

Wir betreten hier die Grenze zu DHTML, das wiederum eine eigene Weiterentwicklung von HTML darstellt. Es gibt inzwischen darüber auch schon eine Menge Bücher auf dem Markt. Ich verweise darauf, da sich das eigentliche Thema HTML hier sonst unendlich erweitert. Wir wollen es damit gut sein lassen. Wenn Sie Appetit auf mehr bekommen haben und die JavaScript-Beispiele am Ende des Buches Ihnen auch behagen, dann sollten Sie unbedingt weiter einsteigen. Für eine herkömmliche Website werden Sie aber nicht mehr benötigen als die beschriebenen Befehle in diesem Buch.

8.2 CSS - Referenz

Um Ihnen diese vielen Befehle ein wenig leichter zu machen, finden Sie jetzt eine Aufstellung aller möglichen Befehle, die danach noch einmal einzeln erklärt werden.

Befehl	**Beschreibung**	**Spezifikation**	**Beispiel**
font-size	Textgröße, wahlweise in Punkt, Inch, Zentimeter oder Pixeln	points (pt) inches (in) centimeters (cm) pixels (px)	{font-size: 12pt}
font-family	Fontart	typeface »Name«-font family »Name«	{font-family: »courier«}
font-weight	Schriftschnitt	extra-light light demi-light medium demi-bold bold extra-bold	{font-weight: bold}

Befehl	Beschreibung	Spezifikation	Beispiel
font-style	Kursivstellung	norma litalic	{font-style: italic}
line-height	Linienhöhe in Punkt, Inch, Zentimeter, Pixeln oder Prozent	points (pt) inches (in) centimeters (cm) pixels (px) percentage (%)	{line-height: 24pt}
color	Textfarbe	color-name RGB triplet	{color: blue}
text-decoration	Unterstreichen oder durchstreichen	none underline italic line-through	{text-decoration: underline}
margin left	Linker Rand	points (pt) inches (in) centimeters (cm) pixels (px)*	{margin-left: 1in}
margin-right	Rechter Rand	points (pt) inches (in) centimeters (cm) pixels (px)*	{margin-right: 1in}
margin-top	Oberer Rand	points (pt) inches (in) centimeters (cm) pixels (px)*	{margin-top: -20px}
text-align	Textstand	left center right	{text-align: right}
text-indent	Einrückung	points (pt) inches (in) centimeters (cm) pixels (px)*	{text-indent: 0.5in}
background	Hintergrundfarbe	URL, color-name RGB triplet	{background: #33CC00}

Das heißt hier noch einmal genauer:

Fontgröße

```
{font-size: 12pt}
{font-size: 1in}
{font-size: 5cm}
{font-size: 24px}
```

Alle diese Angabenmaße sind möglich. Sie können sich also Ihre »Lieblings-Bemaßung« auswählen.

Fontart

Der Aufruf von Schriftarten gestaltet sich ähnlich wie das *FACE*-Tag in HTML. Die Namen der Fonts finden Sie jeweils im Systemverzeichnis Ihres Computers.

```
{font-family: Arial}
```

Wir wissen, dass MAC/OS-Computer im Normalfall keine »Arial« besitzen; deshalb empfiehlt es sich generell für die Fälle, in denen eine Ersatzschrift notwendig sein sollte, mehrere Schriftarten anzugeben. Die Syntax sieht wie gewohnt folgendermaßen aus.

```
{font-family:Arial, Helvetica}
```

Um ganz sicher zu sein, dass Sie auf jeden Fall eine Sans-Serifen-Schrift laden (z.B. eine Schrift ähnlich wie »Arial«), ist es auch möglich, Schriftenfamilien anzugeben. Hier die Syntax für eine Sans-Serifen-Schriftenfamilie:

```
{font-family: Arial, Helvetica, sans-serif}
```

Denkbar sind die Schriftenfamilien *serif*, *sans-serif*, *cursive*, *fantasy* oder *monospace*, die auf jeden Fall eine passende Schrift auf den WINDOWS-Computern erzeugt.

Es bleibt noch eine Variante. Falls die Schrift aus einem zusammengesetzten Namen besteht, muss er mit einem Leerschritt geschrieben werden.

```
{font-family: Courier New}
```

Schriftenschnitt

Je nach vorhandener Schrift kann ein anderer Schriftenschnitt eingestellt werden. Die häufigsten sind dabei:

```
{font-weight: medium}
{font-weight: bold}
```

Denkbare Einstellungen sind *extra-light*, *light*, *demi-light*, *medium*, *demi-bold*, *bold* und *extra-bold*. Allerdings hängt es wirklich davon ab, ob diese Extraausführungen der Schriften auch vorhanden sind. Testen Sie die Einstellungen auf jeden Fall mit einer Standardkonfiguration Ihres Computers durch. Extraschriften sind keine Selbstverständlichkeit auf Userseite.

Kursivstellung

Nach den Vorgaben des W3-Komitees sollen bald noch andere Schrifteinstellungen möglich sein, aber der »Explorer 3.0« und der »Navigator 4.0« (Communicator) unterstützen im Moment nur die Kursivstellung:

```
{font-style: italic}
```

»Caps«, »oblique« und andere Einstellungen sollen folgen.

Linienhöhe

Um den Zeilendurchschuss genauer einzustellen und auch mehr als einzeiligen Umbruch zu ermöglichen, bieten Cascading Style Sheets diesen Parameter an, der den Umbruch Punkt, Inch, Pixel, Zentimeter oder Prozent genau definiert. Hier ein Beispiel für einen 20-Punkt-Umbruch:

```
{line-height: 20pt}
```

Auch eine Angabe in Prozent wäre möglich:

```
{line-height: 150%}
```

Achten Sie bitte darauf, dass sich diese Angaben immer schon auf die Zeile vor der Einstellung beziehen. Vermeiden Sie auch verschiedene Angaben in einer Zeile, da der Browser sonst nicht kontrollierbar reagiert.

Textfarben

Sie können eine der Grundfarben, die Sie in der folgenden Liste in Tabellenform finden, per Namen wählen. Eine RGB-Definition ist aber ebenso möglich:

```
{color: teal}
{color: #33CC00}
```

black	silver	gray	white
maroon	red	purple	fuchsia
green	lime	olive	yellow
navy	blue	teal	aqua

Sie können auch die Namen in der Liste verwenden, die sich in der zweiten Tabelle im Anhang dieses Buches befindet.

Unterstreichen oder Durchstreichen

Die »text-decoration«-Attribute erlauben das Unterstreichen und Durchstreichen der Texte. Ohne diese Angaben bleibt der Text in seiner üblichen Form und erhält eine Unterstreichung, wenn es sich um einen Link handelt. Durch den Wert »none« können Sie aber diese Unterstreichung eines Links elegant rückgängig machen. Ob das allerdings aus den bekannten Gründen so sinnvoll ist, sei dahingestellt. Hier der Beispielcode:

```
{text-decoration: underline}
{text-decoration: line-through}
```

Ränder

Hier geraten wir ganz schnell in den Bereich »Special Effects«, denn neben den bereits bekannten Einstellungen zum linken und rechten Rand lassen sich durch die Wahl negativer Werte auch ineinander laufende Schriften einstellen. Für alle Freunde von modernen Layouts ein willkommenes Fressen und unbedingt mit Vorsicht zu genießen, da die Lesbarkeit der Texte durch solche Einstellungen schnell in Mitleidenschaft gezogen wird.

```
BODY {margin-left: -10px;
   margin-right: -10px;
   margin-top: 20px}
```

Um diese Schreibweise noch abzukürzen, kann eine Randeinstellung denkbar einfach beschrieben werden. Achten Sie aber darauf, dass der »margin-top«-Befehl hier zuerst an die Reihe kommt, dann folgt der »margin-left«-Befehl, und dann der »margin-right«-Befehl:

```
P {margin: 20px -10px-10px}
```

Textstand

Wir kennen diese Einstellungen eigentlich auch schon aus unserer klassischen HTML-Erfahrung, wenn Sie an den <P>-Tag zurückdenken. Nur die Schreibung der Syntax ist hier eine andere:

```
{text-align: left}
{text-align: center}
{text-align: right}
```

Einzug

Neben der Möglichkeit, einen linken Rand per Style Sheet zu generieren, können Sie auch einen Einzug an jedem Absatzanfang (dort kommt er eigentlich nur vor) definieren.

Dabei stehen Ihnen wieder die Bemaßungen in Punkt, Pixel, Zentimeter oder Inch zur Verfügung:

```
H2 {text-indent: 0.5cm}
```

In diesem Fall wird ein *<H2>*-Tag um einen halben Zentimeter eingerückt.

Background

Was Ihnen vielleicht am Anfang etwas banal vorkommen mag, nämlich die Einstellung des Backgrounds über ein Style Sheet, kann sich als sehr trickreich erweisen. Die Syntax ist wie gewohnt zu schreiben:

```
{background: red}
{background: #6633FF}
```

Um hier ein Hintergrundbild einzupassen, empfiehlt sich zum Beispiel folgende Syntax:

```
{background: URL(http://www.microsoft.com/intdev/boxes.gif)}
```

Spannend wird das alles erst, wenn Sie sich noch einmal vergegenwärtigen, dass Sie eine Background-Farbe oder ein Background-Bild mit diesem Befehl auch nur partiell für einen bestimmten Teil des Files wirken lassen können. Stellen Sie sich einfach einen bestimmten Absatz vor, der mit einem anderen Hintergrund unterlegt ist als das restliche File.

Dazu sind noch weitere Spezifikationen möglich.

Repetitions: Die Werte *repeat-x, repeat-y, repeat* und *no-repeat* bestimmen dabei, wie oft ein Bild in horizontaler (x) und vertikaler (y) Richtung oder in beide Richtungen (repeat) wiederholt oder nicht wiederholt (no-repeat) wird.

Scrolling: *fixed* und *scroll* (als Standard) bestimmen dabei, ob das Bild beim Scrollen stehen bleibt (fixed) oder mit dem scrollenden Inhalt mitwandert. Das Stehenbleiben von Bildern ist dann zum Beispiel sinnvoll, wenn Sie eine Art Wasserzeichen auf dem Bildschirm platzieren wollen, verwirrt den optischen Eindruck aber leicht.

Position: Sie können aber die Position eines Background-Image auch genauer definieren. Ihnen stehen dabei wieder die Bemaßungen in Punkt, Pixeln, Zentimetern, Inches oder Prozent zur Verfügung. Zusätzlich können die Positionen *left/center/right* und *top/middle/bottom* gewählt werden. Im Code angewendet sieht das dann so aus:

```
{background: URL(http://www.microsoft.com/intdev/boxes.gif) 0% 100%}
{background: URL(http://www.microsoft.com/intdev/boxes.gif) left bot-
tom}
```

8.3 Layers

Ein Grundproblem der Webdesigner war bis jetzt immer die Möglichkeit, Bilder so einzubauen, dass sie sich gegenseitig überdecken konnten. Wir haben im letzten Kapitel eine Möglichkeit kennen gelernt, wie sich Bilder genau positionieren lassen. Es können sich hier zwei Bilder schon sehr stark anschneiden, wenn wir die Koordinaten passend dazu wählen.

Eine andere Möglichkeit bildet der *<LAYER>*-Tag in »Navigator 4.0 (Communicator)«, der speziell auf dieses DTP-Feeling hin entwickelt wurde, um die Überschneidung von Bildern zu erreichen. Aber dieser Tag, der nur (!) für den »Navigator 4.0« gilt und bisher von keinem anderen Browser dargestellt werden kann, kann noch mehr.

Es ist anzunehmen, dass der »Explorer« nach der alten Microsoft-Devise »embrace and extend« (umarme und erweitere) diesen Tag auch bald in sein Repertoire aufnimmt und dann noch mit Zusatz-Features versieht. Im Moment befindet man sich aber mit Sicherheit durch diese Programmierung in einer Schiene, die alles andere als plattformübergreifend ist. Wer also nur an HTML interessiert ist, das auf 90 Prozent aller Browser läuft, hat schon mit dem vorhergehenden Kapitel Schwierigkeiten gehabt und wird hier sicher noch leichter weiterblättern.

Der neue Tag kann nicht nur Bilder so übereinanderlegen, dass sie transparent oder solide in der Anmutung einen Anschnitt bilden. Mit *<LAYER>* ist es auch möglich, Elemente erst auf Mausklick hin erscheinen und auch wieder verschwinden zu lassen, ohne dass dafür der Webserver noch einmal einen Download liefern muss.

Dazu muss es Layer-Objekte geben und Layer-Zeiger, damit dem Browser gesagt werden kann, welches Element zuerst auf der Seite in Erscheinung tritt und welche Elemente dann in welcher Hierarchie und Reihenfolge per Mausklick aufgerufen werden können.

Dieses Buch versteht sich als Einblick, der kein Kompendium ersetzen kann. Wenn Sie also großes Interesse an der noch nicht abgeschlossenen Entwicklung dieser Tags haben, dann kann Ihnen an dieser Stelle nur noch einmal Hosenbodenarbeit empfohlen werden. Besuchen Sie in möglichst regelmäßigen Abständen die Entwickler-Pages der beiden großen Browser-Hersteller Microsoft (»http://www.microsoft.com«) und Netscape (»http://home.netscape.com«). Dort erfahren Sie jeweils, welche neuen Programmversionen welche neuartigen Tags unterstützen. Eine mühselige Angelegenheit, um die Sie aber über dieses Buch hinaus nicht herumkommen werden. Es empfiehlt sich aber auch hier ein Leitsatz, den mein Kollege Christian Miessner geprägt hat:

»Neue Tags erst einsetzen, wenn die alten nicht mehr weiterhelfen, und auch nur dann, wenn schon genügend Browser diese Tags unterstützen.«

Schauen wir uns den kompletten Aufbau eines Layers in HTML zuerst einmal als Code an, und versuchen wir dann zeilenweise zu verstehen, welche Grundeinstellungen dort vorgenommen werden.

```
A   <LAYER
B   NAME=layerName
C   LEFT=xPosition (number of pixels)
D   TOP=yPosition (number of pixels)
E   Z-INDEX=layerZ (positive integer)
F   WIDTH=layerWidth (number of pixels)
G   CLIP=x1_offset, y1_offset, x2_offset, y2_offset
      (number of pixels)
H   ABOVE=layerName
I   BELOW=layerName
J   VISIBILITY= SHOW | HIDE | INHERIT
K   BGCOLOR=rgbColor (name of a standard color or a
      hexidecimal RGB value)
L   BACKGROUND=imageURL>
M   </LAYER>
A   <LAYER>
```

Hier wird an einer beliebigen Stelle des HTML-Files im *<BODY>*-Bereich ein *<LAYER>* eröffnet. In diesen Tag hinein kommen nun eine Reihe von Untertags, die die Eigenarten des Layers noch genauer definieren.

```
B    NAME=layerName
```

Zuerst muss dem Layer ein Name gegeben werden. Ich empfehle Ihnen hier ebenfalls wieder sprechende Namen, da Sie später auch noch die Übersicht im Code behalten müssen und solche sinnvollen Benennungen sehr weiterhelfen.

```
C    LEFT=xPosition (number of pixels)
```

Die linke Kante des Layers, der ja aus – mehreren – Bildern besteht, lässt sich über eine Pixelzahl auf der X-Achse leicht definieren.

```
D    TOP=yPosition (number of pixels)
```

Ebenso sieht es auf der Y-Achse aus, um die obere Kante des Layers zu definieren.

```
E    Z-INDEX=layerZ (positive integer)
```

Hier wird die Zahl der Layers, die übereinanderliegen, eingegeben. Hier muss es sich um eine positive Zahl handeln. Sie haben ja auch nicht zehn Finger auf der Tastatur ...

```
F    WIDTH=layerWidth (number of pixels)
```

Hier wird nach der Difinition der linken oberen Kante die Weite des Layers angegeben, damit der Browser die anderen Elemente bereits laden kann und am Schluss die Grafiken für den vorgemerkten Platz innerhalb des Layers bereitstellt.

```
G    CLIP=x1_offset, y1_offset, x2_offset,
       y2_offset (number of pixels)
```

Diese durch Kommata getrennten vier Zahlen geben den Pixelbereich an, innerhalb dessen die Layerfunktion dynamisch abgerufen werden kann.

```
H    ABOVE=layerName
```

Jetzt wird klarer, warum die Namensnennung für einen Layer so wichtig ist. Hier wird ähnlich dem Rahmenstand in einem DTP-Programm definiert, durch welchen Layer dieser Layer überlagert wird.

```
I    BELOW=layerName
```

Ähnlich verhält es sich mit dem Layer darunter. Es ist also klar, dass Sie mindestens zwei Layer definieren müssen, um auch eine Überlappung herzustellen.

```
J   VISIBILITY= SHOW | HIDE | INHERIT
```

Hier stellen Sie ein, ob Ihr Layer schon sichtbar, noch verborgen oder identisch mit dem Status der anderen Layer (das ist der Standard) sein soll. So ist es zum Beispiel denkbar, dass Sie ein Bild durch ein anderes überlappen, das noch gar nicht sichtbar dargestellt ist und erst auf Mausklick erscheint.

```
K   BGCOLOR=rgbColor (name of a standard color or a
      hexidecimal RGB value)
```

Ähnlich den differenzierten Farbgebungen, die Sie schon aus den Style Sheets kennen, können Sie auch für den Layer eine eigene Hintergrundfarbe angeben. Auch hier steht es Ihnen wieder frei, eine der bereits bekannten Standardfarben zu wählen oder den RGB-Wert dafür einzusetzen.

```
L  BACKGROUND=imageURL >
```

Wie bei den Style Sheets können Sie auch hier wieder ein Hintergrundbild nur für diesen Layer generieren. Zum Beispiel könnte dort ein Gesicht stehen, auf dem nun per Mausklick verschiedene Frisuren durchgetestet werden können.

```
M  </LAYER>
```

Und danach schließt der Tag wieder.

Sicher haben Sie bemerkt, dass wir eigentlich bisher nur den Layer als solchen definiert haben. Das soll sich jetzt ändern. Der Vorteil dieser Syntax ist, dass sie sich nahtlos in die schon gewohnte HTML-Umgebung einpassen lässt, und das wollen wir jetzt auch tun.

Wir wählen das Beispiel unseres Fotoalbums aus dem Tabellenkapitel und unsere Aufgabe ist, die beiden Bilder sich überschneidend auf einen andersfarbigen Hintergrund zu stellen.

```
A   <HTML>
      <HEAD>
         <TITLE>Meine Freunde</TITLE>
      </HEAD>
   <BODY BGCOLOR=#ffffff>
B   <LAYER NAME=basis
   CLIP=500,500>
C       <LAYER TOP=10 LEFT=10>
D           <IMG SRC=1.jpg>
E       </LAYER>
```

```
F        <LAYER TOP=50 LEFT=100>
G          <IMG SRC=2.jpg>
H      </LAYER>
         <LAYER TOP=100 LEFT=200>
          <IMG SRC=1.jpg>
        </LAYER>
I      </LAYER>
   </BODY>
   </HTML>
```

Bild 8.2: Mit wenigen Layern sind wir jetzt in der Lage, Bilder übereinander zu legen.

```
A   <HTML>
```

Wir beginnen ein klassisches HTML-File, das mit einem *<BODY>*-Tag bestückt ist, der den Hintergrund weiß färbt.

```
B   <LAYER NAME=basis
   CLIP=500,500>
```

Jetzt wird dem Layer ein Name gegeben, hier zum Beispiel »basis«, um den gesamten Layer vielleicht so später noch einmal zu verwenden. Der CLIP ist hier nur mit zwei Zahlen bestückt. Eigentlich haben wir ja gelernt, dass hier vier Zahlen stehen müssten, die den Wirkungsbereich des Layers definieren.

Aber standardmäßig sind die beiden ersten auf 0 gestellt, wenn hier nur zwei Zahlen notiert sind. Die müssen allerdings zu finden sein, sonst funktioniert der Layer nicht.

```
C       <LAYER TOP=10 LEFT=10>
```

Nun verschachteln wir darin einen weiteren Layer, der nur mit seiner linken oberen Kante (hier 10 auf 10 Pixel) definiert wird.

Das Verschachteln von solchen Strukturen kennen wir ebenfalls aus dem Tabellenkapitel; es kann uns deshalb nicht mehr schocken. Wir müssen später nur darauf achten, dass die geöffneten Tags auch wieder sauber geschlossen werden, sonst entstehen Fehler in der Darstellung. Vulgo: Man sieht im Browser nichts.

```
D           <IMG SRC=1.jpg>
```

Hier fügen wir einfach in der üblichen Syntax ein Bild ein. Wenn Sie wollen, können Sie hier auch noch die üblichen Bildattribute wie Höhe und Breite eingeben. Sogar verlinken lassen sich diese Bilder.

```
E       </LAYER>
```

Der erste Unterlayer wird hier wieder geschlossen, denn für das Bild 1 brauchen wir keine weiteren Angaben.

```
F         <LAYER TOP=50 LEFT=100>
```

Das zweite Bild wird geöffnet und mit anderen Koordinaten versehen, denn sonst würde es sich ja exakt über das erste Bild legen.

Achten Sie aber darauf, dass die Pixelzahl der Koordinaten und die Pixelgröße der Bilder nicht über die Begrenzungen des Clips hinaus weisen, sonst schneiden Sie das Bild (siehe nächste Abbildung) gnadenlos ab.

```
G           <IMG SRC=2.jpg>
```

Auch hier wird wieder ein Bild mit einem Standard-Tag eingebaut. Sie könnten hier auch ein externes Bild auf einem anderen Server per absolutem Link einbauen. Das bleibt Ihnen überlassen.

```
H       </LAYER>
```

Auch diesen Unterlayer schließen wir wieder.

```
I       </LAYER>
```

Vergessen Sie bitte auf keinen Fall, auch den ursprünglichen Layer »basis« mit einem Schluss-Tag zu beenden.

Bild 8.3: Wenn Sie den Clip zu klein definieren, schneiden Sie die Bilder ab.

Sie werden sich sicher wundern, warum hier an dieser Stelle nicht noch mehr mit diesen Layern demonstriert wird. Der Grund ist ein einfacher. Um die Layer noch weiter zu steuern, kämen Sie nicht um Kenntnisse in JavaScript herum. Ich empfehle Ihnen, sollten Sie sich für diesen Bereich extrem interessieren, ein eigenes JavaScript-Buch zu kaufen, wie es Verlage wie Markt&Technik anbieten. Zwar mischen immer mehr Webdesigner HTML und JavaScript, aber zum einen kann der »Explorer« diese Skriptsprache nicht sauber interpretieren, und zum anderen ist diese Sprache komplett anders aufgebaut und nicht im Vorbeigehen zu erlernen. Ihnen hier ein paar Fetzen hinzuwerfen und Sie diesen Code blind abtippen zu lassen, entspricht nicht dem Lehransatz dieses Buches.

Es muss hier also auf Java Script verwiesen werden, um mit dieser Layer-Technik noch Überblendungen und Animationen zu generieren.

8.4 Typographie im Netz

Zum Abschluss hier noch ein paar Anregungen über Typographie im Netz. Ich kann Ihnen hier nur die Bücher von David Siegel empfehlen. Zudem gibt es spezielle Zeitschriften, die sich mit Typographie beschäftigen. Dieses Kapitel ersetzt auch nicht den Typographen, aber ein paar Sachen sollten Sie wissen, wenn Sie sich für den Einsatz einer bestimmten Typographie auf Ihren Seiten entscheiden. Ich versuche das mit einem kleinen Regelbuch auf diesen Seiten:

Stellen Sie Schrift möglichst kontrastreich auf hellen, ruhigen Untergrund

Nur Anfänger glauben, dass der Farbkontrast Rot mit rosa Schrift toll aussieht. Augen suchen Halt, um zu lesen; also machen Sie es sich und Ihren Usern nicht unnötig schwer. Es gibt immer Ausnahmen von der Regel, weil eine bestimmte Wirkung erzeugt werden soll. Aber genau das sollten Sie nur anwenden, wenn Sie die saubere Grundregel kennen: Je heller und ruhiger ein Untergrund ist und je dunkler und klarer der Font darauf, desto leserlicher ist der Text. Wirre Background-Bilder und schwache Kontraste sollten Sie meiden. Schwarzer Untergrund eignet sich zum Beispiel auch besser für Bilder, weil so die Farben stärker leuchten. Diesen Effekt braucht Schrift nicht. Wenn Sie die Kunst beherrschen, den Untergrund und die Schriftfarbe so lange anzugleichen, dass diese Regel hier noch funktioniert, dann erzeugen Sie eine edle Anmutung. Hier ist der Grad zwischen edler und verwaschener Anmutung aber ganz dünn, also Vorsicht.

Online-Schriften sind Sans-Serifen

Die Browser werden leider mit Times als Default-Schrift ausgeliefert. Dabei weiß jeder Designer, dass eine schnörkellose Schrift wie »Verdana« oder die »Arial« oder »Helvetica« besser zu lesen ist. Das stimmt nicht mit den Erfahrungen aus der Printwelt überein, wo Serifen der Lesefreundlichkeit gut tun. Allerdings sollten Sie nicht vergessen, dass auf dem Schirm und online nur Schriften in einer Auflösung von 72 dpi möglich sind, was einem Zehntel der untersten Druckqualität entspricht. Deshalb empfehlen sich vor allem im Lauftext schnörkellose Schriften. Bei Überschriften, wo die Serifen besser wegen der Größe der Buchstaben zur Geltung kommen, sollten Sie aber ruhig mal auf die Times etc. zurückgreifen. Beachten Sie jedoch den nächsten Absatz

Weniger ist mehr

Gerade als durch DTP der Einsatz von verschiedenen Schriften in einem Dokument leicht möglich war, sind furchtbare Dinge passiert. Sie sollten bei Typographie das Understatement lieben. Wenn Sie mit möglichst nur einer Schriftfamilie und darin mit nur wenigen Größenvariablen auskommen, erzeugen Sie ein ruhiges Schriftbild und haben immer noch genügend Möglichkeiten zur Varianz. Schauen Sie sich mal Zeitschriften, die Sie als besonders edel empfinden, im Hinblick auf diesen Gedanken an. Sie werden merken, dass oft nur mit Fettungen gearbeitet wird und dass das Edle in diesem Layout oft in kleinem Lauftext und kalkuliert großen Überschriften besteht. Da wird nicht ständig mit der Schriftfarbe und den Schrifttypen rumgemacht. Seien Sie hier spröde und haben Sie Stil.

Schaffen Sie Luft

Nicht unwichtig, aber immer wieder gerne vergessen: Das beste Schriftbild erzeugen Sie, wenn Sie zwischen den Schirftblöcken Luft schaffen. Es muss nicht sein, dass Sie jeden Absatz direkt unter den nächsten kleben. Und ein größerer Zeilendurchschuss kann auch helfen, die Texte lesbarer zu machen. Sie haben online unendlich viel Platz. Nutzen Sie ihn. Zwar muss ein User dann stärker scrollen, aber er hat auch das Gefühl, schnell voranzukommen, wenn schmale Absätze mit großen Durchschüssen in einem luftigen Design auf ihn warten. Just try.

Form follows function

Wenn Sie eine Überschrift »Als ich noch klein war« bewusst mit kleinen Buchstabengrößen machen, dann trägt diese Form die Aussage mit. Oder sie gestalten paradox. Sie nehmen genau für diesen Satz die möglichst größte Überschrift. Das liegt ganz bei Ihnen. Bedenken Sie allerdings, dass es eine Gestaltungsregel immer geben sollte: Die Funktion eines bestimmten Textstücks definiert seine Form. Überschriften sind eine Funktion für sich, also sollten Sie auch nur eine Übeschriftenform definieren. Wenn Sie zwei Formen für eine Funktion definieren, dann tun Sie das, was man im Straßenverkehr strikt vermeidet: Sie erzeugen zwei Zeichen für das Gleiche, und das ist so, als würde man beim Links binken auch (!!!) rechts meinen. Das ist gefährlich. Sie können das als Konzept durchaus auf der Seite einsetzen, aber dann sollten Sie auch jedes Mal bei einer Überschrift eine andere Form haben ... und vergessen Sie nicht: Weniger ist mehr.

Nach diesem Kapitel können Sie:

- ✘ Style Sheets anlegen
- ✘ Typographie im Web gezielt einsetzen
- ✘ Zwischen verschiedenen Style-Sheet-Strategien entscheiden

Kapitel 9

Advanced

Vor allem das letzte Kapitel war noch einmal eine Menge Stoff für die grauen Zellen, und zudem hat man als Leser sicher das ungute Gefühl, dass das klassische HTML veraltet und ungeheuer moderne Dinge auf uns zukommen. Seien Sie aber beruhigt. Klassisches HTML ist deswegen nicht vom Tisch, und für die ersten eigenen Homepages reichen die hier gelernten Befehle im Normalfall vollkommen. Im folgenden Kapitel wollen wir uns anschauen, was sich von den Dingen, die das Zauberwort »JavaScript« vorgaukelt, wirklich essentiell für eine Homepage sein können. Ich werde Ihnen neben den wichtigsten JavaScripts auch noch ein paar klassische HTML-Tags zeigen, die Sie nicht immer brauchen werden, die aber die Effizienz Ihrer Site erheblich steigern. Gegenüber der ersten Ausgabe habe ich vor allem Tags bereinigt, die wirklich nur noch im digitalen Hinterhof etwas zu suchen haben. Der *<BLINK>*-Tag gehört zum Beispiel dazu. Damit geben Webdesigner gerne dann an, wenn Sie die ersten zwei Codezeilen Ihres Lebens geschrieben haben, weil ein einziger Tag schon eine Menge an Bewegung erzeugt, allerdings nur bei Netscape-Browsern ... und das ewige Blinken geht einem ähnlich schnell auf die Nerven wie zappelnde Werbebanner. Ähnliches lässt sich auch über von Microsoft eingeführte Tags sagen, die den Text über den Bildschirm ziehen. Auch die sind wieder nicht Netscape-kompatibel. Ein ewiges Spiel.

Wenn Sie sich genauer über die Dinge informieren wollen, so hat Microsoft zum Beispiel den Bereich *http://www.microsoft.com/germany/msdn* aufgebaut. Netscape besitzt ebenfalls eine solche Entwicklerregion auf *http://home.netscape.com*.

Natürlich kann so eine Einführung nicht im Vorbeigehen auch noch Java Script abhandeln, da es sich um eine eigenständige Technik handelt und es mindestens noch einmal einer solchen Seitenstärke wie dieses Buch zum Erlernen bedarf. Aber Sie sollten sich nicht von der etwas abstrakteren Art des Codens abschrecken lassen. Wenn Sie noch eine Tasse Tee in der Kanne und weitere gemütliche Abende Zeit haben, empfehle ich Ihnen zum Selbststudium zum Beispiel:

Steyer, Ralph. Jetzt lerne ich JavaScript und HTML: Der einfache Einstige ins Webscripting. München, 1999.

Hier sollen mehr die praktischen Beispiele im Vordergrund stehen, dort finden Sie noch einmal einen klassischen Einstieg in das theoretische Grundwissen. Sie lernen damit auch das Schreiben von eigenen Scripts. Und seien Sie sich bei einem sicher: Was ich Ihnen hier zeige, sind Beispiele, die ich nicht selbst entwickelt habe, auf denen aber auch kein Copyright liegt, weil sie von Autoren zum Beispiel als Tutorial in *http://www.cnet.com* veröffentlicht wurden.

Wenn Sie also solche Java-Scripts finden, die Sie faszinieren und die Sie gerne in Ihren Seiten einbauen möchten, dann fragen Sie einfach beim Autoren der Site nach, ob er was gegen eine Nutzung hat. Das ist der sauberste Weg. Ansonsten sollten Sie sich nicht schlecht fühlen, dass Sie hier nicht selbst Code entwickelt haben. Die wenigsten HTML-Autoren beherrschen JavaScript. Na und? Das Web ist ein Medium des Austausches. Sonst läge der HTML-Code auch nicht offen.

Bitte akzeptieren Sie aber unbedingt, wenn jemand seine Codes nicht freigibt. Sie finden es ja auch nicht komisch, wenn jemand ungebeten Ihre CD-Sammlung durchstöbert und ein paar davon ohne zu fragen ausleiht.

In diesem Kapitel lernen Sie kennen:

- ✘ Suchbefehle für Suchmaschinen
- ✘ Automatisches Vor- und Nachladen von Seiten
- ✘ Weichen für verschiedene Browser
- ✘ Automatisches Öffnen von neuen Fenstern
- ✘ Rollover-Effekte
- ✘ Das Anlegen von Image-Maps

9.1 Metabefehle

In den folgenden Kapiteln soll noch ein bisschen tiefer in die Trickkiste gegriffen werden. Damit betreten Sie den Bereich der Webdesigner, über den jeder einzelne vor allem dann ungern spricht, wenn er seine eigenen Tricks auspacken soll. Aus genau diesem Grund kann nur empfohlen werden, sich genau diese Tricks selber auszudenken. Meistens passiert das nicht am Reißbrett. Man kommt oft tagelang nicht auf eine Lösung zu einem spezifischen Problem, und plötzlich mitten in der Nacht springt man hoch und hat es. Sie kennen das sicher.

Aber wollen wir nicht so tun, also würden alle erfahrenen Webdesigner kurz vor der Umwandlung von Blei in Gold stehen. Viele der »Tricks« sind einfach nur selten benutzte Tags oder Tags, die in einen anderen Zusammenhang gestellt werden.

Ganz normal und in einer wichtigen Funktion werden META-Befehle genutzt. Die beiden bekanntesten, die auch fast die einzig angewandten sind, dienen zu vollkommen verschiedenen Dingen.

Im Prinzip tun sie aber beide das Gleiche. Sie geben dem File noch eine weitere Eigenschaft mit auf den Weg. Zum Beispiel diese:

Die berühmt-berüchtigten Suchmaschinen, die das World Wide Web nach Seiten abgrasen und sie speichern, verfahren nach einem einfachen Prinzip. Sie rufen die Seiten auf, speichern alle ASCII-Sequenzen auf diesen Seiten, die nicht in spitzen Klammern stehen, und legen so einen Index aller Wörter an, die im Web zu finden sind. Suchanfragen können deshalb wortgenau beantwortet werden. Auch Ihre Seite wird irgendwann einmal von einer Suchmaschine gefunden werden. Aber vielleicht wollen Sie dieser Datenbank zu Ihrer Site noch ein paar bestimmte Schlagwörter hinzufügen, die Sie eigentlich nicht auf Ihrer Seite stehen haben. Kein Problem. HTML besitzt dazu folgenden Tag:

```
<META  NAME=keywords CONTENT=Hier schreiben Sie alle Schlagwörter
hinein, die Sie noch hinzufügen wollen>
```

Und diese Schlagwörter sollten nicht durch ein Sonderzeichen getrennt sein. Ein Leerzeichen zwischen den Wörtern reicht vollauf.

Wo soll sich Ihrer Meinung nach dieser Tag befinden?

Innerhalb des *<HEAD></HEAD>*-Tags, denn dieser Metabefehl hat nichts im sichtbaren Bereich des Files, im *<BODY>*-Bereich, zu suchen.

Viele Suchmaschinen setzen die Sites bei einer Anfrage an die Spitze der Liste, die das gesuchte Wort am häufigsten nennen. Das kann bei 20.000 Treffern und mehr zu einem gängigen Wort durchaus von Vorteil sein.

Die Angaben zu einer Seite können sehr komplex werden und den Suchmaschinen Ihre Arbeit erleichtern. Aber nicht nur das. Schauen wir uns doch einmal ein Beispiel des Einsatzes von Meta-Tags bei der *http://www.microsoft.com/germany/* an.

```
A  < META http-equiv=PICS-Label content='(PICS-1.1 http://
www.rsac.org/ratingsv01.html l gen true comment RSACi North America
Server by inet@microsoft.com for http://www.microsoft.com/ on
1997.06.30T14:21-0500 r (n 0 s 0 v 0 1 0))'>
B  < META name=ROBOTS content=index>
C  < META name=KEYWORDS content=Homepage Microsoft>
D  < META name=DESCRIPTION content=Homepage Microsoft>
E  < META name=MS.LOCALE content=DE>
F  < META http-equiv=Content-Type content=text/html; charset=iso-
8859-1>
G  < META name=CATEGORY content=Homepage>
```

Das schauen wir uns mal genauer an.

```
A  < META http-equiv=PICS-Label content='(PICS-1.1 http://
www.rsac.org/ratingsv01.html l gen true comment RSACi North America
Server by inet@microsoft.com for http://www.microsoft.com/ on
1997.06.30T14:21-0500 r (n 0 s 0 v 0 1 0))'>
```

Dieser Code ermöglicht die Einschätzung, dass es sich bei dem Content um Inhalt ohne Gewalt- oder Sexualdarstellungen handelt. Das ist eine freiwillige Angabe, aber sie hat den Vorteil, dass Kinderschutzprogramme wie Net Nanny und andere nicht automatisch die Seiten ausblocken. Wer Inhalte solcher Art publiziert und sie bewußt mit diesen Etiketten versieht, könnte übrigens Ärger kriegen. Also Finger weg davon.

```
B  < META name=ROBOTS content=index>
```

Hier wird der Suchmaschine gesagt, sie soll bitte diese und alle darunter zu findenden Seiten speichern und auswerten. Das kann man allerdings mit einem

```
content=noindex
```

verhindern. Klingt auf den ersten Blick nicht sehr sinnvoll, wenn Sie aber verhindern wollen, dass Suchmaschinen bei Ihren Schlagwörtern zuerst nur Fülldateien Ihrer Frame-Strukturen anzeigen, dann sollten diese Dateien in den Meta-Tags genau solche Angaben haben. Vielleicht haben Sie auch irgendwo eine private Seite auf dem Server. Dann sollten Sie solche Tags benutzten. Eine Garantie, dass sich alle Suchmaschinen daran halten, gibt es übrigens nicht.

```
C  < META name=KEYWORDS content=Homepage Microsoft>
```

Hier wird klar gesagt: Das ist eine Homepage von Microsoft. Viele Suchmaschinen sortieren bei ähnlichen Treffern die Seiten mit solchen Angaben weiter oben, da sie wahrscheinlich der Startpunkt für mehr Content dieser Art sind. Hier wieder die Warnung vor Missbrauch. Sobald Suchmaschinen in einer bestimmten Art missbraucht werden, ändern die Betreiber die Strategie und stellen die Sünder ganz nach hinten. Und das wollen Sie doch nicht, oder?

```
D  < META name=DESCRIPTION content=Homepage Microsoft>
```

Hier sollten Sie den Text einfügen, der später bei manchen Suchmaschinen mit dem Text angegeben wird. Hier kann also auch stehen: Wir updaten unsere Homepage jeden Montag. Solche Informationen können für User sehr nützlich sein und sie deshalb eher zum Klicken verleiten.

```
E  < META name=MS.LOCALE content=DE>
```

Der Suchmaschine wird klargemacht, dass es sich hier um deutsche Sprache handelt. Vor allem für Suchmaschinen wie *http://www.fireball.de* und andere, die nur deutschen Content durchsuchen, ist das wichtig.

```
F  < META http-equiv=Content-Type content=text/html; charset=iso-
8859-1>
```

Diese Syntax mag ein wenig verwundern. Natürlich werden Sie HTML-publizieren. Aber bedenken Sie, dass das nicht sein muss, und der Suchmaschine wird zum einen das gesagt und zum anderen, dass hier Sonderzeichen auftauchen können, die dann auch wirklich als solche dargestellt werden. Es hängt von ein paar Faktoren wie den Browserversionen und dem Server ab, aber im Regelfall brauchen Sie dann die Umlaute nicht in HTML zu konvertieren. Machen Sie, wie Sie das meinen; ich pflege immer noch eine Konvertierung ein, weil ich nicht weiß, ob der betreffende User wirklich diese ISO-Norm mit seinem Browser lesen kann.

```
G  < META name=CATEGORY content=Homepage>
```

Hier wird die Kategorie der Homepage noch einmal genau beschrieben. Es gibt Suchmaschinen, die auf jeden Fall die Homepage von Namen ganz oben in der Trefferliste verzeichnen.

Sie sehen, dass es hier vor allem um den Service in Richtung Suchmaschinen geht. Auf jeden Fall gilt auch, dass die aktuellsten Einträge in einer Suchmaschine ganz oben in der Liste landen. Sie sollten sich also regelmäßig in diesen Maschinen anmelden, damit sie bei Ihren Schlagwörtern ganz oben mitspielen. Ansgesichts von 200–250 Millionen Pageviews pro Monat allein auf bundesdeutschen Suchmaschinen ahnen Sie schon, wo der Hase läuft. Dabei sein ist alles.

Eine zweite Art von Metabefehl löst bei richtiger Anwendung schon fast das Feeling eines Diavortrags aus. Mit folgendem Meta-Befehl können Sie eine Seite automatisch durch eine andere nachladen und auch noch die Zeitverzögerung des Ladevorgangs bestimmen:

```
<META HTTP-EQUIV=Refresh CONTENT=3; URL=file2.htm>
```

Hier wird nach drei Sekunden das File »file2.htm« nachgeladen. Solche automatischen Refresh-Befehle gehören ebenfalls in den HEAD-Bereich des Files, möglichst noch vor den <*TITLE*>-Tag.

Vielleicht ist Ihnen die Idee auch sofort durch den Kopf geschossen: Sie können hier eine unendliche Schleife mit zwei oder mehr Komponenten programmieren. Sie lassen File 1 einfach File 2 aufrufen, und dieses ruft dann wieder File 1 auf etc. Dies können Sie ähnlich wie Bewegungen innerhalb von GIF-89-Loops aufbauen.

ACHTUNG

Bitte beachten Sie dabei zwei Dinge. Zum einen sollten Sie ausreichend Sekunden in den CONTENT-Untertag eintragen, damit das File auch wirklich laden kann, bevor es schon wieder vom Bildschirm verschwindet. Meta-Befehle warten nicht mit dem Zählen, bis das ganze File erschienen ist. Das kann zu unschönen Effekten führen.

Zum anderen verfälschen solche Schleifen empfindlich die Hit-Zahlen, da hier plötzlich unendlich viele solcher Hits erzeugt werden, wenn sich Files gegenseitig aufrufen. Aber das hat Sie vielleicht nur dann zu interessieren, wenn Sie an einer ehrlichen Statistik der Abrufzahlen Ihres Servers interessiert sind oder Ihren Provider per Byte bezahlen.

Und Sie werden merken, dass dieser Metabefehl in einer Frame-Umgebung nicht funktioniert, da von einem Frame nicht automatisch in einen anderen geladen werden kann.

Genau dieser beiden Probleme wollen wir uns jetzt mit einem ersten Java-Script annehmen. Dieses Script ist der Ersatz für den Meta-Tag und nimmt uns die Probleme. Zuerst einmal der Source-Code:

```
A  <HTML>
   <HEAD>
      <TITLE>Nachladen</TITLE>
      <META NAME=Email CONTENT=harald@taglinger.de>
B  <SCRIPT>
C  function countdown() {
D     setTimeout(LoadNext(),100000);
E     return true
   }
F  function LoadNext() {
G  parent.links.location.href =next.htm
   }
H  </SCRIPT>
   </HEAD>
I  <BODY bgcolor=#000000 onLoad=return countdown()>
   Hier steht der Content.
   </BODY>
   </HTML>
```

Hier kommt eine ganze Menge an neuen Erfahrungen auf uns zu. Trotzdem ist dieses Java-Script sehr klein; es ist übrigens auch sehr robust. Sie können immer wieder auf diverse Anwendungen in der Seite *http://www.dasneue.de* treffen, in der ich damit die komplette Navigation und auch Teile der optischen Effekte steuere.

Sie wundern sich vielleicht, warum ich die Robustheit so hervorhebe. Nun, das hat einen Grund: Java-Scripts sind nicht immer wirklich sauber auf allen Browsern darstellbar. Sie werden dann seltsame Script Errors mit kryptischen Begründungen bekommen, die nur hartgesottenen Programmierern was sagen. Und seien Sie beim Schreiben eigener Scripts oder beim Abwandeln dieser Beispiele gleich vorgewarnt: Nur ein kleiner Tippfehler, und Sie können das ganze Script erst mal in die Tonne treten. Da ist HTML eine gütige alte Tante dagegen.

Gehen wir das Script nun im Einzelnen durch.

```
A  <HTML>
   <HEAD>
      <TITLE>Nachladen</TITLE>
      <META name=Email CONTENT=harald@taglinger.de>
```

Sie beginnen ein klassisches HTML-File. Hier noch ein Feinchen als Nachtrag: Manche Suchmaschinen schreiben Sie als gefunden an, wenn Sie den Meta-Tag mit Ihrer E-Mail-Adresse angeben. Ansonsten gibt es zu diesem banalen Code keine weiteren Geheimnisse.

```
B  <SCRIPT>
```

Bitte keine feuchten Hände bekommen: Hier geht es los mit Ihrem ersten Java-Script. Sie sagen in HTML einfach nur, dass jetzt ein Script folgt. Ältere Browser werden darauf nicht reagieren, denn zum einen stehen die folgenden Angaben nicht im BODY-Bereich, zum anderen werden Tags, die nicht bekannt sind, einfach ignoriert. Alle anderen Browser laufen aber bei solchen Dingen zu Höchstformen auf.

```
C  function countdown() {
```

Das ist die erste Zeile mit reinrassigem JavaScript. Wenn Sie sagen: Moment, das sieht ja wie die Programmiersprache aus, die ich mal in der Schule ... dann haben Sie Recht. Hier werden bekannte Arten der Syntax gewählt. Sie definieren hier eine Funktion mit dem Namen »countdown«. Bitte beachten Sie auch, dass innerhalb eines Java-Scripts penibel auf Klein- und Großschrift geachtet wird. Sollten Sie weiter unten im Code dann »COUNTdown« aufrufen wollen, kann Ihnen der Browser die kalt lächelnde Schulter zeigen. Die beiden Klammern zeigen eine Funktion an und können noch gefüllt werden. Das sehen Sie weiter unten. Die geschweifte Klammer definiert genauer, was die Funktion alles leisten soll. Was Sie eigentlich hier tun, kennen Sie übertragen gesagt sehr gut, wenn Sie abends etwas Leckeres kochen. Zuerst schneiden Sie das Gemüse, und später werfen Sie das vorbereitete MjammMjamm zur richtigen Zeit in den Topf. Im Moment schneiden wir Gemüse.

```
D     setTimeout(LoadNext(),100000);
```

Eine Funktion kann eine andere Funktion aufrufen, und nicht jede Funktion müssen Sie von Grund auf schreiben. Die Entwickler von JavaScript haben in einer Bibliothek, die der Browser schon installiert hat, ein paar Grundfunktionen vorgesehen, die ein Scriptprogrammierer jederzeit nutzen kann. Hier wird »setTimeout« genutzt, das ein einfaches Hochzählen bis zur angegebenen Zahl durchführt. Diese Zahl steht in Klammern (wir können also in den Klammern Funktionen spezifizieren).

Jetzt wird es ein bisschen kniffelig. In dieser Funktion, die die Funktion »setTimeout aufruft«, wird eine Funktion aufgerufen, die wir noch gar nicht definiert haben. Der Computer geht hier aber anders vor als unser Lesedenken. Diese Funktion steht im Source-Code weiter unten (Buchstabe F), aber der Computer beginnt mit der Ausführung des Java-Scripts erst, wenn er den kompletten Code gelesen hat. Es ist ein wenig so, als hätte der Computer alle Funktionen vor sich hin gelegt und würde nun aus allen angebotenen Funktionen auswählen. Die Eleganz dieses Source-Codes ist, dass er auf engem Raum drei Funktionen so ineinander verschränkt, dass sie hervorragend miteinander arbeiten. Nur beim ersten Lesen des Source-Codes raucht einem der Kopf. Das ist eine andere Art des Herangehens als Sie es von HTML kennen. Aber keine Bange. So ein einfaches Scripts wie hier chekken Sie relativ schnell, wenn Sie versuchen, diese Codes in menschliche Sprache zu übersetzen. Vielleicht hilft Ihnen hier auch mein Kochbeispiel ein wenig weiter.

Hier ist es so, dass die Funktion »setTimeout« bis 100.000 zählt, was etwa der Zeit von 100 Sekunden entspricht (das hängt schon ein wenig von den eingesetzten Computern ab, aber die Zeit stimmt ungefähr bei einem 200-MHz- Pentium). Dann – und wirklich erst dann – ruft sie die Funktion »Load Next()« auf. Sie sehen, dass hier etwas in JavaScript getan wird, das wir schon von den Meta-Tags kennen. Mit einem feinen Unterschied: Die Funktion startet erst, wenn alles geladen ist! Die Bilder sind also auf jeden Fall zu sehen und werden nicht stumpf beiseite gelassen, wenn die Zeit in einem Meta-Tag abgelaufen ist.

```
E      return true
   }
```

Banal, aber wichtig: Hier wird dem Computer gesagt, er solel mitteilen, dass die Funktion erfolgreich abgeschlossen ist, wenn er sie ohne Fehler durchführen konnte. Dann wird der Source-Code der Funktion mit einer geschweiften Klammer beendet.

```
F  function LoadNext() {
```

Die bereits erwähnte Funktion wird benannt und mit einer geschweiften Klammer eröffnet.

```
G  parent.links.location.href =next.htm
   }
```

Der Funktion muss spezifiziert werden, was sie denn wohin laden soll. Angenommen, wir haben diese Datei mit dem gerade aktuellen Source-Code in einem Frame als Fülldatei für den rechten Bereich geladen, dann ist schnell klar, was hier passiert. Die HTML-Datei »next.htm« soll die bisherige Datei im Frame-Bereich mit dem Namen »links« überschreiben. Das kann sehr kniffelig werden, wenn Sie einen verschachtelten Frame haben, der aufgelöst werden soll. Für jede Frame-Stufe, die Sie eine Datei nach oben schreiben wollen, müssen Sie hier ein »parent.« vor das erste »parent.« schreiben. Dann können Sie sogar in verschiedenen Frame-Ebenen verschiedene Dateien laden, die wiederum Dateien laden. Das kann einen sehr interessanten Effekt abgeben. Am besten stellen Sie sich das wie einen dynamischen Dominoeffekt vor. Die eine Datei überschreibt die andere in einem bestimmten Frame-Bereich, dort lädt wieder eine andere in einen anderen Bereich und überschreibt auch das Ausgangsfile, und irgendwann steht vielleicht sogar noch ein Meta-Tag herum (Sie können beiden Techniken parallel nutzen!!!), der eine neue Datei in einen Frame lädt, die den Effekt nun genau in die andere Richtung betreibt. Anwendungen wären zum Beispiel die Simulation von sich verändernden Neonschriften über einen mehrfach in Frames aufgeteilten Bildschirm. Das ist komplex, macht irrsinnigen Spaß und sollte vorab gut geplant sein.

```
H  </SCRIPT>
   </HEAD>
```

Jetzt schließen das Script und der <HEAD>.

```
I  <BODY bgcolor=#000000 onLoad=return countdown()>
   Hier steht der Content.
   </BODY>
   </HTML>
```

Hier wird mit dem Aufruf »onLoad« die Funktion aufgerufen, die all diese Unterfunktionen steuert. Da diese Funktion nicht von einem bestimmten Text oder Bild abhängig ist (dazu kommen wir noch), wird der Aufruf in den *<BODY>*-Tag übernommen. Fertig. Das war Ihr erstes JavaScript, und Sie werden es, wenn Sie es einmal eingesetzt haben, lieben. Ein Tipp: Variieren Sie Ladegeschwindigkeiten, das macht diesen Dominoeffekt interessanter. Und denken Sie immer daran, solche Effekte vorsichtig und intelligent einzusetzen. Angeben sollten Sie damit nicht. Zumindest Leser und Leserinnen dieses Buches winken sonst müde ab.

Der Vorteil von JavaScript und ähnlichen Techniken ist hier auch schon schön zu sehen. Sie haben eigentlich ein kleines Programm geschrieben. Nun wissen Sie, dass die drei wichtigen Betriebssysteme MAC/OS, UNIX und WINDOWS nicht einfach ihre Programme untereinander tauschen können. Das Scripting bekommt aber einen Source-Code und bereitet ihn dann erst als Computerprogramm auf, wenn er komplett geladen ist. Die Bibliotheken sind in den jeweiligen Browserversionen auf das Betriebssystem abgestimmt, sodaß im Normalfall der gleiche Source-Code auf allen Betriebssystemen sauber läuft.

9.2 Trash-Design vs. David-Siegel-Design

Dieses Kapitel mag Sie etwas verwundern, aber je mehr Sie lernen, den Code dieser Skriptsprache für Ihre Zwecke zu biegen, desto mehr sollten Sie sich fragen, wie anfällig Ihr Code dadurch wird. Code, der in einen Kontext gesetzt wird, für den er nicht gedacht war, verliert durch Browser-Updates oft seine Wirkung oder erzeugt plötzlich neue Wirkungen.

Deshalb gibt es Puristen, die folgende Lösungen nicht benutzen würden:

Wenn Sie Ihren Text rhythmisch an- und ausschalten wollen, genügt hier ein einfacher Tag:

```
<BLINK>Ihr Text</BLINK>
```

Bei MAC/OS-Versionen 2.x von Netscape »Navigator« konnten dadurch schöne Neoneffekte erzeugt werden, denn der blinkende Text hatte automatisch eine Farbfahne. Mit 3.0 ist diese Farbfahne bei MACs verschwunden. Bei Windows-Maschinen war diese Fahne noch nie vorhanden. Beim Explorer löst dieser Tag überhaupt nichts aus.

So ist das auch bei modernen Browsern, wenn Sie mehrere *
*- oder *<P>*-Tags hintereinander setzen. Es muss deshalb nicht mehr prinzipiell mehr als ein Zeilenumbruch stattfinden. So können Ihre Seiten plötzlich sehr gedrängt oder falsch positioniert aussehen.

Am besten, Sie gewöhnen es sich an, bei solchen Designs nicht mit Trash-Lösungen zu arbeiten, sondern hier eine saubere Lösung per Table zu suchen. Eine elegante Lösung bietet hier David Siegel in seinem Buch »Killersites« (Markt&Technik 1997) an.

Er legt zwischen die Zeilen immer ein unsichtbares GIF 89, um einen größeren Durchschuss zu erhalten. Oder aber er nutzt unsichtbare GIFs, um einen Einzug vor der ersten Zeile zu generieren.

Was bedeutet das? In der Syntax sieht das alles sehr konventionell aus:

```
<BR>
<IMG SRC=0.gif WIDTH=1 HEIGHT=1 VSPACE=10>
Bis hierhin geht die Zeile.
<BR>
```

Ein Bild, das 1 x 1 Pixel groß ist, bekommt oben und unten einen Abstand von 10 Pixeln. Dadurch vergrößert sich der gesamte Durchschuss der Zeile im Vergleich zur vorhergehenden und folgenden um diesen Wert.

Wie müsste die Syntax lauten, damit 21 Pixel Einzug vor einem Satz entstehen?

```
<BR>
<IMG ALIGN=left SRC=0.gif WIDTH=1 HEIGHT=1 HSPACE=10>
```

Bis hierhin geht der Einzug:

```
<BR>
```

Das unsichtbare GIF wird ganz an den linken Rand gelegt. Wenn Sie jetzt noch den VSPACE-Untertag dazusetzen, haben Sie beide Effekte kombiniert. Bitte achten Sie beim Design der Page darauf, dass der Text genügend Spielraum nach rechts hat, auch wenn er größere Fontwerte annimmt, da Sie jetzt den Umbruch von Hand vornehmen müssen, sobald Sie den *<HSPACE>*-Tag einsetzen. Wenn Sie nur den *<VSPACE>*-Tag nutzen, kann Ihnen der Umbruch nach wie vor egal sein. Hier mischen sich die GIFs einfach in den Text und fallen dem Auge nicht auf.

Diese Effekte heben einen Text sicher besser hervor als ein *<BLINK>*-Tag. Aber vielleicht sehen Sie das ja anders. Letztendlich ist das Geschmackssache.

Unsichtbare GIFs sind kein Feature, das Sie mit einem HTML-Tag herstellen können. Manche Grafikprogramme und die GIF-89-Konverter können eine (!) Farbe in einem GIF unsichtbar für den Browser machen. Das heißt, dass Sie plötzlich einen Freisteller erhalten, der nicht auf einer Hintergrundfläche steht. Oder aber Sie können ein Bild ganz verschwinden lassen. Allerdings bleibt dann auch bei diesem Bild der Platz, den der Browser für das Bild reserviert, belegt. Sie ahnen schon, dass das auch eine Möglichkeit wäre, Text genauer zu positionieren. Da aber eine punktgenaue Tabelle hier immer schneller lädt und exakter ist, empfehle ich Ihnen eher diesen Weg, zumal es mehr als einmal passiert, dass Bilder nicht sauber durch das Internet übertragen werden und dann mit einem Bruchsymbol durch den Browser angezeigt werden. Da unsichtbare GIFs, die wir genau dazu benutzen, unsichtbar (!) Platz zu generieren, dann plötzlich sichtbar werden, kann bei übermäßigem Einsatz dieses Features ein sehr unschöner Eindruck entstehen.

Allerdings wissen Sie auch, und damit ist diese Technik inzwischen veraltet, dass Style Sheets hier einfach mehr können. Was Ihnen dieses Beispiel aber zeigt, ist der intelligente Einsatz von unsichtbaren Spacer-GIFs, die nicht nur dafür verwendet werden können. Auch Tabellenzellen bauen in allen Netscape Browsern einfach sauberer auf, wenn ein unsichtbares GIF hier verwendet wird.

Und noch etwas dürfte Ihnen auffallen. Es kann ziemlich ladefreundlich und spannend sein, wenn man ein Bild öfters verwendet. Sie sollten also Ihre Grafiken dahingehend überprüfen, ob Sie nicht mit einem redundanten Bild so verfahren, dass sie es in kleine Stücke schneiden und durch Aneinanderhängen Ladezeit sparen, ohne den optischen Effekt zu verlieren. Ein Gartenzaun ist hier ein Anwendungsbeispiel.

Der *<BACKGROUND>*-Tag arbeitet bekanntermaßen mit der unendlichen Wiederholung eines Bildes. So entsteht ein Bildteppich, der herrliche Strukturen zaubert oder Teile eines Bildschirms anders einfärbt.

Sie können diesen Effekt auch von Hand erzeugen. Es genügt dem Browser, wenn er ein Bild einmal geladen hat; jetzt können Sie es beliebig aufrufen und dabei sogar die Größe ändern.

Erzeugen Sie mit einem einzigen Bild eine perspektivisch sich verjüngende Baumreihe.

```
   <HTML>
      <HEAD>
         <TITLE>Baumreihe</TITLE>
      </HEAD>
A    <BODY BGCOLOR=#00ff00>
      <TABLE WIDTH=90%>
         <TR>
            <TD WIDTH=30%>
B            <IMG SRC=baum.jpg WIDTH=150
              HEIGHT=150>
            </TD>

            <TD WIDTH=30%>
            </TD>

            <TD WIDTH=30%>
            </TD>
         </TR>

         <TR>
            <TD WIDTH=30%>
```

```
C           <IMG SRC=baum.jpg WIDTH=100
              HEIGHT=100>
            </TD>

            <TD WIDTH=30%>
            </TD>

            <TD WIDTH=30%>
            </TD>
         </TR>
         <TR>
            <TD WIDTH=30%>
            <IMG SRC=baum.jpg WIDTH=50 HEIGHT=50>
            </TD>

            <TD WIDTH=30%>
            </TD>

            <TD WIDTH=30%>
            </TD>
         </TR>
      </TABLE>
   </BODY>
   </HTML>
```

```
A   <BODY BGCOLOR=#00ff00>
      <TABLE WIDTH=90%>
         <TR>
            <TD WIDTH=30%>
```

Wir legen ein File mit grünem Hintergrund und einer dreispaltigen Tabelle an, deren Zellen je 30 Prozent des Bildschirms bedecken.

```
B           <IMG SRC=baum.jpg WIDTH=150
            HEIGHT=150>
```

In der ersten Zelle platzieren wir in Originalgröße das Bild des Baums, der möglichst auch das gleiche Grün als Grundfläche hat oder GIF mit einer unsichtbaren Farbe sein müßte, auf der der Baum steht.

```
C           <IMG SRC=baum.jpg WIDTH=100 HEIGHT=100>
```

In der zweiten Reihe rufen wir den Baum in einer kleineren Größe auf. Schon entsteht eine Perspektive nach unten etc.

Sie können durch Variation der Größen und Positionen leicht andere Perspektiven erzeugen. Durch die Verwendung von Bewegt-GIFs kann hier leicht der Eindruck von Wind entstehen, da sich ja alle Bäume in die gleiche Richtung bewegen.

Wenn Sie ein Bild mehrmals ohne Zwischenraum nebeneinander positionieren wollen, dann sollten Sie darauf achten, dass Sie nicht einmal ein Leerzeichen zwischen die *<IMG>*-Tags setzen; denn sonst entsteht sofort ein Rand von zirka 2 Millimetern um das Bild herum. Schreiben Sie die Tags einfach so herunter, dass kein Zeichen zwischen die letzte Klammer des ersten und die erste Klammer des weiteren Tags gerät.

Wenn Ihnen jetzt immer noch zu wenig Raffinesse im Spiel ist, dann sollten Sie vielleicht auch das Hintergrundbild im Vordergrund noch einmal verwenden. Geladen ist es ja schon. Und mit Hilfe von pixelgenauem Positionieren können Sie so auch schon durch leichte Verschiebung einen Doppelungseffekt erzielen, der einen Wald zum Beispiel noch dichter machen kann. Ab diesem Punkt muss ich an Ihre Phantasie appellieren. Das bleibt Ihrer Kreativität überlassen, wie stark Sie diese Effekte nutzen wollen.

Zum Abschluss seien Sie noch auf einen Trick hingewiesen, der oft vergessen wird. Dabei verschnellert dieser Kniff die Seiten im Aufruf oft immens. Jedenfalls wirkt es so.

Da Sie Bilder, die nur noch 1 x 1 Pixel groß sind, mit dem Auge nicht mehr erkennen können, sind solche Bilder ohne Problem dann ladbar, wenn die eigentliche Seite wenig Daten aufweist, die folgenden Seiten aber viele Bilder benötigen. Sie setzen einfach schon in den Seiten davor einen *<IMG>*-Tag und laden diese Bilder unsichtbar. Der Browser nimmt sie auf, stellt sie auch wirklich 1 x 1 Pixel groß dar und behält sie im Cache. Werden diese Bilder dann in einem späteren File benötigt, holt sie der Computer nur noch aus seinem Pufferspeicher, und die Bilder erscheinen wie durch Geisterhand.

Das hat alles sehr viel mit Psychologie zu tun. Wenn der User schon eine Menge auf seinem Bildschirm vorfindet, stört ihn ein weiterer Ladevorgang im Hintergrund wenig. Bricht er ihn aber mit der Stopptaste ab, haben Sie nichts verloren, denn dann lädt das Bild an der geforderten Stelle einfach von vorn, und Ihre Seite hat sich auch nicht verlangsamt.

ACHTUNG

Diesen Effekt können Sie auch bei anderen Daten wie Videos oder Tönen nutzen. Es würde sich anbieten, diese großen Daten einfach in einen Frame der Größe 1 x 1 Pixel zu laden. Da Sie aber nie sicher sein können, welcher Frame hier zuerst lädt, kann man davon nur abraten. Im schlimmsten Fall lädt Ihr Browser den 5-Mbyte-Videoclip zuerst, und Ihre eigentlichen Seiten, die vielleicht nur 10 Kbyte groß sind, bekommt der ungeduldig werdende User nie zu Gesicht.

Ab diesem Bereich sind Sie aufgerufen, neue Lösungen mit dem Vokabularium dieses Buches zu finden, denn HTML ist noch lange nicht ganz ausgereizt.

9.3 Weichen

Wir haben im letzten Abschnitt über externe Style Sheets gehört, dass leider nicht alle Browser die gleichen Style Sheets lesen können. Das ist ein klassischer Fall für eine Weiche. Wir müssen also hier die Möglickeit finden, verschiedene Browser mit verschiedenen Style Sheets abzudecken.

Hier zuerst der Source-Code dazu.

```
A  <SCRIPT language=JavaScript>
B  if (
   ((navigator.appName == Netscape) && (parseInt (navigator.appVersion) >=4)))
          {
C         document.write(<link rel='stylesheet' type='text/css' href='css/st_ns4.css'>);
          }

D  if (
E  ((navigator.appName == Microsoft Internet Explorer) && (parseInt (navigator.appVersion) >=4)))
          {
          document.write(<link rel='stylesheet' type='text/css' href='css/st_ie4.css'>);
          }

F  if (
   ((navigator.appName == Microsoft Internet Explorer) && (parseInt (navigator.appVersion) <=3)))
```

```
        {
        document.write(<link rel='stylesheet' type='text/css'
href='css/st_ie3.css'>);
      }
</SCRIPT>
```

Mit dem Wissen, das wir aus dem Abschnitt über Style Sheets haben, und dem Wissen, das uns aus dem vorherigen ersten JavaScript schon präsent ist, verstehen wir sehr schnell, was hier gemacht wird. Gehen wir es aber ruhig von einer Zeile zur anderen durch.

```
A  <SCRIPT language=JavaScript>
```

Hier wird wieder im *<HEAD>*-Bereich ein *<SCRIPT>*-Tag eröffnet. Es befindet sich hier aber auch noch eine Zusatzangabe, die zur Sicherheit aufgenommen wurde. Es gibt nicht nur JavaScript als mögliche Scriptsprache. Damit der Browser auf jeden Fall die richtige Bibliothek aufnimmt, soll hier eindeutig definiert werden. Wie gesagt: Diese Angabe kann wegbleiben, aber es ist auf jeden Fall sauberer, diesen Code mit anzugeben.

```
B  if (
   ((navigator.appName == Netscape) && (parseInt (navigator.appVer-
sion) >=4)))
        {
```

Die folgenden Zeilen lesen sich schon fast wie ein Satz ... ja ... gut ... ich habe auch schon schönere Sätze gelesen. Aber mit ein bisschen gutem Willen kann man schnell verstehen, wie dieser Satz in Umgangssprache ausgeschrieben lauten müsste.

»Wenn die Navigator-Applikation sich »Netscape« nennt und eine Versionsnummer größer gleich 4 angibt, dann ...«

Dieses »dann« wird in der folgenden geschweiften Klammer genauer definiert.

```
C       document.write(<link rel='stylesheet' type='text/css'
href='css/st_ns4.css'>);
        }
```

Der Satz lautet weiter: »... dann lade als Style Sheet das Dokument »css/styles_ns4.css«.« Übrigens sind die einfachen Anführungszeichen innerhalb von JavaScript nicht aus Jux- oder Spargründen so geschrieben. Das ist im Gegensatz zu HTML bei JavaScript so Standard.

```
D  if (
```

Eigentlich wiederholt sich dieses Spielchen jetzt nur. Es wird also wieder der gleiche Satz angefangen.

```
E  ((navigator.appName == Microsoft Internet Explorer) && (parseInt
(navigator.appVersion) >=4)))
         {
         document.write(<link rel='stylesheet' type='text/css'
href='css/st_ie4.css'>);
         }
```

Ja, es gibt aber eine Ausnahme: Jetzt wird der IE 4.0 abgefragt, und in diesem Fall wird das für den IE4.0 passende Style Sheet geladen. Übrigens tun wir hier in diesen Beispielen immer so, als könne man nur ein Style Sheet auf einmal laden. Wenn Sie unbedingt wollen, können Sie die Angaben auch auf mehrere, z.B. drei Style Sheets mit z.B. fortlaufender Nummer, aufteilen. In diesem Falle hieße der Source-Code wie folgt:

```
         {
         document.write(<link rel='stylesheet' type='text/css'
href='css/st_ie41.css'>);
         document.write(<link rel='stylesheet' type='text/css'
href='css/st_ie42.css'>);
         document.write(<link rel='stylesheet' type='text/css'
href='css/st_ie43.css'>);
         }
```

Das sind aber schon die Fisimatenten der Programmierung. Fragen Sie sich, ob das außer der puren Kunst der Verblüffung noch etwas für Sie bringt.

```
F  if (
   ((navigator.appName == Microsoft Internet Explorer) && (parseInt
(navigator.appVersion) <=3)))
         {
         document.write(<link rel='stylesheet' type='text/css'
href='css/styles_ie3.css'>);
      }
</SCRIPT>
```

Richtig: Uns fehlt noch der Fall, dass der IE 3.0 abgefragt wird. Und das passiert wieder in diesem Muster. Vielleicht haben Sie sich schon gefragt, warum der Explorer hier mit »navigator« angesprochen wird, obwohl die beiden Browser sich sonst deutlichst trennen. Nun, das hat damit zu tun, dass JavaScript eine Entwicklung durch Sun ist, die mit Netscape stark kooperiert haben. Microsoft hat sich an diese Benennung sozusagen angeglichen. Es hätte ja auch keinen inneren Wert, hier neue Standards aufzubauen. Vor dem Source-Code sind wir alle gleich.

9.4 Neue Fenster

Sicher haben Sie sich schon einmal gefragt, wie das manche Webseiten machen, dass wie von Geisterhand ein neues Fenster (und noch ein neues Fenster ...) geöffnet wird, in dem wieder HTML-Seiten geladen werden. Zu allem Überfluss kann hier sogar noch die Menu-Leiste der Browser ausgeblendet werden. Und anscheinend gibt es eine Möglichkeit, diese Fenster auch noch pixelgenau aufzuziehen. Eine tolle Sache, die leider manchmal sinnlos eingesetzt wird und das Weiternavigieren erschwert. Denn dummerweise verschwindet mit der Menu-Leiste auch der BACK-Button, und den lieben die meisten Surfer heiß und innig. Ich denke aber, dass Sie das selbst entscheiden wollen und können, wann Sie diese Möglichkeit in Ihren Seiten nutzen. Hier also das heißersehnte Script:

```
<BODY
onload=window.open('default.htm','gesamt','location=no,menubar=no,too
lbar=no,scrollbars=auto,width=760,height=418,status=no,title='Neues
Fenster') BGCOLOR=#ffffff TEXT=#000000 LINK=#000000 VLINK=#000000
ALINK=#000000>
```

Tja.

Jetzt sind Sie sicher enttäuscht.

Ja, das ist alles, was Sie zu diesem herrlichen Effekt brauchen. Wir schauen uns das auch wieder Stück für Stück an. Und dann sollten Sie ruhig mal mit diesem Effekt ein wenig experimentieren. Aber bitte: Stressen Sie Ihre User nicht durch 123 Fenster, die ständig aufpoppen. Es gibt übrigens auch einen Befehl, der solche Fenster beim Verlassen Ihrer Webseite aufruft. Wenn Sie logisch denken, kommen Sie auf die Lösung. Es wird allerdings so viel Schindluder mit diesem Befehl getrieben, dass ich ihn nicht auch noch verbreiten möchte. Haben Sie bitte dafür Verständnis, dass ich diese Unhöflichkeit nicht mitverbreite. Wenn ein User Ihre Seite verlassen will, dann will er sie verlassen. Punkt.

Sie setzen also diesen Aufruf in den *<BODY>*-Tag ein. Und dazu brauchen Sie auch keine Funktion in einem *<SCRIPT>*-Bereich zu definieren, denn der Browser holt sich »window.open« aus der Bibliothek und ist zufrieden.

```
onload=window.open
```

Das ist die Funktion, die auch – und nur auf dieser Ebene – mit einem doppelten Anführungszeichen gekennzeichnet werden kann. Die folgende Klammer enthält alle wichtigen Parameter. Wir gehen sie einzeln durch.

```
'default.htm','gesamt',
```

Hier wird angegeben, welche Datei in dieses neue Fenster geladen wird. Der Name des Fensters ist deshalb wichtig, weil Sie dieses Fenster dann ähnlich wie Namen eines Frame-Bereichs nutzen können. Sie können also jederzeit, das nur als Vorschlag, in dieses Fenster bei Aufruf einer Datei im Hauptfenster von dort automatisch etwas in das Java-Fenster (so nennen es manche Designer) laden lassen. Übirgens lassen sich auch externe Seiten aufrufen. Hier sind Ihrer Fantasie kaum Grenzen gesetzt ...

```
location=no,
```

Mit `yes` könnten Sie eine Eingabezeile dazuaddieren, von der aus man in dieses Fenster neue Webseiten laden kann. So könnten Sie zum Beispiel ein kleines Recherchetool mit integrierter Suchmaschine aufbauen, indem sie eine bekannte Suchmaschine in ein kleines Fenster laden und die Location mit integrieren. Sonst nichts.

```
menubar=no,
```

Wieder das gleiche Spiel. Hier haben wir die Menu-Leiste ausgeblendet. So kann von diesem Fenster aus nicht auf die Bookmarks oder Favoriten zugegriffen werden. Wenn Sie das aber den Usern ermöglichen wollen, dann muss hier ein `yes` stehen.

```
toolbar=no,
```

Hier verbergen wir die Leiste mit dem Backbutton. Machen Sie es, wie sie wollen ...

```
scrollbars=auto,
```

Die Scrollbalken werden so nur dann angezeigt, wenn der Inhalt des Fensters mehr Platz braucht, als es die definierte Größe zulässt. Mit einem `no` unterdrücken Sie ähnlich wie bei der Programmierung von Frames die Scrollbalken, mit einem `yes` werden sie quer und längs gezeichnet, obwohl es vielleicht aus Platzgründen nicht nötig wäre.

```
width=760,height=418,
```

Hier definieren wir die Höhe und Breite des Fensters ganz nach Belieben, mit einer wichtigen Ausnahme: Sie werden das Fenster nicht breiter oder höher zeichnen können, als es die Bildschirmauflösung zulässt.

```
status=no,
```

Wenn Sie mit der Maus über einen Link fahren, sehen Sie im Normalfall links unten an jedem Browserfenster, wohin dieser Link führt. Das ist die Statuszeile. Und die ist hier ebenfalls ausgeblendet.

```
title='Neues Fenster')
```

De rTitel des Fensters kann ebenfalls unterbleiben, aber Sie sollten den Usern doch eine Möglichkeit geben, diese Contents zumindest dem Titel nach zuzuordnen.

```
BGCOLOR=#ffffff TEXT=#000000 LINK=#000000 VLINK=#000000
ALINK=#000000>
```

Der Rest des Source-Codes ist Ihnen längst vertraut. Übrigens habe ich bisher noch kein Beispiel gesehen, dass ein File gleichzeitig zwei Fenster aufgemacht hat. Aber man kann hier tricksen. Wenn Sie mehr als ein neues Fenster gleichzeitig brauchen, dann programmieren Sie einfach eine Kette, in der ein Fenster das neue Fenster öffnet, und dieses neue Fenster öffnet das zweite neue Fenster. Das ist ja kein Problem, denn nicht das Fenster an sich löst diesen Vorgang aus, sondern das kurze Script im HTML-File, das in dieses Fenster geladen wird.

Jetzt haben Sie in der Kombination mit den anderen Scripts auch eine schöne Möglichkeit, in diesem kleinen Fenster zum Beispiel eine sich selbst ladende Präsentation aufzubauen etc. Achten Sie hier auf die Beispiele, die sich im Web zeigen. Werbung in einem eigenen Fenster oder sogar Navigationen als eine Art von Fernbedienung der Seiten sind immer wieder zu sehen. Ich darf Ihnen aber raten, sehr vorsichtig damit umzugehen, denn es bedeutet für User immer mehr Stress, auf zwei Fenstern gleichzeitig zu navigieren.

9.5 Roll-overs

Kommen wir noch zu einem weiteren wichtigen JavaScript, das sehr schöne Naviagtionseffekte erzeugen kann oder für die eine oder andere Überraschung bei Bildern sorgt. Sie haben mit JavaScript die Möglichkeit, beliebige Bilder so zu verknüpfen, dass bei einem Mouse-over (also: der Mauszeiger berührt das Bild) das eine Bild durch das andere ersetzt wird. Verlässt die Maus das Bild wieder, springt die Darstellung in den Urzustand zurück. Damit lassen sich die wildesten Dinge tun, da zum Beispiel ein statisches Bild plötzlich durch die Berühung mit der Maus beginnen kann, sich zu bewegen. Die meisten Anwendungen sind allerdings eher der Art, dass Navigationsgrafiken plötzlich ihre Farbe ändern, wenn die Maus sie tangiert. Um dieses Script sauber nutzen zu können, empfehle ich Ihnen, sich zum Beispiel zwei gleichgroße Navigationsgrafiken zu nehmen und davon je eine rote und eine blaue Version herzustellen, die auch gleichgroß sind. Sie haben also vier Grafiken, mit denen wir gleich arbeiten werden.

Hier das Script:

```
   <HTML>
   <HEAD>
   <TITLE>Mouseover</TITLE>
   <SCRIPT>
A  <!--

   if (document.images) {
      image1on = new Image();
      image1on.src = bild1a.gif;

      image2on = new Image();
      image2on.src = bild2a.gif;

B     image1off = new Image();
      image1off.src = bild1b.gif;
      image2off = new Image();
      image2off.src = bild2b.gif;
   }

C  function turnOn(imageName) {
      if (document.images) {
      document[imageName].src = eval(imageName + on.src);
      }
   }

D  function turnOff(imageName) {
      if (document.images) {
      document[imageName].src = eval(imageName + off.src);
      }
   }
   //-->
   </SCRIPT>
   </HEAD>
<BODY BGCOLOR=#ffffff TEXT=#000000 LINK=#666666 VLINK=#666666
ALINK=#666666>
E  <A HREF=link_1.htm onMouseOver=turnOn('image1') onMouse-
Out=turnOff('image1')><IMG border=0 name=image1 SRC=bild1a.gif
width=112 height=18></a><br>
F  <A HREF=link_2.htm onMouseOver=turnOn('image2') onMouse-
Out=turnOff('image2')><IMG border=0  name=image2 SRC=bild2a.gif
```

```
width=112 height=18></a><br>
</BODY>
```

So schwer ist das ja gar nicht. Schauen wir uns das noch einmal in Ruhe an.

```
A  <!--

   if (document.images) {
      image1on = new Image();
      image1on.src = bild1b.gif;

      image2on = new Image();
      image2on.src = bild2b.gif;
```

Im üblichen Scriptbereich haben wir angefangen, das JavaScript aufzubauen. Interessant ist hier sicher das Kommentarzeichen um den ganzen Scriptbereich herum, der den Code für HTML-Browser eigentlich auskommentiert und damit nicht relevant macht. Browser, die JavaScript aber verstehen, lassen diesen Befehl beiseite, ältere Browser – und für die ist diese Zeichenfolge gedacht – lassen sich dann bestimmt nicht verwirren. Also eine Sicherheitsstufe, nichts weiter.

Wir definieren hier wieder mit einer IF-Klausel, was denn genau mit den Bildern passieren soll. Wenn also das Laden der Bilder aufgerufen wird, soll bei Bild 1 (Image 1) die Datei »bild1b.gif« angezeigt werden, also das Bild, das das ursprüngliche Bild überschreibt. Parallel ist es bei Bild 2 (Image 2) ebenfalls so.

```
B     image1off = new Image();
      image1off.src = bild1a.gif;

      image2off = new Image();
      image2off.src = bild2a.gif;
   }
```

Wenn wir definieren, welche Bilder bei Mauskontakt angezeigt werden sollen, dann müssen wir auch definieren, welche Bilder nach dem Mauskontakt zu sehen sein sollen. Bei Bild 1 (Image 1) also das Bild »bild1a.gif« und bei Bild 2 (Image 2) die Bilddatei »bild2a.gif«.

```
C  function turnOn(imageName) {
      if (document.images) {
      document[imageName].src = eval(imageName + on.src);
      }
   }
```

Diese Funktion sagt, dass das Überladen stattfinden soll, wenn die Bilder vorhanden sind.

```
D       function turnOff(imageName) {
        if (document.images) {
        document[imageName].src = eval(imageName + off.src);
        }
    }
    //-->
    </SCRIPT>
    </HEAD>
<BODY BGCOLOR=#ffffff TEXT=#000000 LINK=#666666 VLINK=#666666
ALINK=#666666>
```

Diese Funktion sagt, dass das Entladen geschehen soll, wenn die entsprechenden Bilder vorhanden sind. Da sagen wir vielleicht genervt, dass das doch klar ist. Aber der Computer macht nichts ohne klare Anweisung durch entsprechende Codezeilen. Das ist auch gut so, sonst könnte er vielleicht Dinge tun, die wir nicht lustig finden, die wir ihm vielleicht sogar verboten haben (der erste Computer, der an meiner Pralinenschachtel erwischt wird, verliert sofort seinen Lüfter, das schwöre ich ...).

Der Rest ist alter Käse. Wir schließen den *<SCRIPT>*-Bereich und gehen wie gewohnt in den *<BODY>*-Bereich über.

```
E  <A HREF=link_1.htm onMouseOver=turnOn('image1') onMouse-
Out=turnOff('image1')><IMG border=0 name=image1 SRC=bild1a.gif
width=112 height=18></a><br>
```

Erst hier definieren wir, was mit dem Mauszeiger und den entsprechenden Bildern passiert. Dabei hilft uns wieder die Java-Bibliothek. Der Reihe nach.

Wir sollten nicht vergessen, dass wir ja eine Navigation aufbauen wollten, also muss es auch einen Link geben, den wir hier klassisch in HTML anlegen. Allerdings haben wir noch weitere schöne Dinge vorliegen. `OnMouseOver` drückt sehr genau aus, was hier gemeint ist. Wenn die Maus diesen Link berührt, soll die Funktion `turnOn` für das `image 1` gestartet werden. Wenn die Maus den Link verlässt, wird parallel dazu die passende Funktion aufgerufen, um das ursprüngliche Bild wieder herzustellen.

Im folgenden Aufruf des Bildes sind noch zwei Dinge wichtig. Zum einen wird dem Bild (das kennen wir bisher noch nicht!) ein Name gegeben, so wie wir das bisher nur von Frames und neuen Fenstern kennen. Jetzt ist klar, dass sich die JavaScript-Funktion auf das Bild mit diesem Namen bezieht. Und natürlich wird das ursprüngliche Bild erst einmal geladen, denn es muss ja schon etwas zu sehen sein, damit es mit einem weiteren Bild für das Auge sichtbar überladen wird. Nur ein Gag am Rande: Sie können leicht einen dreistufigen Effekt einbauen, wenn Sie hier zum Beispiel ein Bild »bild1c.gif« einfügen. Aber bedenken Sie die Ladezeit, denn alle diese Bilder müssen restlos geladen sein, bis das Script sauber funktionieren kann. Das Script an sich funktioniert sofort, allerdings zeigt es dann fehlende Bilder beim Mouseover, wenn diese noch nicht im Speicher des Computers verfügbar gemacht sind.

```
F  <A HREF=link_2.htm onMouseOver=turnOn('image2') onMouse-
Out=turnOff('image2')><IMG border=0  name=image2 SRC=bild2a.gif
width=112 height=18></a><br>
</BODY>
```

Hier machen wir das Gleiche mit dem zweiten Bild. Und damit sind wir auch schon fertig. Experimentieren Sie ruhig einmal mit verschiedenen Größen und der Folge von leeren Motiven und Motiven von Bewegt- und Stillgrafiken. Sie werden viel Spaß mit diesem Effekt haben.

9.6 Image-Maps

Überraschung: Einen wichtigen HTML-Bereich haben wir noch nicht behandelt, den der Image-Maps. Wie wir aus dem vorherigen Kapitel wissen, ist es ein leichtes, Bilder einfach nebeneinander aufzurufen. Alle diese Bilder können mit einem eigenen Link versehen werden. Aber es gibt zwei Gründe, die hier eine andere Lösung suchen lassen:

- ✘ Manche Motive sind auch mit diesen Tricks nicht sauber zerlegbar und als einzelne Bilder aufzurufen.
- ✘ Es dauert zu lange, bis online jedes Bild einzeln aufgerufen wird, da jede Serveranfrage zusätzlich Zeit kostet, und jedes Bild muss einzeln abgefragt werden

HTML bietet hier noch eine andere Lösung an, die zwar auf den ersten Blick nicht sehr ansprechend aussieht, aber immense Vorteile aufweist. Image-Maps ermöglichen es, auf einem Bild verschiedene Bereiche zu definieren, die mit verschiedenen Links belegt werden können.

Es ist zwar möglich, verschiedene Bereiche auch mit einem Link zu definineren, aber es ist unmöglich, einen Bereich mit verschiedenen Links zu belegen. Woher soll denn dann der Browser wissen, welchen Link er anspringen soll? Auch Überschneidungen der einzelnen Bereiche nimmt Ihnen der Browser manchmal übel. Seien Sie hier also sehr penibel.

Der Tag ist aufgeteilt in mehrere Stufen. Stufe 1:

```
<MAP NAME=map>
</MAP>
```

Sie haben dem Browser erklärt, dass Sie eine Map eröffnen wollen.

Stufe 2:

```
<AREA  SHAPE=rect COORDS=0,0,130,40 HREF=file1.htm>
<AREA SHAPE=rect COORDS=0,79,54,92 HREF=file2.htm>
<AREA SHAPE=rect COORDS=0,93,60,114 HREF=file3.htm>
```

Hier sind drei Bereiche definiert, die die Form eines Rechtecks (Rectangle) haben. Die Koordinaten werden von links nach rechts gelesen. Zum Beispiel beim ersten Bereich wie »0 Pixel nach rechts, 0 Pixel nach unten, das ist die linke oberste Ecke des Rechtecks. 130 Pixel nach rechts, 40 Pixel nach unten, das ist die rechte unterste Ecke des Rechtecks.« Logischerweise definieren sich alle anderen Pixel, die zu diesem Bereich gehören, selbständig. Innerhalb des Tags wird dann noch eine Quelle angegeben, die als Link fungieren soll. Hier ist das »file1.htm« bzw. »file2.htm« oder »file3.htm«. Sie vermuten richtig. Sie könnten hier auch einen TARGET=_top-Tag oder Ähnliches eingeben. Frames zu verlinken, stellt hier also kein Problem dar.

In der dritten Stufe wird jetzt noch das Bild außerhalb des *<MAP>*-Tags zusammen mit der Map aufgerufen:

```
<IMG SRC=index.gif BORDER=0 ISMAP USEMAP=#map>
```

Das Bild »index.gif« hat hier keinen Linkrand (BORDER=0) und ist eine Map (ISMAP). Durch den USEMAP-Befehl wird die gewünschte Map aufgerufen. Es wäre also auch denkbar, mehrere Maps in einem Bild zu verwenden, die sich jeweils auf andere Bildaufrufe beziehen können.

In komprimierter Form sieht eine Map inklusive Aufruf also so aus:

```
<MAP NAME=map>
   <AREA SHAPE=rect COORDS=0,0,130,40 HREF=file1.htm>
   <AREA SHAPE=rect COORDS=0,79,54,92 HREF=file2.htm>
   <AREA SHAPE=rect COORDS=0,93,60,114 HREF=file3.htm>
</MAP>

<IMG SRC=index.gif BORDER=0 ISMAP  USEMAP=#map>
```

Es ist dabei unwichtig, ob Sie zuerst die Map oder den Bild-Tag hintippen. Der Browser lädt immer zuerst beide Teile. Eine Map kann theoretisch unendlich viele Teile mit je einem anderen Link besitzen. Allerdings gibt es hier ja auch Obergrenzen, denn es ist nicht sehr leicht, einen Bereich in der Ausdehnung von 1 x 1 Pixel mit der Maus zu treffen.

Sie müssen nicht das ganze Bild mit verschiedenen Bereichen als Map definieren. Es sind auch nur sehr partielle Maps denkbar. Zum Beispiel nur der Mund in einem Portrait etc.

Nach diesem Kapitel können Sie:

- ✗ Suchmaschinen optimal bedienen
- ✗ Automatisch Files folgen lassen
- ✗ Ladetricks mit Bildern vorbereiten
- ✗ Neue Fenster aufmachen
- ✗ Weichen z.B, für Style Sheets aufbauen
- ✗ Roll-overs herstellen
- ✗ Image-Maps anlegen

Kapitel 10

HTML-Projekte steuern

Eigentlich könnten Sie jetzt zu lesen aufhören. Sie haben alle wichtigen Tags gelernt und können jetzt sogar schon mit den ersten Java-Scripts umgehen. Also klappen Sie das Buch zu, wenn Sie das Gefühl haben, alles auf der Pfanne zu haben. Mahlzeit.

... räusper ...

Sie sind noch da? Das freut mich, denn sonst wäre ich mir wie ein schlechter Sprachenlehrer vorgekommen, der Ihnen zwar die Grammatik vorbetet, der sich allerdings nie mit Ihnen wirklich in der neuen Sprache unterhält. HTML lernen heißt ja eigentlich auch, den Umgang mit HTML-Projekten verstehen. Wenn Sie in der Euphorie der ersten Tags eine Homepage angefangen haben, werden Sie bald merken, dass Ihnen natürlich am Schluss irgendeine tolle Idee kam. Und dann fangen Sie vielleicht sogar von vorne an. Oder Sie entdecken einen Fehler im Code, müssen dann Dutzende von Seiten neu schreiben. Oder – noch schlimmer – Sie stellen Ihre Seiten live und werden dann von Ihrer Mutter gefragt, was die Homepage eigentlich soll.

Das ist nur ein Beispiel, wie Ihnen Online-Projekte über den Kopf wachsen können. Um solche kleinen Katastrophen zu verhindern und vor allem bei größeren Projekten kein Chaos auszulösen, gibt es Projektmanagement für Online-Projekte. Und davon soll dieses Kapitel handeln.

Allerdings sollten Sie gerade hier nicht vergessen, dass Projektleiter nicht vom Himmel fallen und vor allem bei Online-Projekten immer noch die alte Regel gilt: »Wer alles schon vorher weiß, hat nachher alles falsch gemacht.«

Schnuppern Sie rein. Wahrscheinlich entwickeln Sie sehr schnell ihre eigenen Varianten. Und das ist gut so. Dieses Kapitel wird mehr ein Kennenlernen einer bestimmten Ansicht und Arbeitsweise für Sie sein. Verstehen Sie alles als Meinung. Hier gibt es keine Wahrheiten mehr. Und wenn Ihnen einer der folgenden Tipps die eine oder andere schlaflose Nacht erspart hat, dann bin auch ich zufrieden.

10.1 Was bedeutet »Projektleitung«?

Wer nach diesem Buch seine eigene Homepage baut, wird diese Frage wahrscheinlich ein wenig überflüssig finden. Sie werden aber gleich sehen, dass gewisse Dinge leicht in Vergessenheit geraten können, wenn nicht zumindest die Idee einer Projektleitung existiert. Und dann haben Sie selbst mit Seiten des Typs »Hallo, ich heiße Harald« ein Problem.

Einfach gesagt:

Ein Projektleiter/eine Projektleiterin kontrolliert zu allen Zeitpunkten des Projekts Aufgabe, Ziel und Ressourcen im Bereich des technisch Machbaren.

Was heißt das? Gehen wir das der Reihe nach und mit Beispielen durch. Wichtig ist zuerst die Kontrolle der laufenden Arbeiten. Bei Projekten mittlerer und umfangreicher Größe wird ein Projektleiter nur dann am Bildschirm arbeiten, wenn er E-Mails schreibt oder die Zwischenergebnisse gegencheckt. Source-Code bleibt dann Sache des Programmierers, das Interface und die optischen Elemente entwickelt ein Grafiker und die Texte bzw. deren Struktur und Leistungsumfeld stammen aus einer Redaktion. Man könnte sagen, dass ein Projektleiter mehr Schiedsrichter als Feldspieler ist und auf die Regeln achtet.

Deshalb beginnt die Arbeit des Projektleiters weit vor dem ersten Handschlag der Zuarbeiter. Er stellt sozusagen das Regelwerk auf und legt deren Umfeld vorab fest. Ein Fußballspieler lernt ja auch nicht dann erst die Regeln, wenn er mit dem Ball vor dem Tor steht.

Wir kommen dazu bald in einem eigenen Unterpunkt.

Vorab schauen wir uns aber noch genau den Unterschied zwischen Aufgabe und Ziel an. Die meisten Projektbeginner konzentrieren sich stark auf die Aufgabe und verlieren dabei das Ziel aus den Augen.

Die Aufgabe ist das »Was«. Das Ziel ist das »Wozu«.

Ihre Aufgabe wird bei Online-Projekten natürlich zuerst einmal sein, eine Homepage zustande zu bringen. Das ist aber nicht Ihr Ziel. Überrascht? Ihr Ziel sollte es sein, mit dieser Homepage etwas zu erreichen. Das können ganz verschiedene Dinge sein. Zum Beispiel: »Möglichst viel Kontakt zu Surfern bekommen« oder »Anderen genau das Material zukommen lassen, das sie benötigen«. Erst mit einer klaren Zielvorgabe können Sie später auch messen, ob sich die ganze Mühe für andere (!!!) gelohnt hat.

Und wenn Sie es ganz genau halten wollen, dann teilen Sie Aufgaben und Ziele so ein, dass Sie Teilaufgaben und Teilziele definieren.

So kann zum Beispiel die Hauptaufgabe »Baue eine Homepage« aufgeteilt werden in: »Baue eine

- ✘ technisch einwandfreie,
- ✘ optisch durchgängige,
- ✘ inhaltsreiche,
- ✘ leicht upzudatende Homepage.«

Und das Ziel kann dazu gesplittet werden in: »Die Homepage soll dann

- ✘ allen Usern stets das Gleiche geben, um alle konsistent zu informieren;
- ✘ durch beständige Optik allen ein Gefühl von Übersichtlichkeit geben;
- ✘ durch den Inhalt optimal informieren;
- ✘ durch leichte Updates auch die Arbeit mit der Page erleichtern.«

Es liegt ganz an Ihnen, welche Aufgaben und Ziele Sie für Ihr Online-Projekt angeben. Allerdings sage ich Ihnen eines ganz offen: Wenn Sie nur das Ziel »Ich will HTML ausprobieren« haben, dann stellen Sie die Site bitte nicht live. Sie verbrennen mit jedem Zugriff ihrer User Zeit und Geld der Betreffenden. Wenn diese das sinnloserweise tun, weil sie von Ihnen in die Irre geleitet und ohne Nutzwert allein gelassen werden, ist das ärgerlich.

Sie merken wohl auch, dass es vor allem um Zufriedenheit von Usern geht. Deshalb teilt man anderen auch etwas sozialverträglich mit, damit diese einen Nutz- und/oder Unterhaltungswert durch den Aufruf Ihrer Seiten erhalten. Allerdings gibt es hier in Ihrem Willen, das Optimum zu erreichen, eine klare Grenze. Sie verfügen nicht wie Microsoft USA über 300 Menschen, die an der Webpage arbeiten, und sie werden nie im Leben alle grafischen und technischen Tricks beherrschen. Ihre Zeit- und Wissensressourcen sind immer begrenzt, selbst wenn Sie welche durch Agenturen dazukaufen. Zudem ist ja nicht alles machbar, was Sie sich vorstellen können. Als Projektleiter müssen Sie also genau zwischen diesen vier Parametern abwägen und so beginnen, ein Projekt sauber aufzusetzen.

Bevor wir in die eigentliche Konzeptionsphase gehen, sollten Sie sich noch einen Moment Zeit nehmen und nach guter alter Manier eines Handwerkers (ja, Online-Publishing ist ja erst einmal Handwerk!) Ihre Werkzeuge vorbereiten und die nötige Zuarbeit von anderen sichern. Dann erst können Sie sauber planen.

Die mögliche Zuarbeit an Sie definiert die Werkzeuge, die sie selbst brauchen, und jeder Zuarbeiter muss auch auf seine eigenen Werkzeuge achten.

Was sind Ihre Werkzeuge? Nicht zwangsläufig nur ein Computer. Sie können hier schon bei Kleinigkeiten anfangen wie einem aufgeräumten Arbeitsplatz. Banal, aber wahr: Während eines Online-Projekts kommt der Datenmüll ganz von selbst auf Ihren Schreibtisch (egal ob im oder am Computer). Ein kleiner Frühjahrsputz kann also nicht schaden. Versuchen Sie zudem, Ihre Systemressourcen gut vorzubereiten. Da sollten keine Fehlermeldungen auf dem Computer erscheinen, und eine volle Festplatte oder ein zu kleiner Arbeitsspeicher hält Sie nur auf. Ehrlich gesagt: Am besten backupen Sie alte Daten und machen Ihre Maschine platt. Das heißt, Sie spielen alles neu auf und polieren so Ihre Arbeitsumgebung.

Jetzt werden Sie sicher nach Software fragen. Das hängt, entschuldigen Sie die sybillische Antwort, von Ihrem Betriebssystem und/oder von Ihrem Geldbeutel ab. Ich kann Ihnen nur empfehlen, folgende Softwarearten auf jeden Fall bereitzustellen, bevor Sie in die Programmierung gehen.

- ✘ Netscape- und Microsoft-Browser der Versionen 3.x bis aktueller Stand
  (Mindestens beide aktuellen Browser.)
- ✘ Einen HTML-Editor
  (Shareware bietet hier genügend Auswahl.)
- ✘ Ein Grafikprogramm
  (Es muss nicht Photoshop sein, wichtig ist das Dateiformat JPG bzw. GIF.)
- ✘ Ein Programm für GIF 89
  (Hier sind ebenfalls viele Shareware-Programme unterwegs.)
- ✘ Ein FTP-Programm, um Ihre Daten livezustellen
  (Haben Sie schon einen Provider, der Ihnen Speicherplatz verkauft hat? Das brauchen Sie, um Ihre Website auch wirklich livezustellen.)
- ✘ Ein E-Mail-Programm
  (Sie wollen doch auch Mail über Ihre Site erhalten, oder?)
- ✘ Ein Programm zum Schneiden von Audio-Tönen
  (Das Format sollte AIFF oder WAV sein.)
- ✘ Optional: Zusatztechniken
  (Flash bürgert sich für Multimedia ein. VRML als 3-D-Technik, Beatnik/ MIDI und andere Audiotechniken scheinen am Abklingen zu sein. Das soll Ihrem Geschmack überlassen bleiben. Vergessen Sie nicht, dass viele der Techniken nur mit speziellen Plug-ins funktionieren.)

- Optional: Layoutprogramme
  (Es muss kein HTML-Programm sein. Manche Grafiker arbeiten mit Layoutprogrammen die Seiten durch und konvertieren sie dann erst in HTML. Das bleibt Ihnen überlassen.)

Achten Sie auch darauf, dass alle Beteiligten möglichst ähnliche Software benutzen, sonst kann es Ihnen passieren, dass Bilder beim Konvertieren plötzlich einfärben, Dateien nicht mehr zu öffnen sind, etc. Um solche Unfälle zu verhindern, empfehle ich Ihnen vor der eigentlichen Arbeit einen Blindtest mit Spieldateien der Formate, mit denen Sie auf der Site wahrscheinlich arbeiten, also:

- HTM
- JPG
- GIF
- WAV

etc.

ACHTUNG

Geben Sie an Ihre Teammitglieder Testdaten weiter, damit die Konvertierung sauber funktioniert. Mögliche »Fehlerquellen« sind verschiedene Betriebssysteme (gerade bei CDs sind MAC/OS und WINDOWS eben nicht immer kompatibel.), alte Programmversionen und dejustierte Diskettenlaufwerke. Es kann Ihnen sogar passieren, dass Ihre Attachments vom Mail-Server anderer fälschlicherweise als Virus »erkannt« werden. Da hilft oft nur das Ausweichen auf andere Provider.

Am besten klappen alle Konvertierungen, wenn Sie auf einer Website einen Workspace einrichten, auf den jeder des Teams Zugriff hat, um dort Daten abzulegen. Das können Sie kostenlos überall dort tun, wo Ihnen (im Winter 1999/2000 war das zum Beispiel *http://www.hotbot.com*, *http://www.lycos.de* etc.) kostenloser Webspace angeboten wird. Sie teilen den anderen einfach das Passwort mit und müssen nicht einmal befürchten, dass eine Suchmaschine oder ein Zufallstreffer von Usern hier wesentliche Dinge zutage fördert. Sicherheitshalber »verstecken« Sie die Daten in einem Unterverzeichnis, das nicht über den Eingang der Website verlinkt ist. Nutzen Sie online und das Web als Datentransport und -speicher. Sie werden überrascht sein, wie viel Arbeit Sie sich dadurch ersparen.

Ein anderer Tipp an Sie ist ein Ritus.

Es soll ja Klavierspieler geben, die nur im Frack Chopin spielen können. Ich empfehle Ihnen Ähnliches. Man hat nicht jeden Tag die gleiche Lust, an einem PC/MAC zu sitzen. Deshalb helfen kleine Inszenierungen, sich in Arbeitsstimmung zu bringen. Ich persönlich bevorzuge eine bestimmte CD mit Instrumentalmusik (Text lenkt mich vom Coden ab), die ich während des Arbeitens an einem Online-Projekt, und zwar nur dann (!!!), höre. So öffnet sich akkustisch ein Vorhang, der mich an meinen Schreibtisch bindet.

Was Sie noch tun können: sich mental auf viel Zeit einstellen. »Die ersten 80 Prozent einer Arbeit dauern bekannterlich 80 Prozent der Zeit, und die restlichen 20 Prozent noch einmal 80 Prozent.« In diesem Spruch steckt leider mehr Wahrheit, als es den meisten Profis bewusst ist. Rechnen Sie immer mit 20–30 Prozent mehr Arbeitszeit, als Sie vermuten. Und noch etwas kann ich Ihnen empfehlen. Viele Webdesigner schludern am Schluss etwas und zerstören ihre gute Arbeit im Vorfeld.

ACHTUNG

Deshalb folgender Tipp: Versuchen Sie das Ende des Projekts erst 14 Tage nach dem Launch der Site zu sehen. Dann schlaffen Sie nicht vorzeitig ab.

Und noch etwas, aber dann soll es auch genug sein mit den Tipps aus der Hexenküche. Wenn Sie sehr stupide 20–30 bestimmte Dateien bearbeiten müssen und Ihre User später auch vom ersten zum letzten in dieser Reihenfolge durchklicken sollen, dann kann es leicht sein, dass die Highlights der Site auf den ersten fünf Seiten zu sehen sind, und der Rest dümpelt bis zum Schluss immer lauer vor sich hin. Deshalb sollten Sie solche Ketten immer nach dem Zufallsprinzip mischen. Beginnen Sie zum Beispiel mit der Datei 12 von 30, machen Sie dann mit der Datei 27 von 30 weiter etc. So variieren Sie für die User auch die Ergebnisse Ihrer Tagesform.

10.2 Konzeption

Es ist soweit. Ein schöner Tag beginnt. Sie starten mit der Arbeit an Ihrer Website. Wenn Sie alles beachtet haben, was Sie bisher schon lesen konnten, dann tun Sie jetzt etwas Ungeheuerliches: Sie schalten Ihren Computer aus.

Bitte?

Ja. Sie wissen, Sie haben jetzt die optimale Technik zur Verfügung, Ihre Workbench im Web steht, Ihr Team haben Sie zusammen, Sie haben Zeit und hohe Motivation. Sie sind optimal vorbereitet. Deshalb können Sie das alles beiseite lassen und sich ganz auf das konzentrieren, was jetzt zählt.

Sie entwickeln eine Konzeption, die sich zuerst ganz auf das Ziel konzentriert. Sie setzen einen Lebenszyklus für eine Website auf.

Ich kann Ihnen nur empfehlen, einen schönen Spaziergang zu machen und einmal ohne alle technischen Wenns und Abers eine Vision Ihrer Website zu entwerfen. Um Himmels Willen, gehen Sie nicht her und sagen Sie: »Ich kann Text in HTML kursiv stellen. Was mache ich daraus?« Das schränkt Sie ungeheuer ein. Glauben Sie mir, dass eigentlich alles irgendwie technisch umsetzbar ist. Konzentrieren Sie sich deshalb mit Hilfe von zwei Techniken auf das Ziel.

Spinnen Sie nach Herzenslust. Und nutzen Sie dazu als Gedächtnisstütze W-Fragen.

Alle wirklich eindrucksvollen Websites haben eine freche Vision, die sich erst einmal nicht darum geschert hat, ob es das schon gibt, ob man so was tut oder ob das machbar ist. Wir kommen später dazu, wie Sie hier wieder den Boden der Tatsachen finden. Bis dahin sollten Sie z.B. mit dem festen Willen die Website beginnen, dass sie einen Teddybären ersetzen kann, dass sie Menschen in Kaufrausch versetzt, dass Sie damit zum Popstar werden etc. Seien Sie so frech wie möglich ... und dadurch sind Sie auch so klar wie möglich mit Ihrem Ziel.

Die W-Fragen sind eine alte Technik, die Journalisten gerne bei der Recherche nutzen. Sie können etwa lauten:

- Wer nutzt idealerweise
- wann und
- wie und
- wie lange und
- warum und
- wie oft meine Website?
- Was will ich idealerweise
- wann und
- wie und
- wie lange und
- warum und
- wie oft auf meiner Website tun?

Das ist eine ungeheuer spannende Phase in der Arbeit mit Ihrer Website. Versuchen Sie hier möglichst knappe und klare Antworten zu finden. Wenn Sie auf jede dieser W-Fragen Antworten von zwei bis drei Din-A-4-Seiten finden, dann können Sie sicher sein: Das versteht auch auf der fertigen Website kein Mensch. Eingängige und überzeugende Gründe sind kurz und knapp. Die Welt im Web ist zu schnell und komplex für langes Herumgerede. Schnelle Gründe sind: Die leckersten Rezepte für Gurkensalat. Langweilige Gründe wären: Man kann aus Gurken Salat machen, muss man aber nicht. Und wir haben da vielleicht eine Idee dazu etc. etc ...

Wenn Sie prägnante Gründe für Ihre Website haben, weil Sie ein Set an W-Fragen klar beantworten können, dann kommen Sie in die Shaping-Phase. Jetzt versuchen Sie, Ihre Vision, Ihr freches Ziel und Ihre W-Fragen in einen sinnvollen Online-Prozess umzuwandeln.

Vielleich wundern Sie sich, dass ich nicht einfach von einer Website spreche. Nun, der folgende Absatz ist vielleicht der zentralste in diesem Buch.

ACHTUNG

Verstehen Sie eine Website immer als Ausdruck einer Situation, in der alle Kommunikationsmittel vernetzt sind und einem bestimmten Kommunikationszeck dienen.

Verstehen Sie eine Website immer als Zwischenergebnis eines Prozesses, der mit W-Fragen beginnt und damit endet, dass diese Website upgedated bzw. sogar gelöscht wird. Dann startet dieser Prozess SOFORT von vorne.

Eine Homepage hat meiner Ansicht nur einen Sinn, wenn Sie überlegen, was Sie prinzipiell in der Öffentlichkeit erreichen wollen, wie Sie all Ihre Kommunikationsmittel oder sogar Geschäftsressourcen dorthin lenken. Dieser ganzheitliche Prozess kann bei großen Websites so extrem eingreifen, dass der ganze Warenprozess einer Firma über eine solche Website geht, die ein entsprechendes Intranet mit angeschlossenem Warenwirtschaftssystem hinter sich hat und deshalb auch die gesamte Unternehmenskommunikation auf E-Mail umstellt. Und wenn Sie glauben, dass Sie als Privatmensch mit Ihrer Homepage nicht so weit denken sollten, dann gebe ich Ihnen ein paar einfache Regeln an die Hand:

- Visitenkarten
- Briefpapier
- Website
- E-Mail-Adresse und Unterschrift
- Anrufbeantworter-Nachrichten

bilden eine Einheit. Sollten Sie jemals Briefpost von mir erhalten, werden Sie sehen, dass der Satzspiegel meiner Website »http://taglinger.de« dem meiner Briefe entspricht etc.

Der Zusammenhang unterschiedlicher Kommunikationsebenen wird im modernen Alltag immer komplizierter. Deshalb sollten Sie der Öffentlichkeit ein einfaches Zeichen geben. Das kann zum Beispiel bedeuten, dass Sie ein Symbol für sich entdecken. Zum Beispiel das Dreieck. Ihre Visitenkarten sind dreieckig, Ihre Website hat Dreiecke als Grundsymbole, sogar Ihr Anrufbeantworter murmelt: »Antworten Sie nach dem dreieckigen Piep.« Das klingt jetzt ein wenig neurotisch. Schauen Sie sich mal Popgruppen oder erfolgreiche Firmen an. Die machen das perfekt. Es spricht nichts dagegen, dass Sie hier Ähnliches tun. Immerhin bewegen Sie sich mit einer Website plötzlich auch in der Öffentlichkeit. Und ein korrigierender Tipp dazu: Seien Sie cool. Die besten Arbeiten im Corporate Design sind voller Understatement. Wenn Sie unbedingt wie Conan der Barbar auftreten wollen, dann wundern Sie sich nicht, wenn Sie eher zum Schwertkampf aufgefordert als zum Kaffee eingeladen werden.

Sie haben jetzt eine Vision, klare Antworten für W-Fragen und eine synchrone Idee, Ihre Kommunikationsmittel zu behandeln. Wenn Sie rückblikkend 40–50 Prozent Ihrer Arbeitszeit des Online-Projekts nur dafür gebraucht haben, ist das vollkommen in Ordnung. Weniger würde mich an Ihrer Stelle nervös machen. Vielleicht haben Sie nicht tief genug nachgedacht und dann eine vollkommen langweilige, deplazierte und unsynchrone Website geschaffen, die niemand braucht, Sie schon gar nicht ...

Diese Ergebnisse, die idealerweise auf ein Blatt Papier passen, kleben Sie über Ihrer Computer. Und bei allem, was Sie jetzt tun, werden Sie NIE WIEDER diese Regeln vergessen. Alles was Sie entscheiden, sollten Sie mit diesen Vorarbeiten gegenchecken. Wäre doch blöd, wenn Sie zum Beispiel alles wie Wasser aufbauen wollten und Ihre Website dann aussähe wie ein Block Beton ...

Übrigens ...

Seien Sie ehrlich. Hätte Ihnen der PC bis hierher irgendwie geholfen? Eben. Und deshalb lassen Sie ihn auch im nächsten Arbeitsschritt möglichst aus. Ein Computer ist ein Arbeitsmittel. Und wer geht schon ständig mit einem Hammer in der Hand durch die Gegend ...

10.3 Entwurf

Bis hierhin hilft Ihnen oft die berühmte Serviette, auf der Sie alles niederkritzeln. Ich habe schon Websites mit dem Fuß auf dem Kies eines Parkweges entworfen und dann fotografiert. Da sind Ihrer Spontanität keine Grenzen gesetzt.

Auch die folgenden Arbeiten können als Entwurf leicht auf Papier gemacht werden. In der Reinschrift oder Reinzeichnung werden Sie aber sicher den Computer einschalten. Man kann diese Maschinen ja auch so verstehen, dass Sie ausschließlich dazu da sind, Präzision in Gedanken zu bringen. Der Bleistift ist davor immer noch das schnellere und flexiblere Tool. Aber natürlich liegt das ganz bei Ihnen.

Es geht jetzt darum, drei Dinge auf der Basis der Vorarbeiten zu erledigen, die Sie mit einer bestimmten Technik gegenchecken:

- ✘ Die Makro- und Mikrostruktur
- ✘ Die Grundmetapher
- ✘ Die grafische und technische Umsetzung

Bevor ich eine Site auch nur in Gedanken optisch entwerfe oder gar in HTML umsetze, schreibe ich mit Hilfe von Excel einen kompletten Strukturbaum, der jedes einzelne File genau in dreierlei Hinsicht notiert.

Das sieht zum Beispiel so aus:

Benamung	Inhalt	Funktion
index.htm	Homepage mit 1 News	Aktuelles der Site und Links zuallen Unterbereichen

Pro Ebene, die ich als User tiefer klicken muss, rücke ich den File-Namen eine Spalte weiter links ein. So steht die ganze Site erst einmal vor Augen. Sie verhindern durch Strukturarbeiten, dass Ihnen der Umfang des Projekts nicht klar ist. Manchmal hilft diese Arbeit auch, ein paar Rosinen aus dem Kopf zu schrauben (»Ich werde über jeden Tag meines Lebens eine Web-Datei anlegen.«) und Unlogiken zu finden wie fehlender Inhalt auf Zwischenseiten oder unsymmetrische Site-Strukturen, die unter einem Unterpunkt sieben Ebenen und 500 Dateien besitzen, unter dem anderen nur eine Ebene und fünf Dateien.

Nach dieser Makroebene sollten Sie noch festlegen, welche Seitentypen Sie auf Ihrer Website haben werden. Typische Seitentypen wären:

- ✘ Homepage
- ✘ Untermenü-Seiten
- ✘ Inhaltsseiten Text
- ✘ Inhaltsseiten Bild
- ✘ Formularseiten

Sie machen das, damit Sie später auch ein Layout pro Seitentyp festlegen und diese Seitentypen genau einmal als Vorlage programmieren, die Sie zu einem anderen Zeitpunkt nur noch variieren müssen.

Jetzt sollten Sie noch festlegen, welche Elemente auf welchen Seitentypen vorkommen sollen, wie zum Beispiel ein HOME-Button (das muss nicht sein, das ist Ihre Entscheidung) oder Textüberschriften oder auch Bilder.

Je genauer Sie hier vorgehen, desto systematischer wird Ihre Seite später aussehen, denn eine Regel, die Sie sich ganz stark hinter die Ohren schreiben sollten, schafft hier schnell eine perfekt sitzende Website:

EINE Funktion hat gleichzeitig nur EINE Umsetzung.

Das bedeutet, dass zum Beispiel ein HOME-Button nur auf die Homepage führt, deshalb immer die gleiche Form hat und nur dort und dort auch immer nur an der gleichen Stelle auftauchen darf, wo ein Weg zurück zur Homepage auch sinnvoll ist. Sie können sich das noch einmal vor Augen führen, wenn Sie sich erinnern, wann und warum im Straßenverkehr ein STOP-Schild auftaucht. Es sieht immer gleich aus, steht immer vor Kreuzungen ohne Vorfahrt an der rechten Straßenseite und auf der gleichen Höhe. Irgendwie praktisch. Warum soll das mit festen Elementen auf Ihrer Website anders sein?

Wenn Sie das genau festgesetzt haben (brauchen Sie schon den Computer dazu?), dann denken Sie, bevor Sie irgend etwas malen oder ihm eine klare Form geben, über die Grundmetapher der Site nach. Das kann sehr helfen. Wenn Sie anhand Ihrer Vorüberlegungen beschlossen haben, dass es schön wäre, alles wie einen alten Fernseher aussehen zu lassen, dann haben Sie eine sehr konkrete Metapher gewählt. Jetzt werden die Buttons wohl wie Schalter aussehen, vielleicht flimmern die Bilder auf der Site ein wenig, der Text sieht aus wie in den Fünfzigern etc.

Es geht aber auch abstrakter. Die erste Enscheidung fällen die meisten Webdesigner unbewusst. Soll die Website in einer Buchmetapher laufen? Das hört sich banal an, aber 95 Prozent aller Websites schauen aus wie elektronisch gebanntes Papier. Sie könnten aber auch eine Website bauen, die komplett wie ein Laufband funktioniert. Oder Sie bauen eine Website, die nur akustisch aufzunehmen ist. Oder ...

Überlegen Sie sehr genau, was hier anhand Ihrer Vorüberlegungen sinnvoll ist. Ein Verlag wird sehr stark in einer Papiermetapher arbeiten. Aber ein Toilettenpapier-Hersteller wird das vielleicht lieber lassen. Ein Anglerverein möchte die Website vielleicht wie ein Aquarium aussehen lassen. Im idealen Fall werden Form und Inhalt sich hier entsprechen.

Checken Sie vor dem eigentlichen Entwerfen der Site jetzt noch einmal in der Szenariotechnik alle Ihre Konzeptionsergebnisse gegen. Das geht einfach mit Fragen, die Sie über Ihre Elemente der Website schon beantworten können müssten. Sonst hätten Sie noch ein Konzeptionsproblem.

Eine Frage kann zum Beispiel sein:

»Ein User will mir eine Mail schreiben. Wie muss er vorgehen?« oder: »Ein User findet meine Site im Web, was denkt er über mich, wenn er zuerst die Rubrik »X« anklickt?«

Diese Szenarien können Sie auch mit sogenannten »Hausfrauentests« durchführen. Fragen Sie genau das, wenn Sie Freunden Ihre ersten Arbeiten vorführen. Je weniger jemand im Netz unterwegs ist, desto besser ist er für diese Tests geeignet. Und Sie vermuten richtig: Diese Test können und sollen Sie auch nach den grafischen Entwürfen durchführen.

Und erst, wenn Sie diese Entscheidung gefällt haben, dann nehmen Sie ihren Zeichenstift. Mit all den Informationen, die Sie jetzt gesammelt haben, werden Sie schnell auf eine logische Form kommen. Zwei Tipps sollen Ihnen dabei noch helfen.

Webdesigner entwickeln eine Website oft von links oben nach rechts unten. Das heißt, dass bedingt durch Bildschirmauflösungen und verschieden groß geöffnete Bildschirmfenster die Elemente, die wichtig und fix sein sollen, links oben stehen, also oft die Navigation und das Logo. Häufig gleichen Texte und inhaltiche Bilder nach unten und rechts das Layout aus. Übrigens lesen User im Web Seiten auch in dieser Art. Der erste Blick ist immer auf links oben gerichtet.

Viele Websites arbeiten mit verschiedenen Motiven und Farben pro Unterrubrik, wobei es einen Grundcharakter der Farben und ein Grundmotiv gibt. So kann zum Beispiel eine Website, die wie ein alter Fernseher aussehen und reagieren soll, mit Ansagerinnen aus den Fünfzigern arbeiten, die je nach Unterrubrik in verschiedenen Farben eingefärbt sind.

Wenn Sie Ihre Site perfekt abstimmen wollen, kann ich Ihnen hier einen kleinen Trick verraten. Bauen Sie eine Grafikdatei auf, die zur Hälfte weißen und zur Hälfte schwarzen Untergrund hat. Dann legen Sie die geplanten Rubrikenfarben mit den genauen Hexadezimalangaben nebeneinander auf diesen Kontrast. Zusammen sollte das einen ausgewogenen Farbklang ergeben.

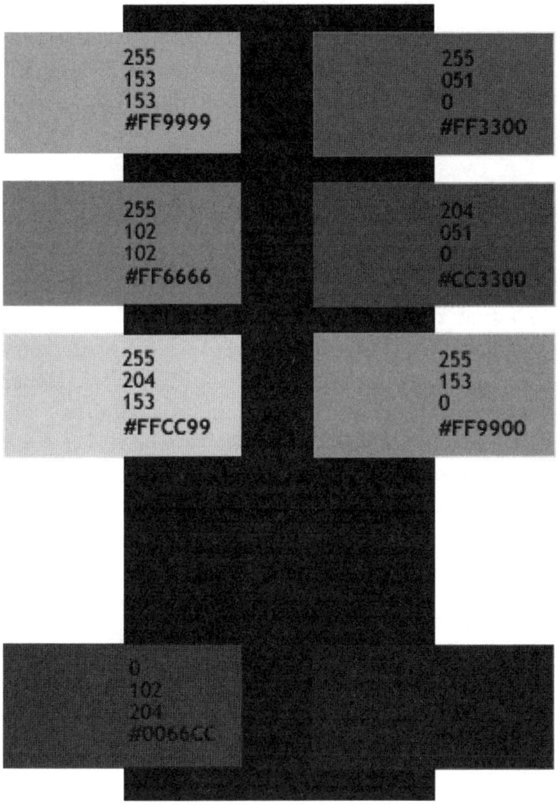

So sieht zum Beispiel das Farbenspektrum für meine eigene Homepage aus.

Und dann machen Sie sich die Mühe und entwerfen Sie jeden Seitentyp pixelgenau mit allen Elementen in einem Grafik- und/oder Layoutprogramm. Auch dazu gibt es zwei Tricks. Machen Sie einen Screenshot Ihres geöffneten Browsers in Standardauflösung und importieren Sie dieses Bild in Ihr Entwurfsprogramm. So haben Sie exakt die Fläche, die später auch die Website zum Laden haben wird.

Wenn Sie zufrieden mit Ihren Ergebnissen sind, dann sichern Sie eine Version der Entwürfe und ziehen Sie feine Linien durch das Bild, die folgendes signalisieren sollen:

- Die maximale Größe der Grafiken
- Den in Tables programmierten festen Abstand zwischen Elementen

Wenn Sie das haben, dann schneiden Sie die fertigen Elemente (und das ist der zweite Trick) einfach mit STRG+X oder APFEL+X aus dem entworfenen Bild aus und speichern Sie die so entstandenen Ausschnitte mit 72 dpi Auflösung im JPG- und GIF-Format ab. Nutzen Sie die Datei, die in der Qualität und in der Dateigröße die beste Lösung für ihre Site darstellt.

10.4 Inhalte

Mit diesem Arbeitsschritt schreiten Sie nun in die Bereitstellung von Bausteinen für die Seite. Sie können das auch technisch tun. Wenn Sie ein bestimmtes Feature ausprobieren wollen, mit dem Sie bisher noch keine Erfahrung gewonnen haben, dann gehen Sie vor wie ein Forscher. Bauen Sie ein Testlabor auf und versuchen Sie, nur dieses Feature als Source-Code herzustellen. Testen Sie diesen Code auf möglichst Herz & Nieren. Das kann ein Java-Script sein, aber auch eine Folge von automatisch ladenden Seiten. Erst wenn Sie mit diesem Feature sicher sind, sollten Sie es für die Site bereitstellen. Wäre doch peinlich, wenn Sie sich in den Arbeiten auf etwas verlassen, das dann kurz vor knapp platzt und eine hässliche Lücke auf Ihrer Site hinterlässt.

Sie haben jetzt also die Grafiken bereitgestellt, die Sie immer auf bestimmten Seitentypen brauchen. Sie haben die technischen Kniffelpunkte vorbereitet. Jetzt sollten Sie den Text zusammenstellen, den Sie auf der Site brauchen. Das ist klassische Redaktionsarbeit. Im idealen Fall haben Sie jeden Text in das Excel-Sheet eingebaut, das Sie für die Aufplanung der Site gebaut haben.

Nicht umsonst gibt es in jeder großen Redaktion eine eigene Bildredaktion. Da kann es schon etwas kniffeliger sein, die richtigen Bilder für die vorgenommene Metapher zu finden. Das gilt auch für Töne, die Sie eventuell verwenden. Vielleicht sogar für die Videos, die Sie anbieten wollen.

Bitte bedenken Sie das Copyright. Verwenden Sie nur Material, dessen Rechte Sie auch haben. Das kann bei Missbrauch sehr teuer kommen. Am besten fahren Sie, wenn Sie nur eigenes Material verwenden. Digitalkameras kosten kaum mehr als 400,- DM, jede Soundkarte kann digitalisieren, und wenn ein Scanner fehlt, digitalisieren Fotoabteilungen in jedem Kaufhaus gerahmte Dias.

Stellen Sie alle Materialien in der Größe und Bearbeitung bereit, mit der Sie später auch arbeiten wollen. Auch Bildgrößen können Sie normieren. Sie merken schon: Ab jetzt geht es nur noch darum, möglichst klar genormtes Material zu erarbeiten. Hier beginnt das wirkliche Handwerk. Je genauer Sie arbeiten, desto leichter werden Sie sich später tun.

Genormte Bildgrößen und sogar genormte Dateienbenennungen sind das A und O einer Website. Genormte Dateinamen können zum Beispiel das Datum und den Anfangsbuchstaben des Bereichs enthalten. Also zum Beispiel:

```
a_1212_1.htm
Das ist ein HTML-File, das im Bereich a am 12.12. erstellt wurde und
das erste von meinetwegen 10 in diesem Bereich ist.
```

Niemand kann Sie zu solchen Normierungen zwingen, wer aber einmal mit einer sauber aufgebauten Website gearbeitet hat, der weiß es zu schätzen, dass man nicht bei jedem Bild neu überlegen muss, ob es in Größe, Farbe und Benamung passen könnte.

10.5 Umsetzung Nullnummer

Jetzt geht alles sehr schnell. Sie werden mit dem Din-A-4-Blatt über dem PC/MAC (verlieren Sie Ihr Ziel nicht aus den Augen) und Ihren Entwürfen, mit den Elementen und mit den technisch kniffeligen Source-Codes für jeden Seitentyp genau eine (!!!) Vorlage in HTML bauen.

Das tun Sie, weil Sie so intensiv die Site auf verschiedenen Browsern testen können, ohne alle Seiten genau einem Test zu unterziehen, denn Sie werden alle Seiten eines Typs nur aus dessen Vorlage deklinieren. Sie können sich denken, dass Sie so eine Menge Zeit sparen, aber Sie müssen bei der Erstellung des Typs ungeheuer aufpassen, dass der auch wirklich sauber programmiert ist. Wenn Sie am Schluss einen Fehler im Source-Code entdecken, können Sie zwar mit Suchen&Ersetzen immer noch eine Menge tun, aber solche Fehler sind trotzdem sehr ärgerlich.

Wenn Sie sehr cool sind, dann achten Sie gerade beim Einsatz von Style Sheets und kompliziertem Table-Layout darauf, dass Sie möglichst wenig Seitentypen haben. Die deutsche Microsoft-Website hat übrigens nur einen (!!!) Seitentyp für 8000 Seiten und eine kleinere Deklination dieses Satzspiegels als Homepage. Da werden Sie für eine private Homepage vielleicht mit 20 bis 30 Vorlagen auskommen.

Der Vorteil ist, dass Sie einmal ausgeknobelte Layouts, die Sie intensiv auf allen möglichen Browsern getestet haben, leicht weiterverwenden können. Ich benutze zwei Seitentypen, die ich dann noch folgendermaßen weiterdekliniere:

- Andere Grafiken links oben
- Anderer Inhalt und angepasste Navigation
- Eventuell andere Background-Farben

Das war es. Bitte sehen Sie das ähnlich wie bei Typographie. Weniger ist mehr.

Wenn Sie alle Typen bereitgestellt haben, dann haben Sie deshalb ja noch keine Website fertiggestellt. Die fangen Sie eigentlich erst jetzt an. Übrigens arbeiten viele Webdesigner so, dass Sie diese Arbeiten bis hierher übernehmen und dann die Vorlagen an die Kunden verkaufen, damit diese nun selbst mit ihren Ressourcen den Rest übernehmen können, denn die Inhalte jetzt einzupflegen, ist ein »Nobrainer«. Entspannen Sie sich. Jetzt sind Sie mit dem Wesentlichen an Arbeit durch, obwohl noch kein eigentlicher Buchstabe Ihrer Website zu sehen ist.

10.6 Einsetzen der Inhalte und Gegencheck

Das ist ein provokativ kurzes Kapitel. Bitte setzen Sie jetzt alle Inhalte laut Planung ein und lassen Sie einen Freund oder Kollegen gegenchecken. »Gegenchecken« meint fehlende Dateien, Rechtschreibfehler und möglichst auch noch einmal den Test auf anderen Browsern und Betriebssystemen. Da kann es noch zu bösen Überraschungen kommen. Jeder Fehler, den Sie hier gemacht haben, wird so relativ schnell sichtbar, wenn Sie dazu nicht Ihre eigene Maschine nehmen. Oft sind Grafiken auf anderen Systemen plötzlich nicht zu sehen oder Schriften anders, weil Sie selbst bestimmte Default-Einstellungen nicht verändert haben.

Mir ist es bei www.hettche.de passiert, dass das Anfangsbild einfach nicht zu sehen war. Das hat eine ganze Arbeitswoche in Anspruch genommen, bis ich auf die Lösung kam. Beim Übertragen per Mail ist die GIF-Grafik so zerschlagen worden, dass sie zwar in Photoshop zu sehen war, ein Netscape-Browser der Version 4.5 sie aber nicht darstellen konnte, wenn der Arbeitsspeicher des Computers zu klein war. Da können Sie die Decke hochgehen oder Sie besitzen die fast asiatische Langmut von Webdesignern.

Diese Phase ist die kritischste im ganzen Projekt.

Seien Sie sehr lieb zu Ihren Teammitgliedern, wenn Sie hier nicht alleine arbeiten.

10.7 Livegehen

Wenn Sie all das hinter sich haben, haben Sie es eben nicht hinter sich. Bitte laden Sie die gestalteten Seiten auf den Liveserver und klicken Sie JEDE Datei im Livebetrieb auf möglichst vielen Browsern und Betriebssystemen durch. Es kann sein, dass manche Dinge online plötzlich nicht mehr funktionieren. Es kann also noch einmal eine Krise geben.

Seien Sie deshalb sehr konservativ in der Zeitplanung. Organisieren Sie keine Launch-Party, die als Höhepunkt das erstmalige Hochladen der Seiten auf den Server beinhaltet. Erst wenn Sie Ihre Livetestphase abgeschlossen haben, sollten Sie in Suchmaschinen Ihre Seite anmelden, Ihren Eltern einen Jubelbrief schreiben und die Sektkorken knallen lassen.

Ich habe hier von »laden und klappt« bis 40-stündige Horror-Dauersessions alle Varianten erlebt. Bleiben Sie locker. Das kriegen Sie auch noch hin.

... und dann sollten Sie heftig feiern. Sie haben es sich verdient.

Vom ersten Spaziergang bis hierher brauchen Profis bei mittleren Websites zwischen 14 Tagen und vier Wochen. Dieses System ist aber vollkommen eskalierbar und hat keine klaren Zeitregeln.

Diese Schritte können bei allen Websites die gleichen sein. Egal ob wir von einer einzelnen Seite oder von der größten Website der Welt reden.

Und vor allem: Nehmen Sie Ihre Arbeiten hier sehr, sehr, sehr ernst. Es macht keinen Unterschried, ob Sie »nur« Ihre persönliche Homepage oder aber die wichtigste Website weit und breit bearbeiten. Arbeit bleibt Arbeit und Vergnügen bleibt Vergnügen.

10.8 Nach dem Spiel

Sie haben doch nicht geglaubt, dass Sie damit schon alles hinter sich haben? Nein, nein. Es gibt leider den bösen Spruch: »Nach dem Spiel ist vor dem Spiel.« Und der Spruch stimmt leider bei Online-Projekten mehr als einem oft lieb sein kann.

Am besten ist es natürlich, wenn Sie schon in der Gesamtplan daran gedacht haben, dass Sie die Website updaten und eventuell auch teilweise oder ganz wieder aus dem Web entfernen werden.

Zudem spricht man von Webgenerationen und es zeigt sich mit wenigen Ausnahmen, dass eine Website etwa alle neun Monate komplett neu überarbeitet werden sollte. Jetzt sehen Sie vielleicht auch, warum ich so stark auf Vision, Prozess und auf Normierung von Elementen dränge.

Je klarer Sie wissen, was Sie mit der Site wollen, wann was stattfindet und was dabei ausgetauscht werden muss, desto mehr Spaß haben Sie mit Ihrer Homepage.

Am besten klappt hier meiner Meinung nach immer noch ein Redaktionsplan, in dem Sie für jede Rubrik, die Sie aufgebaut haben, eine Update-Frequenz und einen Umfang pro Update festlegen. Weiterhin sollten Sie einen Vorlauf einplanen. Die wenigsten Webinhalte müssen bereits Sekunden nach Ihrer Fertigstellung livegehen. Es ist nicht sinnvoll, zwei Minuten vor dem geplanten Update erst mit den Arbeiten dafür zu beginnen.

Sie ahnen auch bereits richtig. Ich arbeite mit dem Excel-Sheet, das Sie bereits kennen. Ich schreibe hinter jedes File den aktuellen Update und den dazu notwendigen Umfang und die Vorlaufszeit.

Das hat viel von Alltagsarbeit, aber Sie müssen bei all dem eigentlich so oft wie sinnvoll und möglich durch alle die hier beschriebenen Stufen gehen, um diesen Alltag auch weiterzuentwickeln. Da sollte es öfters einen Vision-Check geben. Und es kann nicht schaden, wenn Sie bei allen neuen Browserversionen Ihre Website neu checken.

Das schöne an Online-Projekten ist: Der Spaß hört nie auf.

Und zufrieden wäre ich an Ihrer Stelle erst, wenn Sie Ihre Ziele durch Hausfrauentests, die Auswertungen der Pageviews der Website und der Reflexion Ihrer eigenen Interessen immer wieder bestätigt finden. Alles andere ist Kinderkram. Das haben Sie nicht nötig.

10.8.1 Soforthilfe

Sie werden in diesen Seiten eine ganze Menge an nützlichen Hinweisen zu HTML gefunden haben. Und damit Sie meiner Meinung nach nicht sinnloses Wissen in sich hineinpumpen, habe ich eine Auswahl der Tags zusammengestellt, die Sie aller Wahrscheinlichkeit beim täglichen Arbeiten brauchen werden.

Das bedeutet natürlich auch, dass ich nicht alles, was man über HTML sagen kann, hier verarbeitet habe. Klar, vor allem wenn Sie tiefer einsteigen, werden Sie manchmal noch mehr über ein Thema wissen wollen.

Deshalb biete ich Ihnen hier einen Service an, der Ihnen im Falle eines Falles weiterhilft. Bei Fragen, die im Buch nicht behandelt sind, schreiben Sie mir bitte eine E-Mail unter

harald@taglinger.de

und ich werde Ihnen die nötigen Antworten möglichst rasch zukommen lassen. Die wichtigsten Fragen werde ich darüber hinaus regelmäßig unter »http://taglinger.de/buch/« posten. Es entsteht so ein Archiv, in dem Sie natürlich mit Herzenslust schmökern können.

Wenn Sie diesen Service schon einmal genutzt haben, um mir Ihre Seiten vorzustellen, werden Sie bemerkt haben, dass ich darauf nicht eingehe. Aus einem einfachen Grund: Zum einen sind Designs letztendlich Geschmackssache, zum anderen muss man sich, um eine Seite wirklich beurteilen zu können, sehr tief in die Umstände und die Ziele der Site einarbeiten (siehe 10. Kapitel). Dazu fehlen mir dann immer die Angaben. Wenn Sie solches Coaching suchen, dann kann ich Sie auf Wunsch gerne an andere LeserInnen vermitteln, die einen Gegenpart suchen. Das hilft Ihnen hier sicher weiter.

10.8.2 Danke

Ich danke Jeannette für Ihre Liebe und ihr Interesse, ich danke Andreas Erfurt für eine HTML-Korrektur, die ich sonst übersehen hätte. Ich danke allen, die mir täglich mit Interesse schreiben und sich Rat holen. Ich wünsche allen ähnlichen Spaß als Autor.

Dieses Buch wurde in London und München geschrieben, vor allem in Kneipen und U-Bahnen. Laptops sind eine feine Sache, man muss nicht aufstehen, um sich neuen Kaffee zu machen, der Ober kommt gleich, nur die Fahrkarten-Kontrollen stören etwas.

Macht digital, was Euch kaputtmacht.

Anhang A

HTML-Befehlsreferenz basierend auf Explorer und Netscape 3.0

<HTML></HTML>
Eröffnet und schließt ein HTML-File

<TITLE></TITLE>
Benennt den Titel des Browserfensters

<HEAD></HEAD>
Bereich, der den Header des HTML-Files einschließt

<BODY></BODY>
Bereich, der den Body-Bereich eines HTML-Files einschließt

(ASCII-Sonderzeichen)
Siehe gesonderte Liste im Anhang

Listing A

```
<HTML>
      <HEAD>
      <TITLE>
            Hier steht der Titel des Files.
            </TITLE>
      </HEAD>
      <BODY>
      </BODY>
</HTML>
```

Bild A.1: Das ist der Grundaufbau eines HTML-Files.

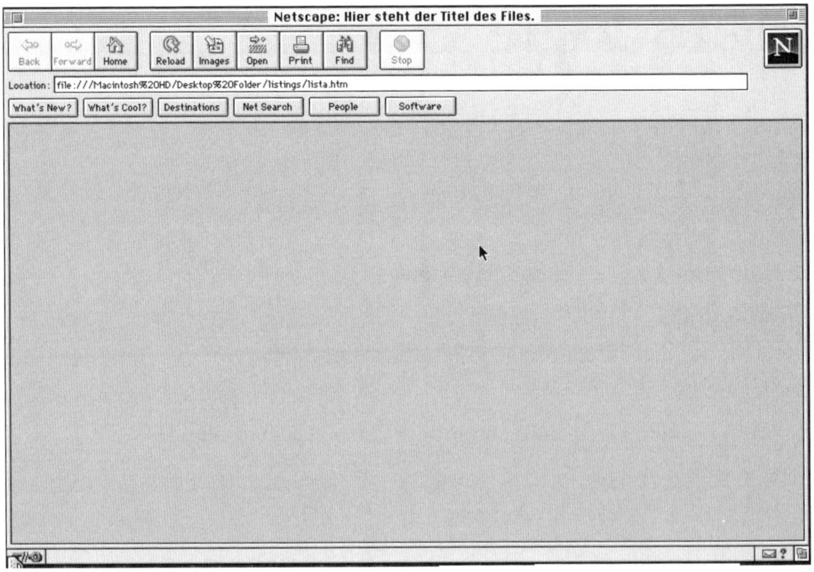


```
<!----Hier kommt der Text rein---->
```

Kommentarzeile

```
<COMMENT></COMMENT>
```

Kommentarzeile in strenger HTML-Syntax

Listing B

```
<HTML>
      <HEAD>
            <TITLE>
            Hier steht der Titel des Files.
            </TITLE>
```

```
      </HEAD>
      <BODY>
<!----Diese Kommentarzeile ist
im Browser unsichtbar ---->
```

```
<COMMENT>
```

Diese Zeile ist im Browser ebenfalls unsichtbar.

```
</COMMENT>
      </BODY>
</HTML>
```

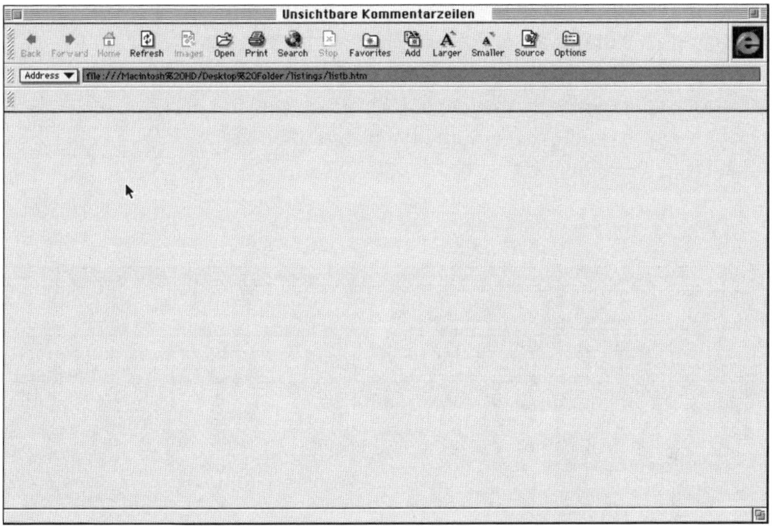

Bild A.2: Kommentarzeilen sind in der Browserdarstellung nicht zu sehen.

```
<H1></H1>
```

Größte Headlinestufe

```
<H2></H2>
```

Zweitgrößte Headlinestufe

```
<H3></H3>
```

Drittgrößte Headlinestufe

```
<H4></H4>
```

Mittlere Headlinestufe

```
<H5></H5>
```

Zweitkleinste Headlinestufe

```
<H6></H6>
```

Kleinste Headlinestufe

Listing C

```
<HTML>
      <HEAD>
            <TITLE>
            Headings
            </TITLE>
      </HEAD>

      <BODY>
<H1>Das ist die gr&ouml;&szlig;te &Uuml;berschrift</H1>
<H2>Das ist eine gro&szlig;e &Uuml;berschrift</H2>
<H3>Das ist eine mittlere &Uuml;berschrift</H3>
<H4>Das ist eine kleinere &Uuml;berschrift</H4>
<H5>Das ist eine noch kleinere &Uuml;berschrift</H5>
<H6>Das ist die kleinste &Uuml;berschrift</H6>

      </BODY>
</HTML>
```

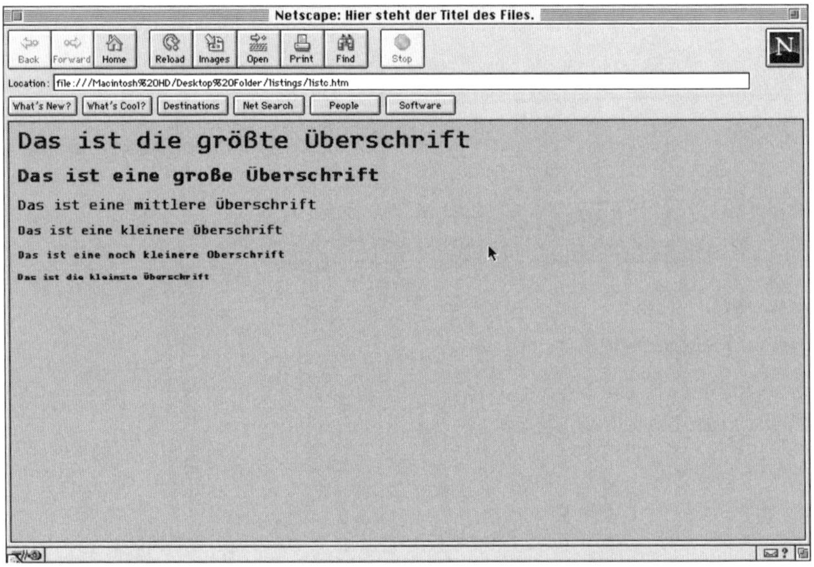

Bild A.3: Es stehen sechs verschiedene Heading-Größen zur Verfügung.

`<FONT SIZE=1></FONT>`
Kleinste Fontstufe

`<FONT SIZE=2></FONT>`
Zweitkleinste Fontstufe

<FONT SIZE=3></FONT>
Default-Fontstufe

<FONT SIZE=4></FONT>
Größere Fontstufe

<FONT SIZE=5></FONT>
Drittgrößte Fontstufe

<FONT SIZE=6></FONT>
Zweitgrößte Fontstufe

<FONT SIZE=7></FONT>
Größte Fontstufe

<BASEFONT SIZE=4>
Basis-Fontgröße wird für das gesamte File eingestellt

<FONT SIZE=+2></FONT>
Fontgröße wird relativ um 2 Stufen nach oben gestellt

<FONT SIZE=-2></FONT>
Fontgröße wird relativ um 2 Stufen nach unten gestellt

Listing D

```
<HTML>
   <HEAD>
      <TITLE>
      Fonts
      </TITLE>
   </HEAD>

   <BODY>
<BASEFONT SIZE=4>
Eigentlich ist der Text dieses Files in einer Font-Größe von 4 einge-
stellt.
<FONT SIZE=7>Das ist die
gr&ouml;&szlig;te &Uuml;berschrift</FONT>
<FONT SIZE=6>Das ist eine gro&szlig;e
&Uuml;berschrift</FONT>
<FONT SIZE=5>Das ist eine weniger gro&szlig;e
&Uuml;berschrift</FONT>
<FONT SIZE=4>Das ist eine noch weniger
gro&szlig;e &Uuml;berschrift</FONT>
<FONT SIZE=3>Das ist eine mittlere
```

```
&Uuml;berschrift</FONT>
<FONT SIZE=2>Das ist eine kleinere
&Uuml;berschrift</FONT>
<FONT SIZE=1>Das ist die kleinste
&Uuml;berschrift</FONT>
<FONT SIZE=1>Das ist die kleinste
&Uuml;berschrift</FONT>
      </BODY>
</HTML>
```

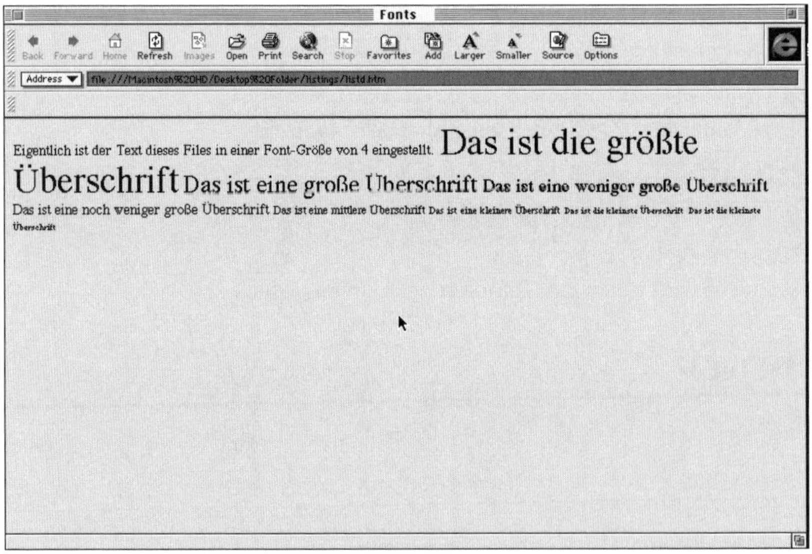

Bild A.4: So lassen sich die relativen Fontgrößen einstellen.

<HR SIZE=10 WIDTH=300 NOSHADE>

Eine horizontale Linie, 10 Pixel hoch, 300 Pixel breit, ohne 3-D-Effekt

<HR SIZE=5 WIDTH=50%>

Eine horizontale Linie, 5 Pixel hoch und 50 Prozent des Fensters breit

Zeilenumbruch

<P>

Paragraphenende

<NOBR></NOBR>

Verhindert automatischen Zeilenumbruch

Listing E

```
<HTML>
      <HEAD>
            <TITLE>
            Umbr&uuml;che und Linien
            </TITLE>
      </HEAD>

      <BODY>
<HR SIZE=10 WIDTH=300 NOSHADE>
<HR SIZE=5 WIDTH=50%>

Hier steht eine Zeile in der Default-Gr&ouml;&szlig;e des Browsers.
Danach folgt ein fester Zeilenumbruch.
<BR>
Nach diesem Satz folgt das Paragraphenzeichen.
<P>
<NOBR>
Hier steht eine Zeile in der Default-Gr&ouml;&szlig;e des Browsers.
Jetzt verhindert der NOBREAK-Tag einen Zeilenumbruch.
</NOBR>
      </BODY>
</HTML>
```

`<TT></TT>`
Schaltet auf Proportionalschrift um

`<FONT FACE=Times,Arial SIZE=3></FONT>`
Fontart wird in Normalgröße auf »Times« umgestellt oder bei Nichtvorhandensein der »Times« auf »Arial« (Erstnennung dominiert)

`<B></B>`
Bold (Fettung)

`<I></I>`
Italic (kursiv)

`<EM></EM>`
Emphasis (also: Verstärkung)

`<STRONG><STRONG>`
Weitere Möglichkeit der Verstärkung

`<BIG></BIG>`
Große Schrift

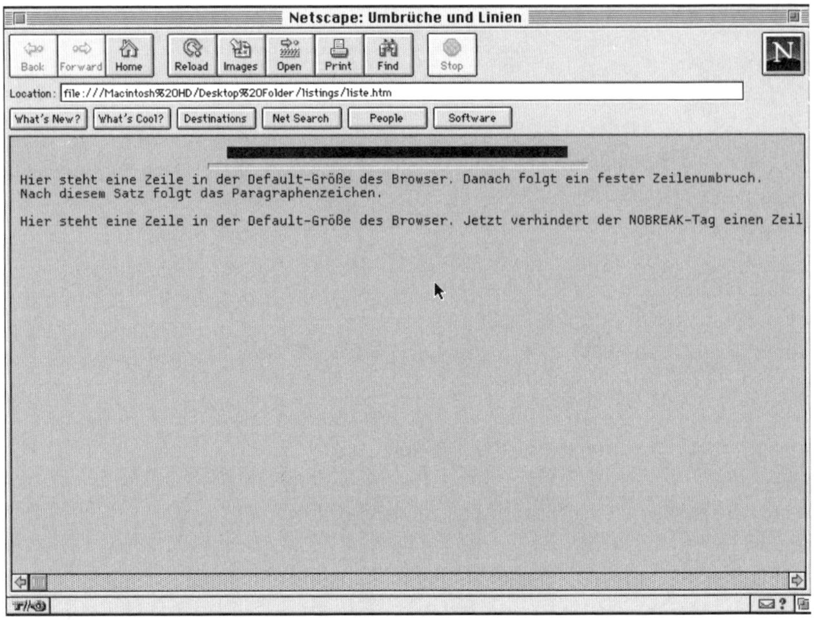

Bild A.5: So entstehen Umbrüche.

Hochgestellte Schrift

Tiefgestellte Schrift

<U></U>
Unterstreicht Text

<S></S>
Streicht Text durch

<CENTER></CENTER>
Zentrieren

<P ALIGN=LEFT> </P>
Absatz linksbündig

<P ALIGN=CENTER></P>
Absatz zentriert

<P ALIGN=RIGHT></P>
Absatz rechtsbündig

<BLOCKQUOTE></BLOCKQUOTE>
Einrückung, Linkstabulator

Listing F

```
<HTML>
   <HEAD>
      <TITLE>
      Formatierungen
      </TITLE>
   </HEAD>

   <BODY>
<TT>
Dieser Text steht in Proportionalschrift.
</TT><P>
<FONT FACE=Monaco,Arial SIZE=4>
Nach dem Absatz wechseln wir in eine leicht gr&ouml;&szlig;ere
Schrift. Wenn der Computer die Schrift Monaco besitzt, dann wird
diese Schrift jetzt benutzt, wenn nicht, dann benutzt der Browser
Arial. Wenn auch diese Schrift nicht vorhanden ist, dann bleibt es
bei der Default-Schrift des Browsers.
</FONT><P>

<B>Hier beginnt ein bold formatierter Satz,</B>
<I>der in Kursiv-Schnitt wechselt.</I>
<EM>Aber auch so ist ein anderer Schriftenschnitt denkbar,</EM>
<STRONG>oder auch so.<STRONG>
<P>
<BIG>Diese gro&szlig;e Schrift kann nicht jeder Browser.</BIG>
<SUP>Und mancher kann auch diese Darstellung nicht.</SUP>
<SUB>Oder diese...</SUB>
<P>
<U>Der unterstrichene Text</U>
<S> wandelt sich in einen durchgestrichenen.</S>
<CENTER>
Aus dem zentrierten Text
</CENTER>
<P ALIGN=LEFT>
wird ein linksbündiger
</P>
<P ALIGN=CENTER>
oder wieder mittiger
</P>
<P ALIGN=RIGHT>
oder auch rechtsbündiger Text.
```

```
</P>


<BLOCKQUOTE>
Vielleicht wird er auch nur eingerückt.
</BLOCKQUOTE>

<CENTER><FONT FACE=Arial SIZE=5><B><U>
Auch Kombinationen dieser Tags sind denkbar.
</U></B></FONT></CENTER>
Achten Sie dabei auf die Zwiebelstruktur.
   </BODY>
</HTML>
```

Bild A.6: Der Textstand kennt keinen Blocksatz.

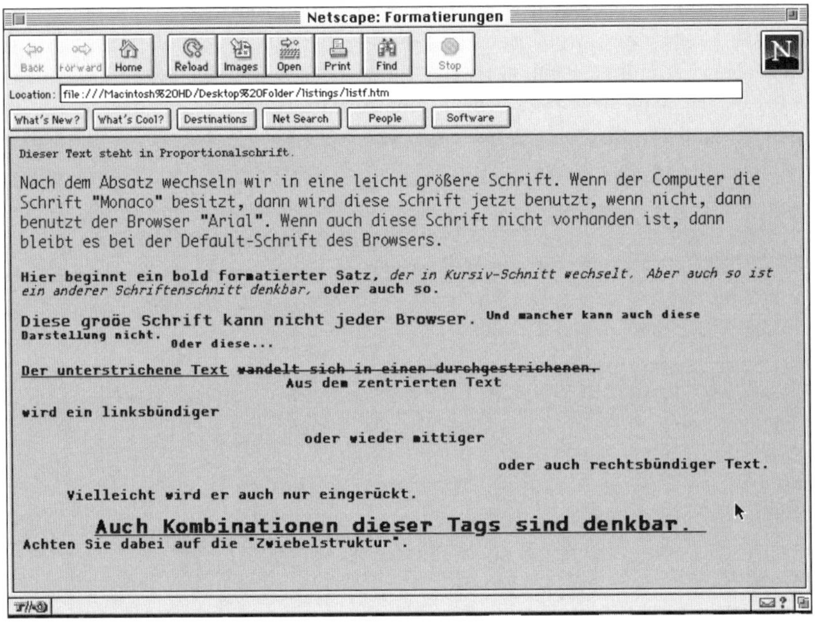

`<A NAME=Sprung 1> </A>`

Merker, an den zurückgesprungen werden soll

`<A HREF=#Sprung 1>Hier geht es zum Merker</A>`

Eingefärbter Text, der zum Merker per Mausklick führt

`<A HREF=file2.htm>weiter</A>`

Ein interner Link zu »file2.htm« in der gleichen Verzeichnisebene

```
<A HREF=../file2.htm>weiter</A>
```

Ein interner Link zu »file2.htm« in der nächsthöheren Verzeichnisebene

```
<A HREF=tiefer/file2.htm>weiter</A>
```

Ein interner Link zu »file2.htm« in einer tieferen Ebene mit Namen »tiefer«

```
<A HREF=http://www.nic.de>Nach Karlsruhe</A>
```

Ein externer Link auf den Server »http://www.nic.de«

```
<A HREF=http://www.nic.de/index.html>Nach Karlsruhe</A>
```

Ein externer Link auf den Server und dessen Dokument »index.html«

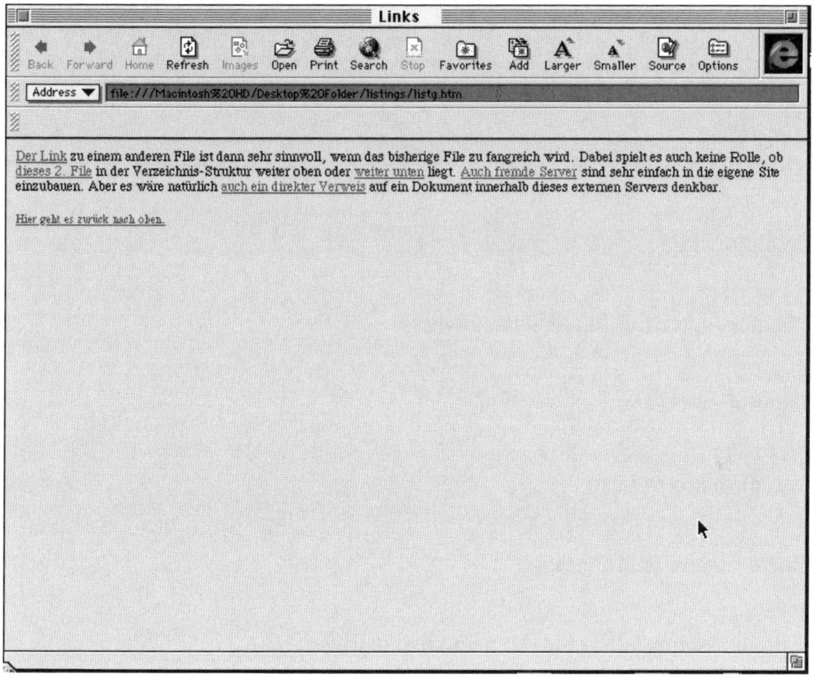

Bild A.7: So lassen sich die Links integrieren.

Listing G

```
<HTML>
   <HEAD>
      <TITLE>
      Links
      </TITLE>
   </HEAD>

   <BODY>
```

```
<A NAME=Sprung 1> </A>
<A HREF=file2.htm>Der Link</A> zu einem anderen File ist dann sehr
sinnvoll, wenn das bisherige File zu umfangreich wird. Dabei spielt
es auch keine Rolle, ob
<A HREF=../file2.htm>dieses 2. File</A> in der Verzeichnis-Struktur
weiter oben oder
<A HREF=tiefer/file2.htm>weiter unten</A> liegt.
<A HREF=http://www.nic.de>Auch fremde Server</A>
sind sehr einfach in die eigene Site einzubauen. Aber es w&auml;re
nat&uuml;rlich
<A HREF=http://www.nic.de/index.html>auch ein direkter Verweis</A>
auf ein Dokument innerhalb dieses externen Servers denkbar.<P>
<FONT FACE=Arial SIZE=2><A HREF=#Sprung 1>Hier geht es zur&uuml;ck
nach oben.</A></FONT>
   </BODY>
</HTML>
```

<DL></DL>

Definitionsliste

<DIR><DIR>

Directory-Liste (für Inhaltsverzeichnisse)

<OL></OL>

Nummerierte Liste

<UL></UL>

Unnummerierte Liste

<LI>

Eine einfache Aufzählung

<DT>

Definitionsterm (also eine Art von Überschrift)

<DD>

Definitionsdaten (also der Inhalt dazu)

TYPE=A

(Große Buchstaben)

TYPE=a

(Kleine Buchstaben)

TYPE=I

(Große römische Zahlen)

`TYPE=i`
(Kleine römische Zahlen)

`START=2`
Startet bei der 2. Maßeinheit

`TYPE=disc`
(Ausgefüllter Punkt)

`TYPE=circle`
(Kreis)

`TYPE=square`
(Viereck)

Listing H

```
<HTML>
   <HEAD>
      <TITLE>
      Aufz&auml;hlungen
      </TITLE>
   </HEAD>

      <BODY>
<DL>
      <DT>Alle wichtigen Jahreszeiten
      <DD>Fr&uuml;hling
      <DD>Sommer
      <DD>Herbst
   <DD>Winter
</DL>
```

Definitionsterm (also eine Art von Überschrift)

```
<DIR>
      <DT> Alle wichtigen Jahreszeiten
      <DD>Fr&uuml;hling
      <DD>Sommer
      <DD>Herbst
   <DD>Winter
</DIR>
<OL START=3>
   <LI>Fr&uuml;hling
   <LI>Sommer
   <LI>Herbst
```

```
    <LI>Winter
</OL>
<OL TYPE=A>
    <LI>Fr&uuml;hling
    <LI>Sommer
    <LI>Herbst
    <LI>Winter
</OL>
<OL TYPE=a>
    <LI>Fr&uuml;hling
    <LI>Sommer
    <LI>Herbst
    <LI>Winter
</OL>
<OL TYPE=I>
    <LI>Fr&uuml;hling
    <LI>Sommer
    <LI>Herbst
    <LI>Winter
</OL>
<OL TYPE=i>
    <LI>Fr&uuml;hling
    <LI>Sommer
    <LI>Herbst
    <LI>Winter
</OL>
<UL TYPE=disc>
    <LI>Fr&uuml;hling
    <LI>Sommer
    <LI>Herbst
    <LI>Winter
</UL>
<UL TYPE=circle>
    <LI>Fr&uuml;hling
    <LI>Sommer
    <LI>Herbst
    <LI>Winter
</UL>
<UL TYPE=square>
    <LI>Fr&uuml;hling
    <LI>Sommer
    <LI>Herbst
    <LI>Winter
```

```
</UL>
   </BODY>
</HTML>
```

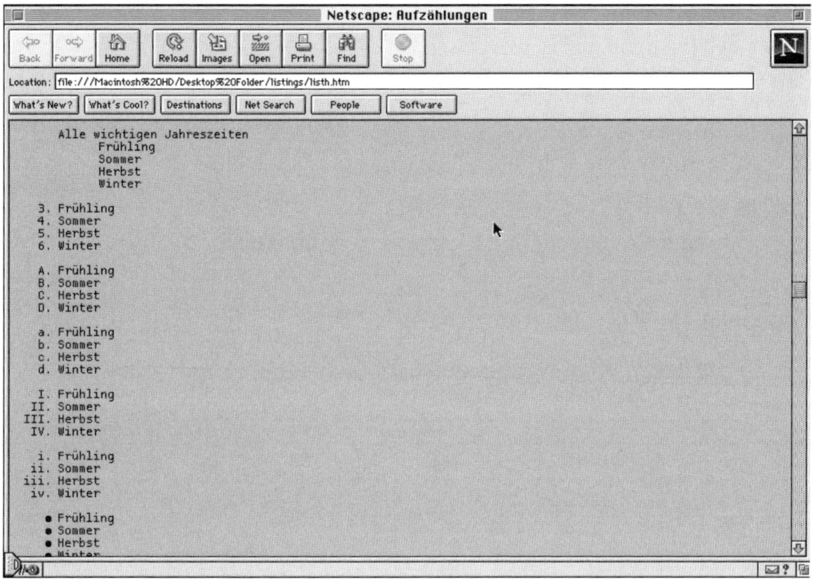

Bild A.8: Eine Aufzählung.

```
<TABLE BORDER=1></TABLE>
```

Baut eine Tabelle mit Rand=1 Pixel auf

```
<TR></TR>
```

Definiert darin eine Tabellenreihe

```
<TD></TD>
```

Definiert darin eine Tabellenzelle

```
<TH></TH>
```

Header-Reihe in einer Tabelle (automatische Fettung)

```
WIDTH=100  HEIGHT=20%
```

Weite=100 Pixel, Höhe=10 Prozent der Fenstergröße

```
ALIGN=left
```

Der Text wird linksbündig zur Zelle dargestellt

```
ALIGN=center
```

Der Text wird mittig in der Zelle dargestellt

```
ALIGN=right
```

Der Text wird rechtsbündig zur Zelle dargestellt

`VALIGN=top`
Der Text wird oben in der Zelle begonnen

`VALIGN=middle`
Der Text wird in der Zelle zentriert

`VALIGN=bottom`
Der Text wird unten in der Zelle ausgerichtet

`COLSPAN=2`
Die Zelle nimmt waagrecht den Platz von zwei Zellen ein

`ROWSPAN=2`
Die Zelle nimmt senkrecht den Platz von zwei Zellen ein

`<PRE></PRE>`
Präformatierter Text

(1:1-Darstellung der Umbrüche und Leerzeichen mit Proportionalschrift)

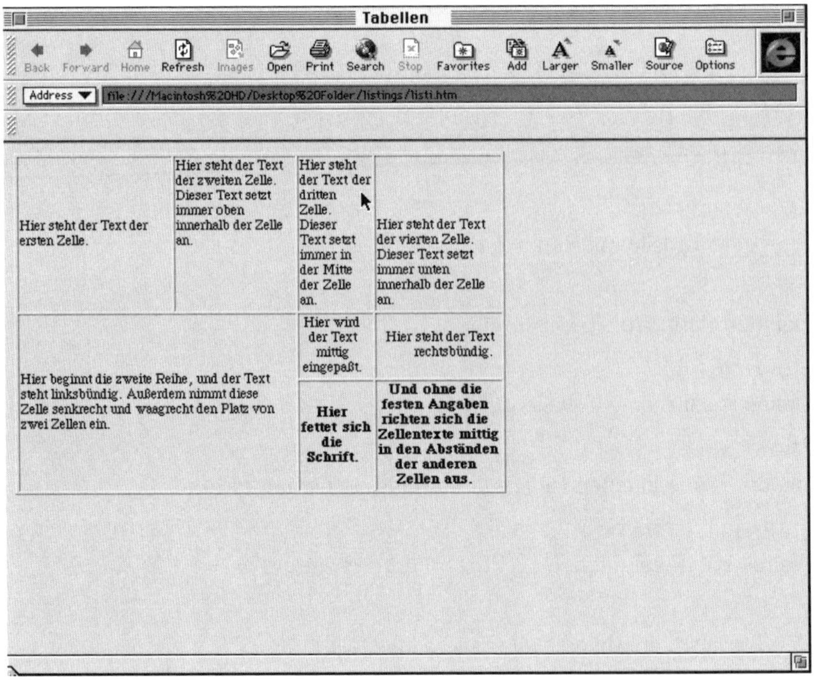

Bild A.9: Tabellen sind ein einfaches Layoutmittel.

Listing I

```
<HTML>
   <HEAD>
      <TITLE>
      Tabellen
      </TITLE>
   </HEAD>
   <BODY>
      <TABLE BORDER=1 WIDTH=400>
         <TR>
            <TD WIDTH=20%>
            Hier steht der Text der ersten Zelle.
            </TD>
            <TD WIDTH=100 VALIGN=top>
            Hier steht der Text der zweiten Zelle.
            Dieser Text setzt immer oben innerhalb der Zelle an.
            </TD>
                  <TD WIDTH=100 VALIGN=middle>
            Hier steht der Text der dritten Zelle.
            Dieser Text setzt immer in der Mitte der Zelle an.
            </TD>

            <TD WIDTH=100 VALIGN=bottom>
            Hier steht der Text der vierten Zelle.
            Dieser Text setzt immer unten
            innerhalb der Zelle an.
            </TD>
         </TR>
            <TD WIDTH=200 ROWSPAN=2
            COLSPAN=2 ALIGN=left>
            Hier beginnt die zweite Reihe,
            und der Text steht linksb&uuml;ndig.
            Au&szlig;erdem nimmt diese Zelle
            senkrecht und waagrecht den Platz von
            zwei Zellen ein.
            </TD>

            <TD WIDTH=100 ALIGN=center>
            Hier wird der Text
            mittig eingepa&szlig;t.
            </TD>
```

```
            <TD WIDTH=100 ALIGN=right>
            Hier steht der Text rechtsbündig.
            </TD>
         </TR>
         <TR>
            <TH>
            Hier fettet sich die Schrift.
            </TH>

            <TH>
            Und ohne die festen Angaben
            richten sich die Zellentexte mittig
            in den Abständen der
            anderen Zellen aus.
            </TH>
         </TR>
      </TABLE>
   </BODY>
</HTML>
```

```
<BODY BGCOLOR=#ffffff>
```

Hintergrundfarbe auf Weiß gestellt

```
<BODY BGCOLOR=YELLOW>
```

Hintergrundfarbe auf Gelb gestellt

```
<BODY TEXT=#708090>
```

Text erscheint in Schiefergrau

```
<FONT COLOR=#000000 SIZE=6>W</FONT>
```

Schwarzes »W« in der Fontgröße 6

```
<BODY LINK=#ff0000 ALINK=#ff6300 VLINK=#9c0000>
```

Link, aktiver Link und visited Link in drei verschiedenen Rottönen

```
<TD BGCOLOR=#212121></TD>
```

Tiefgraue Zellenfärbung

```
<TABLE BORDER=3 BORDERCOLOR=#000000 BORDERCOLORBLACK=#708090 BORDER-
COLORLIGHT=#0000ff>
```

(Nur Explorer) Einfärben der Tabellenränder und 3-D-Effekte der Umrandung

```
<BODY BACKGROUND=bild.gif>
```

Einbindung und Wiederholung des Bildes »bild.gif« im Hintergrund

```
<IMG SRC=bild.gif>
```

Einbindung eines Bildes »bild.gif« im Vordergrund

```
<A HREF=http://www.mut.de><IMG BORDER=0 SRC=bild.gif WIDTH=100
HEIGHT=100></A>
```

Bild (100 x 100 Pixel), das ohne Rand mit der URL »http://www.mut.de« verlinkt ist

```
ALIGN=left
```

Text fließt rechts

```
ALIGN=right
```

Text fließt links

```
ALIGN=top
```

Erste Textzeile fließt oben, der Rest des Textes fließt unterhalb des Bildes

```
ALIGN=middle
```

Erste Textzeile fließt mittig, der Rest des Textes fließt unterhalb des Bildes

```
ALIGN=bottom
```

Text fließt rechts von unterem Bildrand

```
VSPACE=5
```

Hier wird zwischen Text und Bild ein vertikaler Rand von 5 Pixeln gehalten

```
HSPACE=10
```

Hier wird zwischen Text und Bild ein horizontaler Rand von 10 Pixeln gehalten

```
LOWSRC=bild.gif
```

(Netscape) Ein Bild wird vorab geladen

Listing J

```
<HTML>
   <HEAD>
      <TITLE>
      Farben und Bilder
      </TITLE>


   </HEAD>
   <BODY BACKGROUND=bild.gif BGCOLOR=YELLOW
    TEXT=#000000 LINK=#ff0000 ALINK=#ff6300
    VLINK=#9c0000>
```

```
      <TABLE BORDER=3 BORDERCOLOR=#000000
      BORDERCOLORBLACK=#708090
      BORDERCOLORLIGHT=#0000ff WIDTH=400>
         <TR>
            <TD WIDTH=200 BGCOLOR=#313131>
            <BR>
            </TD>

            <TD WIDTH=200 BGCOLOR=#ffffff>
            <A HREF=htttp://www.mut.com>
            <IMG BORDER=0 SRC=bild2.jpg
            WIDTH=100 HEIGHT=100 HSPACE=5
            VSPACE=5 ALIGN=left
            LOWSRC=bild1.jpg></A>

            <FONT COLOR=#000099 SIZE=6>D</FONT>
Das hier ist Probetext. Das hier ist Probetext. Das hier ist Probe-
text. Das hier ist Probetext. Das hier ist Probetext. Das hier ist
Probetext. Das hier ist Probetext. Das hier ist Probetext. Das <A
HREF=http://www.mut.com>hier ist Probetext</A>. Das hier ist Probe-
text. Das hier ist Probetext. Das hier ist Probetext. Das hier ist
Probetext. Das hier ist Probetext. Das hier ist Probetext. Das hier
ist Probetext. Das hier ist Probetext. Das hier ist Probetext.
            </TD>
         </TR>
      </TABLE>
   </BODY>
</HTML>
```

`<EMBED SRC=video.mov>`

Ein Quicktime-Video wird eingebunden

`SRC=`

(Pfad, der zum Video führt)

`WIDTH=`

(Breite der Pixel)

`HEIGHT=`

(Höhe der Pixel)

`AUTOPLAY= true/false`

Beginnt mit dem Abspielen selbständig oder wartet auf Start-Klick

`LOOP=true/false/palindrome`

Endlose Schleife, auch mit Vor- und Rücklauf

Bild A.10: So leicht färben Sie Text und Hintergrund ein.

CONTROLLER=true/false

Start/Stop-Buttons am Video

PLAYEVERYFRAME=true/false

Jedes Bild wird gespielt

HREF=

(Link zu einer anderen Page)

<NOEMBED><A HREF=vogel.mov>Singender Vogel</A></NOEMBED>

Älteren Browsern wird alternativ das Video »vogel.mov« zum Download bereitgestellt

VOLUME=1

(Leisester Ton, 10 ist die lauteste Stufe)

HIDDEN

(Die Controller werden versteckt)

<BGSOUND SRC=vogel.mid LOOP=infinite>

(Explorer) Tonfile im Hintergrund, unendlich wiederholt

<SOUND SRC=vogel.wav LOOP=3 DELAY=23>

(Mosaic) Tonfile im Hintergrund, dreimal wiederholt mit jeweils 23 Sekunden Pause

Listing K

```
<HTML>
   <HEAD>
      <TITLE>
      Hier wird Multimedia eingebunden.
      </TITLE>
   </HEAD>
   <BODY>
<A HREF=ton.wav>
Ein Ger&auml;usch zum Herunterladen
</A><BR>
Die anderen Hintergrundt&ouml;ne von einem Vogel werden automatisch
heruntergeladen.
<BGSOUND SRC=vogel.mid LOOP=infinite>
<SOUND SRC=vogel.wav LOOP=3 DELAY=23>
<P>
Hier binden wir ein Video ohne Controller-Buttons ein,
das selber zu spielen beginnt und auf
<A HREF=http://www.mut.com>Markt&Technik</A>
verlinkt ist:
<P ALIGN=center>
<EMBED SRC=video.mov WIDTH=200 HEIGHT=100 AUTOPLAY= true
LOOP=false CONTROLLER=false HREF=http://www.mut.com>
</P>
<NOEMBED>
<A HREF=video.mov>Alle alten Browser bekommen hier
den gleichen Download.</A> Allerdings per Mausklick.
</NOEMBED>
   </BODY>
</HTML>
```

```
<FRAMESET  COLS=25%,75%></FRAMESET>
```

Ein senkrechter Frame wird aufgezogen, der den Bildschirm in einen Bereich von 25 Prozent und rechts davon in einen von 75 Prozent trennt.

```
<FRAME NAME=links SRC=index.htm SCROLLING=auto NORESIZE>
```

Darin enthalten wird in den Frame mit dem Namen »links« ein File »index.htm« geladen. Die Größe des Frames ist nicht veränderbar, und es wird automatisch ein Scrollbalken angelegt, falls die Größe des Füll-Files das erfordert.

```
<NOFRAMES></NOFRAMES>
```

Alle Angaben für Browser, die Frames nicht darstellen können, werden zwischen diese Tags geschrieben.

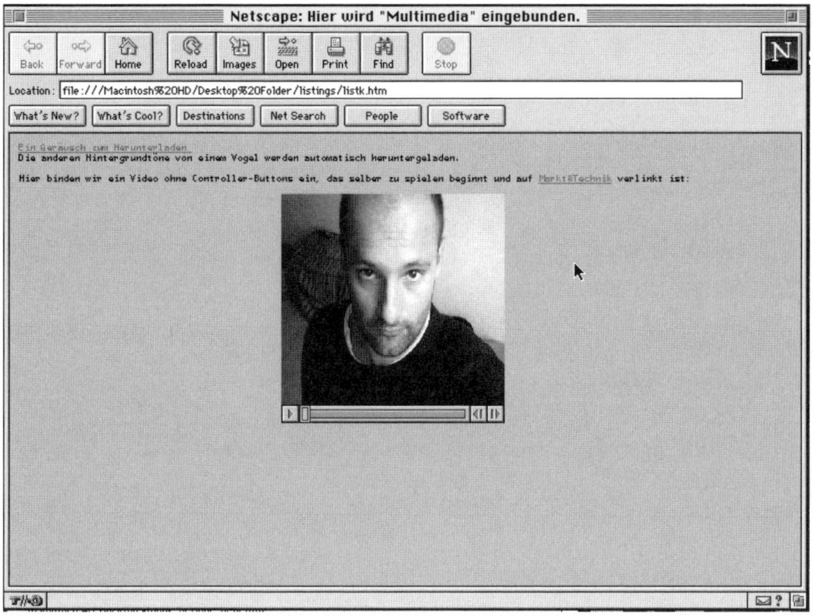

Bild A.11: Achten Sie bei Multimedia auf die Datengrößen!

`TARGET=_top`
Bisherige Frames werden aufgelöst

`TARGET=_self`
Link lädt in den bisherigen Container-Frame

`TARGET=_parent`
Link lädt in den Frame, der eine Hierarchie weiter oben ist

`TARGET=Name`
Link lädt in den Frame mit dem Namen »Name«

`<FRAMESET ROWS=110,*></FRAMESET>`
Waagrechter Frame wird aufgebaut, der 110 Pixel von der Oberkante des Browserfensters aus beginnt

`<FRAMESET ROWS=110,* MARGINWIDTH=2 MARGINHEIGHT=5>`
Abstand des Füllfiles 2 Pixel waagrecht und 5 Pixel senkrecht

`<FRAMESET BORDER=0 FRAMEBORDER=no FRAMESPACING=no ROWS=100,*>`
Unsichtbarer Frame für »Navigator 3.0« und »Explorer 3.0«

`<FRAMESET BORDER=2 BORDERCOLOR=#000099 ROWS=100,*>`
Ein dickerer Frame erhält die Farbe BLAU

Listing L

```
<HTML>
      <HEAD>
            <TITLE>
            Ein Framedokument
            </TITLE>
      <HEAD>
<FRAMESET COLS=25%,* MARGINWIDTH=2 MARGINHEIGHT=5 BORDER=0
FRAMEBORDER=no FRAMESPACING=no >
<FRAME NAME=links SRC=1.htm SCROLLING=no NORESIZE>
<FRAME NAME=rechts SRC=2.htm SCROLLING=auto NORESIZE>
   <FRAMESET BORDER=2 BORDERCOLOR=#000099 ROWS=100,*>
      <FRAME NAME=rechtsoben SRC=1.htm SCROLLING=no>
      <FRAME NAME=rechtsunten SRC=2.htm SCROLLING=no>
   </FRAMESET>
</FRAMESET>
<NOFRAMES>
<BODY BGCOLOR=#ffffff>
Hier stehen alle Angaben f&uuml;r Browser, die Frames nicht darstel-
len k&ouml;nnen. Meistens verweist man darin auf den Download eines
Browsers der Firmen <A HREF=http://home.netscape.com TARGET=_top>Net-
scape</A> oder <A HREF=http://www.microsoft.com TARGET=self>Micro-
soft</A>.
</BODY>
</NOFRAMES>
</HTML>
```

```
<FORM  METHOD=post ACTION=ihre_mail@ihre_URL></FORM>
```

Postformular wird eröffnet, da an eine bestimmte Mail-Adresse geschickt werden soll

```
<INPUT  TYPE=text NAME=bezeichnung SIZE=40>
```

Textfeld, 40 Zeichen breit, erhält als vorgesehener Input den Namen »bezeichnung«

```
<TEXTAREA  NAME=Bemerkungen ROWS=5 COLS=50></TEXTAREA>
```

Hier können Sie Ihre Bemerkungen hineinschreiben

Textbox für längere Kommentare

```
<INPUT TYPE=checkbox NAME=bezeichnung>
```

Erstellt eine Auswahlbox mit dem Namen »Bezeichnung«

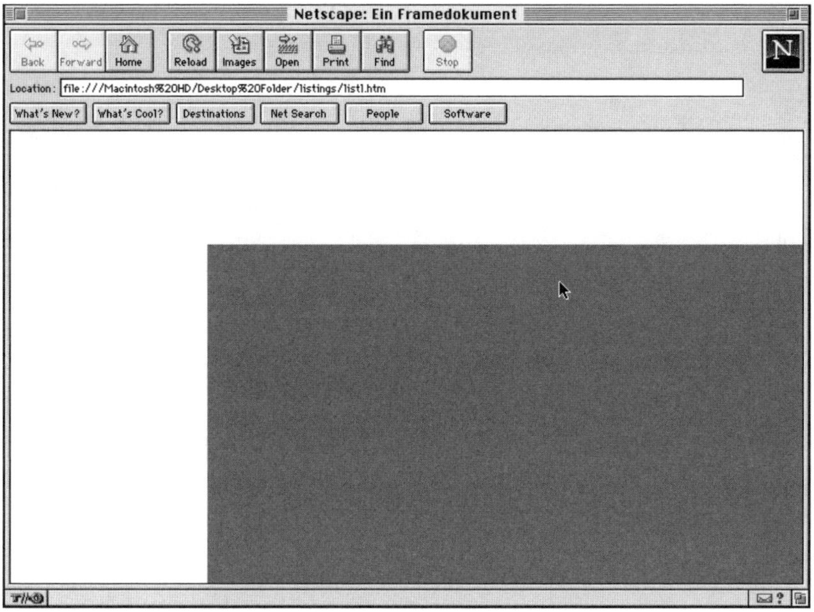

Bild A.12: Hier entsteht ein Frame-Screen.

```
<INPUT TYPE=radio NAME=bezeichnung1>
<INPUT TYPE=radio NAME=bezeichnung2>
```

Erstellt zwei Radioboxen mit den Namen »bezeichnung1« und »bezeichnung2«

```
<SELECT  NAME=bezeichnung>
   <OPTION  SELECTED VALUE=1>1
   <OPTION VALUE=2>2
   <OPTION VALUE=3>3
</SELECT>
```

Ein Pull-Button mit drei Möglichkeiten

```
<INPUT TYPE=submit Value=Losschicken>
```

Ein Submit-Button mit dem Value »Losschicken«

Listing M

```
<HTML>
      <HEAD>
            <TITLE>
            Ein Formular
            </TITLE>
      </HEAD>
      <BODY BGCOLOR=#ffffff>
```

```
<FORM METHOD=post ACTION=ihre_mail@ihre_URL></FORM>
<H2>Ein einfaches Beispiel f&uuml;r ein Formular.</H2>

Name:
<INPUT TYPE=text NAME=Feld1 SIZE=40><P>
Kommentar:

<TEXTAREA NAME=Feld2 ROWS=5 COLS=50></TEXTAREA><P>
Links:

<INPUT TYPE=checkbox NAME=links><BR>
Rechts:

<INPUT TYPE=checkbox NAME=rechts><BR>
Mitte:

<INPUT TYPE=checkbox NAME=mitte><P>
Ja:

<INPUT TYPE=radio NAME=ja><BR>
Nein:
```

Bild A.13: Ein Formular.

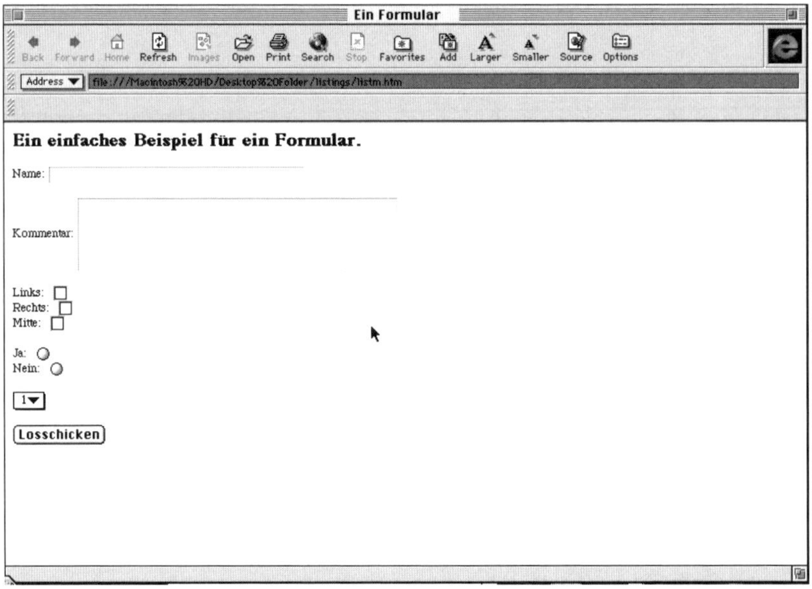


```
<INPUT TYPE=radio NAME=nein><P>
<SELECT NAME=bezeichnung>
   <OPTION SELECTED VALUE=1>1
   <OPTION VALUE=2>2
   <OPTION VALUE=3>3
```

```
</SELECT><P>
<INPUT TYPE=submit Value=Losschicken>
      </BODY>
</HTML>
```

```
<STYLE TYPE=text/css></STYLE>
```

Ein Style Sheet wird eröffnet und geschlossen

```
<LINK REL=STYLESHEET
HREF=http://fantasie-name.de/mystyles.css TYPE=text/css>
```

Externe Einbindung eines Style Sheets

```
<HTML>
<STYLE TYPE=text/css>
<!--
  BODY {font: 10pt Arial}
  H1 {font: 15pt/17pt Arial;
   font-weight: bold;
   color: maroon}
  H2 {font: 13pt/15pt Arial;
   font-weight: bold;
   color: blue}
  P  {font: 10pt/12pt Arial;
   color: black}
-->
</STYLE>
<BODY>
...
</BODY>
</HTML>
```

Ein Stylesheet

```
<DIV STYLE=font-size: 10pt; color: red>
<P>
<UL>
<LI>Diese Zeile wird in 10 Punkt rot dargestellt.
<LI>Diese ebenfalls
</UL>
</DIV>
```

Ein Style Sheet in einer Gruppe

```
<LI STYLE=color: blue>This is blue and 10 pt.
```

Hier wird eine Zeile umdefiniert

Befehl	Beschreibung	Spezifikation	Beispiel
font-size	Textgröße, wahlweise in Punkt, Inch, Zentimeter oder Pixeln	points (pt) inches (in) centimeters (cm) pixels (px)	{font-size: 12pt}
font-family	Fontart	typeface »Name« font family »Name"	{font-family: »courier"}
font-weight	Schriftschnitt	extra-light light demi-light medium demi-bold bold extra-bold	{font-weight: bold}
font-style	Kursivstellung	normal italic	{font-style: italic}
line-height	Linienhöhe in Punkt, Inch, Zentimeter, Pixeln oder Prozent	points (pt) inches (in) centimeters (cm) pixels (px) percentage (%)	{line-height: 24pt}
color	Textfarbe	color-name RGB triplet	{color: blue}
text-decoration	Unterstreichen oder durchstreichen	none underline italic line-through	{text-decoration: underline}
margin-left	Linker Rand	points (pt) inches (in) centimeters (cm) pixels (px)*	{margin-left: 1in}
margin-right	Rechter Rand	points (pt) inches (in) centimeters (cm) pixels (px)*	{margin-right: 1in}
margin-top	Oberer Rand	points (pt) inches (in) centimeters (cm) pixels (px)*	{margin-top: -20px}

Befehl	**Beschreibung**	**Spezifikation**	**Beispiel**
text-align	Textstand	left center right	{text-align: right}
text-indent	Einrückung	points (pt) inches (in) centimeters (cm) pixels (px)*	{text-indent: 0.5in}
background	Hintergrundfarbe	URL, color-name RGB triplet	{background: #33CC00}

Listing N

```
<HTML>
      <HEAD>
            <TITLE>
            Style Sheets
            </TITLE>
<LINK REL=STYLESHEET
HREF=http://fantasie-name.de/mystyles.css TYPE=text/css>
<STYLE  TYPE=text/css>
<!--
  BODY {font: 10pt Arial}
  H1 {font: 15pt/17pt Arial;
   font-weight: bold;
   color: maroon}
  H2 {font: 13pt/15pt Arial;
   font-weight: bold;
   color: blue}
  P  {font: 10pt/12pt Arial;
   color: black}
-->
</STYLE>
      </HEAD>
      <BODY>
<H1> Das ist ein Versuchstext.</H1>
<H2> Das ist ein Versuchstext.</H2>

Das ist ein Versuchstext.
Das ist ein Versuchstext.
Das ist ein Versuchstext.
```

```
<P>Das ist ein Versuchstext.
Das ist ein Versuchstext.</P>

<DIV STYLE=font-size: 15pt; color: red>
Das ist ein Versuchstext.

Das ist ein <B STYLE=color: blue>

Versuchstext.</B>
</DIV>
   </BODY>
</HTML>
```

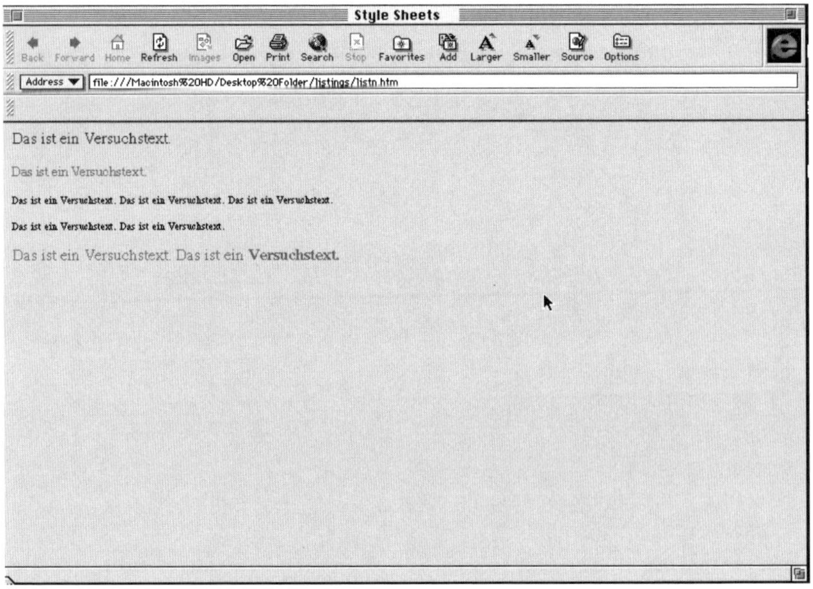

Bild A.14: Ein Style Sheet mit Ausnahmenformatierung.

```
< META  http-equiv=PICS-Label content='(PICS-1.1 http://www.rsac.org/
ratingsv01.html l gen true commentRSACi North America Server by
inet@microsoft.com for http://www.microsoft.com/ on 1997.06.30T14:21-
0500 r (n 0 s 0 v 0 l 0))'>
< META  name=ROBOTS content=index>
< META  name=KEYWORDS content=Homepage Microsoft>
< META  name=DESCRIPTION content=Homepage Microsoft>
< META  name=MS.LOCALE content=DE>
< META  http-equiv=Content-Type content=text/html; charset=iso-8859-
1>
<META  name=CATEGORY content=Homepage>
```

Angaben für Suchmaschinen.

```
<META  HTTP-EQUIV=Refresh CONTENT=3; URL=file2.htm>
```

Automatisches Nachladen von HTML-Seiten

Listing O

```
<HTML>
   <HEAD>
      <TITLE>
      Metabefehle
      </TITLE>
<META NAME=keywords CONTENT=Weiter Nachladen Einleitung>
<META HTTP-EQUIV=Refresh CONTENT=3; URL=file2.htm
   <HEAD>
   <BODY BGCOLOR=#ffffff>
   <CENTER>
      <BLINK>
         <H1>Achtung! File l&auml;dt nach!</H1>
      </BLINK>
   </CENTER>
   </BODY>
</HTML>
```

Bild A.15: Die META-Befehle sind unsichtbar.

`<MAP NAME=map></MAP>`
Öffnet und schließt eine Map

`<AREA  SHAPE=rect COORDS=0,0,130,40 HREF=file1.htm>`
Angabe der Koordinaten und des Files, auf das sich die Koordinaten beziehen

`<IMG SRC=index.gif BORDER=0 ISMAP USEMAP=#map>`
Angabe des Bilds, auf das die Map gelegt wird

Bild A.16: Mit Imagemaps kann man auf ein Bild mehrere Links legen.

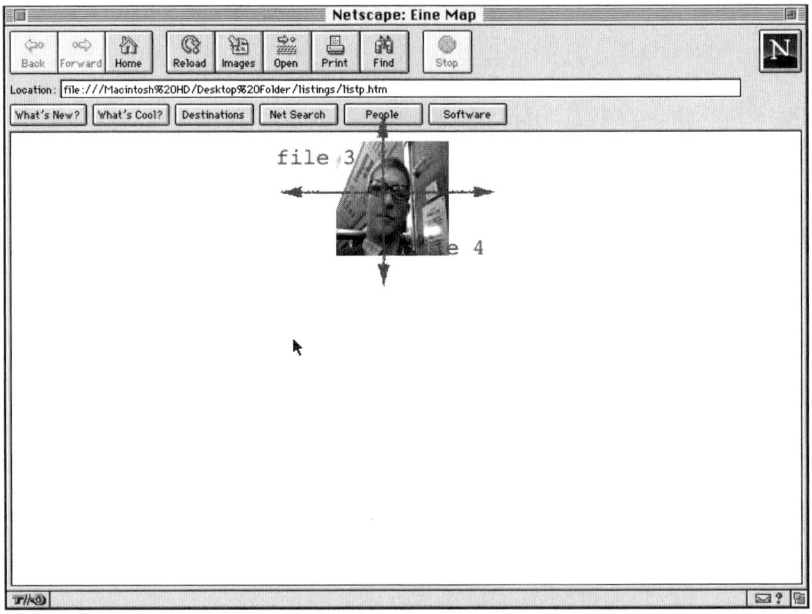

Listing P

```
<HTML>
     <HEAD>
           <TITLE>
           Eine Map
           </TITLE>
     </HEAD>
     <BODY BGCOLOR=#ffffff>
     <CENTER>
  <MAP NAME=map>
     <AREA SHAPE=rect
     COORDS=0,0,50,50 HREF=file3.htm>
     <AREA SHAPE=rect
```

```
	COORDS=51,51,100,100 HREF=file4.htm>
		</MAP>
	<IMG SRC=bild1.jpg WIDTH=100 HEIGHT=100
	BORDER=0 ISMAP USEMAP=#map>
		</CENTER>
	</BODY>
</HTML>
```

Anhang B

Der ISO-Latin-1-Zeichensatz

Zeichen	Numerisches Ersatzzeichen	HexWert	Zeichen Entität (wenn vorhanden)	Beschreibung
	&#00;-&#08;	00-08		Unbenutzt
		09		Horizontaltabulator
0A		Zeilenvorschub
	&#11;-&#31;	0B-1F		Unbenutzt
		20		Leerzeichen
!	!	21		Ausrufezeichen
“	"	22	"	Gänsefüßchen oben
#	#	23		Nummernzeichen
$	$	24		Dollarzeichen
%	%	25		Prozentzeichen
&	&	26	&	Kaufmännisches Et
‘	'	27		Apostroph
(	(	28		Linke Klammer auf
)	)	29		Rechte Klammer zu
*	*	2A		Sternchen
+	+	2B		Pluszeichen

Zeichen	Numerisches Ersatzzeichen	HexWert	Zeichen Entität (wenn vorhanden)	Beschreibung
,	,	2C		Komma
-	-	2D		Minuszeichen
.	.	2E		Punkt
/	/	2F		Schrägstrich (Divisionsstrich)
0–9	0–9	30-39		Ziffern 0–9
:	:	3A		Doppelpunkt
;	;	3B		Semikolon
<	<	3C	<	Kleiner als
=	=	3D		Gleichheitszeichen
>	>	3E	>	Größer als
?	?	3F		Fragezeichen
@	@	40		Kommerzielles At (Klammeraffe)
A–Z	A–Z	41-5A		Buchstaben A–Z
[	[	5B		Linke eckige Klammer auf
\	\	5C		Rückwärtiger Schrägstrich (backslash)
]	]	5D		Rechte eckige Klammer zu
^	^	5E		Karet (backslash)
_	_	5F		Horizontaler Strich (Unterstreichung)
`	`	60		Grave-Akzent
a–z	a–z	61-7A		Buchstaben a–z (Unterstreichung)
{	{	7B		Linke geschweifte Klammer auf
|			7C		Senkrechter Strich
}	}	7D		Rechte geschweifte Klammer zu

Zeichen	Numerisches Ersatzzeichen	HexWert	Zeichen Entität (wenn vorhanden)	Beschreibung
~	~	7E		Tilde
	&#127;–	;7F-A0		Unbenutzt
¡	¡	A1	¡	Umgedrehtes Ausrufezeichen
¢	¢	A2	¢	Centzeichen
£	£	A3	£	Pfund Sterling
¤	¤	A4	¤	Allgemeines Währungszeichen
¥	¥	A5	¥	Yen-Zeichen
¦	¦	A6	¦ oder &brkbar;	Unterbrochener senkrechter Strich
§	§	A7	§	Paragraphenzeichen
¨	¨	A8	¨	Umlaut (Pünktchen)
©	©	A9	© (NHTML)	Copyright-Zeichen
ª	ª	AA	ª	Feminin ordinal
«	«	AB	«	Linkes (französisches) Anführungszeichen
¬	¬	AC	¬	Nichtzeichen
-		AD		Weicher Bindestrich
®	®	AE	® (HHTM)	Registered trademark
¯	¯	AF	&hibar;	Macron-Akzent
°	°	B0	°	Gradzeichen
±	±	B1	±	Plus oder minus
^{2}	²	B2	²	Hochgestellte Zwei
^{3}	³	B3	³	Hochgestellte Drei
´	´	B4	´	Acute-Akzent
µ	µ	B5	µ	Mikrozeichen

Zeichen	Numerisches Ersatzzeichen	HexWert	Zeichen Entität (wenn vorhanden)	Beschreibung
¶	¶	B6	¶	Absatzzeichen
·	·	B7	·	Mittelhoher Punkt
¸	¸	B8	¸	Cedille
¹	¹	B9	¹	Hochgestellte Eins
º	º	BA	º	Maskulin ordinal
»	»	BB	»	Rechtes (französisches) Abführungszeichen
¼	¼	BC	¼	Einviertelbruch
½	½	BD	½	Einhalbbruch
¾	¾	BE	¾	Dreiviertelbruch
¿	¿	BF	¿	Umgedrehtes Fragezeichen
À	À	C0	À	Großes A mit Grave-Akzent
Á	Á	C1	Á	Großes A mit Acute-Akzent
Â	Â	C2	Â	Großes A mit Circumflex-Akzent
Ã	Ã	C3	Ã	Großes A mit Tilde
Ä	Ä	C4	Ä	Großes A mit Pünktchen oder Umlautzeichen
Å	Å	C5	Å	Großes A mit Ring
Æ	Æ	C6	Æ	Großes AE Diphthong (Ligatur)
Ç	Ç	C7	Ç	Großes C mit Cedille
È	È	C8	È	Großes E mit Grave-Akzent
É	É	C9	É	Großes E mit Acute-Akzent
Ê	Ê	CA	Ê	Großes E mit Circumflex-Akzent

Zeichen	Numerisches Ersatzzeichen	HexWert	Zeichen Entität (wenn vorhanden)	Beschreibung
Ë	Ë	CB	Ë	Großes E mit Pünktchen oder Umlaut-Zeichen
Ì	Ì	CC	Ì	Großes I mit Grave-Akzent
Í	Í	CD	Í	Großes I mit Acute-Akzent
Î	Î	CE	Î	Großes I mit Circumflex-Akzent
Ï	Ï	CF	Ï	Großes I mit Pünktchen oder Umlautzeichen
Ð	Ð	D0	Ð	Großes Eth, Isländisch
Ñ	Ñ	D1	Ñ	Großes N mit Tilde
Ò	Ò	D2	Ò	Großes O mit Grave-Akzent
Ó	Ó	D3	Ó	Großes O mit Acute-Akzent
Ô	Ô	D4	Ô	Großes O mit Circumflex-Akzent
Õ	Õ	D5	Õ	Großes O mit Tilde
Ö	Ö	D6	Ö	Großes O mit Cieresis oder Umlautzeichen
×	×	D7		Multiplikationszeichen
Ø	Ø	D8	Ø	Großes O mit Schrägstrich
Ù	Ù	D9	Ù	Großes U mit Grave-Akzent
Ú	Ú	DA	Ú	Großes U mit Acute-Akzent
Û	Û	DB	Û	Großes U mit Circumflex-Akzent

Zeichen	Numerisches Ersatzzeichen	HexWert	Zeichen Entität (wenn vorhanden)	Beschreibung
Ü	Ü	DC	Ü	Großes U mit Pünktchen oder Umlautzeichen
Ý	Ý	DD	Ý	Großes Y mit Acute-Akzent
Þ	Þ	DE	Þ	Großes THORN, Isländisch
ß	ß	DF	ß	Kleines scharfes s, deutsches
à	à	E0	à	Kleines a mit Grave-Akzent
á	á	E1	á	Kleines a mit Acute-Akzent
â	â	E2	â	Kleines a mit Circumflex-Akzent
ã	ã	E3	ã	Kleines a mit Tilde
ä	ä	E4	&aauml;	Kleines a mit Pünktchen oder Umlautzeichen
å	å	E5	å	Kleines a mit Ring
æ	æ	E6	æ	Kleines ae Diphthong (Ligatur)
ç	ç	E7	ç	Kleines c mit Cedille
è	è	E8	è	Kleines e mit Grave-Akzent
é	é	E9	é	Kleines e mit Acute-Akzent
ê	ê	EA	ê	Kleines e mit Circumflex-Akzent
ë	ë	EB	ë	Kleines e mit Pünktchen oder Umlautzeichen
ì	ì	EC	ì	Kleines i mit Grave-Akzent

Zeichen	Numerisches Ersatzzeichen	HexWert	Zeichen Entität (wenn vorhanden)	Beschreibung
í	í	ED	í	Kleines i mit Acute-Akzent
î	î	EE	î	Kleines i mit Circumflex-Akzent
ï	ï	EF	ï	Kleines i mit Pünktchen oder Umlaut-Zeichen
ð	ð	F0	ð	Kleines eth, Isländisch
ñ	ñ	F1	ñ	Kleines n mit Tilde
ò	ò	F2	ò	Kleines o mit Grave-Akzent
ó	ó	F3	ó	Kleines o mit Acute-Akzent
ô	ô	F4	ô	Kleines o mit Circumflex-Akzent
õ	õ	F5	õ	Kleines o mit Tilde
ö	ö	F6	ö	Kleines o mit Pünktchen oder Umlautzeichen
÷	÷	F7		Divisionszeichen
ø	ø	F8	ø	Kleines o mit Schrägstrich
ù	ù	F9	ù	Kleines u mit Grave-Akzent
ú	ú	FA	ú	Kleines u mit Acute-Akzent
û	û	FB	û	Kleines u mit Circumflex-Akzent
ü	ü	FC	ü	Kleines u mit Pünktchen oder Umlautzeichen
ý	ý	FD	ý	Kleines y mit Acute-Akzent

Zeichen	Numerisches Ersatzzeichen	HexWert	Zeichen Entität (wenn vorhanden)	Beschreibung
þ	þ	FE	þ	Kleines thorn, Isländisch
ÿ	ÿ	FF	ÿ	Kleines y mit Pünktchen oder Umlautzeichen

Anhang C

Farbtabelle

C.1 Farben, geordnet nach Namen und Hexwerten

Farbname	HEX-Tripel	dt. Übersetzung
ALICEBLUE	#A0CE00	Aliceblau
ANTIQUEWHITE	#FAEBD7	antikes Weiß
AQUA	#00FFFF	Blaugrün
AQUAMARINE	#7FFFD4	Aquamarinblau
AZURE	#F0FFFF	Himmelblau
BEIGE	#F5F5DC	Beige
BISQUE	#FFE4C4	Tomatencreme
BLACK	#000000	Schwarz
BLANCHEDALMOND	#FFEBCD	Mandelweiß
BLUE	#0000FF	Blau
BLUEVIOLET	#8A2BE2	Blauviolett
BROWN	#A52A2A	Braun
BURLYWOOD	#DEB887	grobes Braun
CADETBLUE	#5F9EA0	Kadettblau
CHARTREUSE	#7FFF00	Hellgrün
CHOCOLATE	#D2691E	Schokolade

Farbname	HEX-Tripel	dt. Übersetzung
CORAL	#FF7F50	Koralle
CORNFLOWERBLUE	#6495ED	Kornblumenblau
CORNSILK	#FFF8DC	Mais
CRIMSON	#DC143C	Karmesinrot
CYAN	#00FFFF	Zyanblau
DARKBLUE	#00008B	Dunkelblau
DARKCYAN	#008B8B	dunkles Zyanblau
DARKGOLDENROD	#B8860B	dunkle Goldrutenfarbe
DARKGRAY	#A9A9A9	Dunkelgrau
DARKGREEN	#006400	Dunkelgrün
DARKKHAKI	#BDB76B	dunkles Khaki
DARKMAGENTA	#8B008B	dunkles Magentarot
DARKOLIVEGREEN	#556B2F	dunkles Olivgrün
DARKORANGE	#FF8C00	dunkles Orange
DARKORCHID	#9932CC	dunkle Orchideenfarbe
DARKRED	#8B0000	Dunkelrot
DARKSALMON	#E9967A	dunkle Lachsfarbe
DARKSEAGREEN	#8FBC8F	dunkles Seegrün
DARKSLATEBLUE	#483D8B	dunkles Schieferblau
DARKSLATEGRAY	#2F4F4F	dunkles Schiefergrau
DARKTURQUOISE	#00CED1	dunkles Türkis
DARKVIOLET	#9400D3	dunkles Violett
DEEPPINK	#FF1493	Tiefrosa
DEEPSKYBLUE	#00BFFF	tiefes Himmelblau
DIMGRAY	#696969	mattes Grau
DODGERBLUE	#1E90FF	Dodger-Blau
FIREBRICK	#B22222	Ziegelfarbe
FLORALWHITE	#FFFAF0	Blütenweiß
FORESTGREEN	#228B22	Waldgrün
FUCHSIA	#FF00FF	Fuchsie
GAINSBORO	#DCDCDC	Gainsboro

Farbname	HEX-Tripel	dt. Übersetzung
GHOSTWHITE	#F8F8FF	Geisterweiß
GOLD	#FFD700	Gold
GOLDENROD	#DAA520	Goldrute
GRAY	#808080	Grau
GREEN	#008000	Grün
GREENYELLOW	#ADFF2F	Grüngelb
HONEYDEW	#F0FFF0	Honigmelone
HOTPINK	#FF69B4	leuchtendes Rosa
INDIANRED	#CD5C5C	Indischrot
INDIGO	#4B0082	Indigo
IVORY	#FFFFF0	Elfenbein
KHAKI	#F0E68C	Khaki
LAVENDER	#E6E6FA	Lavendelfarbe
LAVENDERBLUSH	#FFF0F5	rosige Lavendelfarbe
LEMONCHIFFON	#FFFACD	Chiffongelb
LIGHTBLUE	#ADD8E6	Hellblau
LIGHTCORAL	#F08080	helles Korallenrot
LIGHTCYAN	#E0FFFF	helles Zyanblau
LIGHTGOLDENRODYEL-LOW	#FAFAD2	helles Goldrutengelb
LIGHTGREEN	#90EE90	Hellgrün
LIGHTGREY	#D3D3D3	Hellgrau
LIGHTPINK	#FFB6C1	Hellrosa
LIGHTSALMON	#FFA07A	helle Lachsfarbe
LIGHTSEAGREEN	#20B2AA	helles Seegrün
LIGHTSKYBLUE	#87CEFA	helles Himmelblau
LIGHTSLATEGRAY	#778899	helles Schiefergrau
LIGHTSTEELBLUE	#B0C4DE	helles Stahlblau
LIGHTYELLOW	#FFFFE0	Hellgelb
LIME	#00FF00	Zitronengelb
LIMEGREEN	#32CD32	Gelbgrün

Farbname	HEX-Tripel	dt. Übersetzung
LINEN	#FAF0E6	Leinenfarbe
MAGENTA	#FF00FF	Magentarot
MAROON	#800000	Kastanienbraun
MEDIUMAQUAMARINE	#66CDAA	mittleres Aquamarinblau
MEDIUMBLUE	#0000CD	Mittelblau
MEDIUMORCHID	#BA55D3	mittlere Orchideenfarbe
MEDIUMPURPLE	#9370DB	mittleres Violett
MEDIUMSEAGREEN	#3CB371	mittleres Seegrün
MEDIUMSLATEBLUE	#7B68EE	mittleres Schieferblau
MEDIUMSPRINGGREEN	#00FA9A	mittleres Frühlingsgrün
MEDIUMTURQUOISE	#48D1CC	mittleres Türkis
MEDIUMVIOLETRED	#C71585	mittleres Violettrot
MIDNIGHTBLUE	#191970	Mitternachtsblau
MINTCREAM	#F5FFFA	cremige Pfefferminzfarbe
MISTYROSE	#FFE4E1	Altrosa
NAVAJOWHITE	#FFDEAD	Navajoweiß
NAVY	#000080	Marineblau
OLDLACE	#FDF5E6	Altgold
OLIVE	#808000	Olivgrün
OLIVEDRAB	#6B8E23	olivfarbiges Graubraun
ORANGE	#FFA500	Orange
ORANGERED	#FF4500	Orangerot
ORCHID	#DA70D6	Orchidee
PALEGOLDENROD	#EEE8AA	blasse Goldrutenfarbe
PALEGREEN	#98FB98	Blassgrün
PALETURQUOISE	#AFEEEE	blasses Türkis
PALEVIOLETRED	#DB7093b	blasses Violettrot
PAPAYAWHIP	#FFEFD5	cremiges Papaya
PEACHPUFF	#FFDAB9	Pfirsich
PERU	#CD853F	Peru
PINK	#FFC0CB	Rosa

Farbname	HEX-Tripel	dt. Übersetzung
PLUM	#DDA0DD	Pflaume
POWDERBLUE	#B0E0E6	Taubenblau
PURPLE	#800080	Violett
RED	#FF0000	Rot
ROSYBROWN	#BC8F8F	rosiges Braun
ROYALBLUE	#4169E1	Königsblau
SADDLEBROWN	#8B4513	Sattelbraun
SALMON	#FA8072	Lachs
SANDYBROWN	#F4A460	Sandbraun
SEAGREEN	#2E8B57	Seegrün
SEASHELL	#FFF5EE	Muschel
SIENNA	#A0522D	Ocker
SILVER	#C0C0C0	Silber
SKYBLUE	#87CEEB	Himmelblau
SLATEBLUE	#6A5ACD	Schieferblau
SLATEGRAY	#708090	Schiefergrau
SNOW	#FFFAFA	Schneeweiß
SPRINGGREEN	#00FF7F	Frühlingsgrün
STEELBLUE	#4682B4	Stahlblau
TAN	#D2B48C	Gelbbraun
TEAL	#008080	Entenbraun
THISTLE	#D8BFD8	Diestel
TOMATO	#FF6347	Tomatenrot
TURQUOISE	#40E0D0	Türkis
VIOLET	#EE82EE	Violett
WHEAT	#F5DEB3	Weizen
WHITE	#FFFFFF	Weiß
WHITESMOKE	#F5F5F5	rauchiges Weiß
YELLOW	#FFFF00	Gelb
YELLOWGREEN	#9ACD32	Gelbgrün

Stichwortverzeichnis

OLIVEDRAB	#6B8E23	Olivfarbiges Graubraun
ORANGE	#FFA500	Orange
ORANGERED	#FF4500	Orangerot
ORCHID	#DA70D6	Orchidee
PALEGOLDENROD	#EEE8AA	Blasse Goldrutenfarbe
PALEGREEN	#98FB98	Blassgrün
PALETURQUOISE	#AFEEEE	Blasses Türkis
PALEVIOLETRED	#DB7093b	Blasses Violettrot
PAPAYAWHIP	#FFEFD5	Cremiges Papaya
PEACHPUFF	#FFDAB9	Pfirsich
PERU	#CD853F	Peru
PINK	#FFC0CB	Rosa
PLUM	#DDA0DD	Pflaume
POWDERBLUE	#B0E0E6	Taubenblau
PURPLE	#800080	Violett
RED	#FF0000	Rot
ROSYBROWN	#BC8F8F	Rosiges Braun
ROYALBLUE	#4169E1	Königsblau
SADDLEBROWN	#8B4513	Sattelbraun
SALMON	#FA8072	Lachs
SANDYBROWN	#F4A460	Sandbraun
SEAGREEN	#2E8B57	Seegrün
SEASHELL	#FFF5EE	Muschel
SIENNA	#A0522D	Ocker

SILVER #C0C0C0 Silber	SKYBLUE #87CEEB Himmelblau	SLATEBLUE #6A5ACD Schieferblau	SLATEGRAY #708090 Schiefergrau
SNOW #FFFAFA Schneeweiß	SPRINGGREEN #00FF7F Frühlingsgrün	STEELBLUE #4682B4 Stahlblau	TAN #D2B48C Gelbbraun
TEAL #008080 Entenbraun	THISTLE #D8BFD8 Diestel	TOMATO #FF6347 Tomatenrot	TURQUOISE #40E0D0 Türkis
VIOLET #EE82EE Violett	WHEAT #F5DEB3 Weizen	WHITE #FFFFFF Weiß	WHITESMOKE #F5F5F5 Rauchiges Weiß
YELLOW #FFFF00 Gelb	YELLOWGREEN #9ACD32 Gelbgrün		